政治文化与政治文明书系

主编：高 建 马德普

政治文化与政治文明书系

当代西方生态民主的兴起及其对传统民主的超越

The Rise of Contemporary
Western Ecological Democracy
and Its Transcendence
to Traditional Democracy

郭瑞雁 ◎ 著

天津出版传媒集团

天津人民出版社

图书在版编目（CIP）数据

当代西方生态民主的兴起及其对传统民主的超越 /
郭瑞雁著. -- 天津：天津人民出版社，2023.4
（政治文化与政治文明书系）
ISBN 978-7-201-19292-5

Ⅰ.①当… Ⅱ.①郭… Ⅲ.①民主—研究—西方国家
Ⅳ.①D082

中国国家版本馆 CIP 数据核字(2023)第 061682 号

当代西方生态民主的兴起及其对传统民主的超越
DANGDAI XIFANG SHENGTAI MINZHU DE XINGQI JIQI DUI CHUANTONG MINZHU DE CHAOYUE

出　　版	天津人民出版社
出 版 人	刘　庆
地　　址	天津市和平区西康路35号康岳大厦
邮政编码	300051
邮购电话	(022)23332469
电子信箱	reader@tjrmcbs.com

策划编辑	郑　玥
责任编辑	郭雨莹
美术编辑	卢炀炀

印　　刷	天津新华印务有限公司
经　　销	新华书店
开　　本	710毫米×1000毫米 1/16
印　　张	19
插　　页	2
字　　数	230千字
版次印次	2023年4月第1版　2023年4月第1次印刷
定　　价	89.00元

政治文化与政治文明书系

天津师范大学政治文化与政治文明建设研究院·天津人民出版社

编 委 会

序：
当代西方生态民主的思想基础与理论模式

在 20 世纪，达尔很自信地认为，既然民主在政治领域是可行的，那把民主运用到经济领域，有什么不好的呢？这个问题直接挑战自由民主的底线，在学术界产生了持久而深入的争论。一直到现在，经济民主和经济自由还是自由主义与社会民主主义的分水岭和试金石。当然，这个争论不是达尔第一个挑起的，达尔也没有给这场争论画上一个句号。达尔之问，源自西方民主的实践，也对西方民主的实践产生了重要的影响，这却是不争的事实。

今天，我们还要再提出一个问题，既然民主在政治领域是可行的，那么，把民主运用到生态领域，有什么不好的呢？这就是当年我指导郭瑞雁同学完成她的博士学位论文的初心。在校四年，郭瑞雁同学非常刻苦，加上她做学术的天资很好，不仅顺利完成了课程学习，还发表了学术论文，尤其是高质量地完成了博士学位论文。本书就是她在博士学位论文的基础上通过修改而成的。看到这部即将出版的书稿，我从心里为她高兴。可以这样说，当年的初心得到了实现，当年的使命也顺利完成。她希望我写一个序，我非常乐意，也想借这个机会，跟大家一起讨论一些生态民主的问题。

生态民主面临的第一个问题，就是其历史逻辑。生态民主在西方也是一个比较新颖的主题。从 20 世纪末开始，一批学者试图通过各种各样的途径

1

当代西方生态民主的兴起及其对传统民主的超越

来解决愈演愈烈的生态环境问题，可谓八仙过海。用科技解决生态环境问题，直接有效，受到人们的追捧；用经济解决生态环境问题，广泛深入，越来越受到重视……但是每一种方法都会有其局限性。科技更直接，但并不是万灵药，有很多生态环境问题是科技无法解决的；经济的途径是在发展和环境之间做选择，但也并不是总能找到两全其美的办法，也会面临两难的困境。在这种情况下，用民主来解决一部分生态环境问题的方法便应运而生了。

生态民主的兴起，与传统自由民主在解决生态问题上的捉襟见肘有关系。现代西方民主诞生后，在资本主义经济基础之上，自由民主、代议制民主、宪政民主等诸种民主形式，取得了巨大的成功，但也在历史的不断发展过程中带来了一系列问题。西方现代化进程中工业化必然会带来的生态危机就是一个严重的挑战，而自由民主交出的应对答卷不尽如人意。传统的自由民主以经济自由的基本理念，强调市场的作用，反对国家干预，推动了经济发展，在西方早期的现代化过程中起到了非常重要的作用。但同时，这也带来了一系列问题，大规模的工业化释放了巨大的生产力，在推动经济发展的同时也引发了一系列社会问题，生态环境的破坏就是其中之一。这是自由民主自身无法解决的。因为自由民主就是建立在经济自由基础之上的，如果破坏了经济自由主义，自由主义的根基就没有了。在这种情况下，用一种新的民主模式来解决生态环境问题就是非常必然的。

在反思自由民主的基础上，当代西方的生态民主理论形成了体系性的理论基础和政策主张。生态民主直接将矛头指向自由民主，对自由民主进行了广泛而深刻的反思和批判，主张对自由民主制度进行变革，甚至是否定。在此基础上，生态民主理论将民主规范与生态议题融合在一起，以应对生态危机，建设生态文明。从这个意义上，本书试图在政治思想史视域下研究西方生态民主理论，一方面梳理生态民主理论对传统自由民主的反思，另一方面分析生态民主理论的思想基础、理论体系、政策主张、现实影响等多个方面的内容,对于我们认识当代西方的生态与民主问题,更好地建设中国的生态文明,有着重要的意义。

生态民主面临的第二个问题,就是民主在解决生态环境问题上的合法性。一方面,生态民主反思了自由民主,尤其是自由民主在解决生态问题上存在的失误,这是生态民主批判性的表现;另一方面,生态民主也论证了民主与生态问题的关联,建立起生态民主自身的合法性。

就效果来看,民主并不是解决生态环境问题的不二法门。生态民主理论的拥趸还是认为,生态权威主义的警示得不到遵循、传统民主的道路在解决生态环境的问题上辉煌不再,重新思考人与自然关系、变革人类与自然相处之道、重新定义人类生态政治行为,民主的理论与实践才是理性的选择。在此背景下,尝试变革自由民主、重新审视人与自然关系、用新的民主视域应对生态危机的生态民主理论于 20 世纪末应运而生。那么,作为一种全新的民主理论,如何证成民主而非威权与生态议题的相容性,如何在理论规范层面超越传统的自由民主,如何证明自身在解决生态环境问题上的独特优势,包括如何回应威权主义与传统民主理论的质疑,诸如此类的东西,就成了当代西方生态民主理论必须要面对并完成的课题。而且,生态民主理论也确实不负众望,对这些主题做出了理论回应,推动了民主理论的发展,成为当代西方民主理论大家庭中的一员。

打败了威权主义与自由民主,也并不意味着生态民主就能够解决生态环境问题。事实上,生态民主的反对者认为,民主的利益聚合、价值中立、国家单元等特性决定了生态民主很难适用于解决生态价值和全球性生态问题。在民主程序与生态结果、民主辩论与生态确定性、民主包容与生态扩张等问题上,接受民主程序的生态民主存在着内在悖论。比如,首要的问题是

当代西方生态民主的兴起及其对传统民主的超越

民主的程序能否实现生态主义要的结果。一般的看法认为,民主程序并不必然产生绿色结果,反而会因公民在生态环境问题上追求自利而造成对环境的破坏。再比如,对生态环境问题的保护需要一种无需争论的绝对律令,保护环境本身就是理由,对社会讨论来讲,这是一种不证自明的前提。然而在民主的实践中,即使环境议题,也是需要辩论的,辩论的结果也并不必然是对环境保护的承诺,而这只会给生态环境问题带来不确定性。

尽管如此,生态民主理论的支持者还是坚定地认为,民主具有极大的弹性,对用民主的方式来应对生态问题持乐观态度。生态民主理论则试图从认识论角度恢复自然的可争论性以打通其与民主的关联,通过赋予民主目的性取向、确立环境权与扩展生态为民主主体等方式,把生态和民主的价值融合在一起。生态民主一般会采取折中性的选择。在民主程序与生态结果的问题上,生态民主理论主张为民主添加生态目的的导向性,同时放松生态对绿色结果的要求;在民主辩论与生态确定性上,生态民主理论主张承认自然地位,同时认可生态价值的可争论性;在民主包容与主体扩张上,生态民主理论主张通过人类代表替生态言说,同时通过人类的倾听与自然交流。

生态民主的第三个、也是最基础的问题就是如何重新界定生态民主的主体。一方面,生态民主反思了自由民主以人为中心的民主理念,尤其是这种理念在解决生态问题上存在的缺陷,这是生态民主批判性的表现;另一方面,生态民主也大幅度地扩展了生态民主的主体,提出了动物主体论、生物主体论,甚至还有自然主体论。

在工业化的背景下,自然成为人们征服和改造的对象,西方的现代化越来越带来人与自然的冲突,尤其是在资本主导的经济秩序中,过度的开发、改造与索取甚至直接带来了自然的报复。在这种背景下,生态民主理论主张重新认知自然属性,重新规范人与自然关系。在生态民主理论视角下,自然是人类需要更加民主地与之相处的对象。能否将更加广泛的权利、更加多元的主体纳入到生态民主的主体范畴，这显然是生态民主的基础。能否在经济、政治、文化等民主权利基础上，继续扩展公民的生态民主权利？能否在变革甚至否定自由民主的前提下，用新的更加绿色的、协商性的、直接性的民主路径应对生态危机与环境问题？

在界定生态民主主体方面，生态民主走得比较远。西方民主的不断成功，与民主主体的不断扩张联系在一起，先是释放了奴隶，然后又将普选权扩张到妇女……那么，能否将自然的一部分甚至整个生态界纳入民主主体范畴？实际上，生态民主理论的研究者在这一领域不断拓展，不断发展，先后提出了动物主体论、生物主体论和自然主体论。将道德主体扩展至动物只是生态民主主体扩展的第一步，生物中心主义则更进一步地做出了将主体扩展到生物体的论述。自然主体论则更为激进。它认为整个生态系统都具有内在价值，进而提倡将道德主体的范围扩展到整个自然，而并不能仅局限于生命体。

生态民主面临的第四个问题，就是解决生态问题上形成的民主模式。在具体的民主理论与实践当中，生态民主提出了一些行之有效的民主模式。在这些模式当中，绿色自由民主、生态协商民主、生态基层民主等模式不仅在一定时间和范围内经受了时间的检验，有一定的影响力，同时，这些民主模式都有着一定的可行性，在实践中提出了相应的实践方案和建设路径，当然也受到一些质疑。

生态民主在理论建构与实践主张上形成了一个完整的、具有连续性的光谱。在这个光谱上，我们可以将绿色自由民主、生态协商民主与生态基层民主等几种模式根据批判性的强弱、变革性的强弱等标准进行由弱到强的排列。很明显，绿色自由民主模式与西方长期以来坚持的自由民主仍然属于

当代西方生态民主的兴起及其对传统民主的超越

一个家族，只是寻求在自由民主的框架内做出一些更加倾向于生态主义的改变。生态协商民主则做出了进一步将协商民主引入生态问题解决的尝试，更强调了协商的重要性。相比来看，生态基层民主则显得更为激进一些，其中比较激进的生态无政府主义则试图完全抛开自由民主，另起炉灶。无论是主张生态主体享有民主权利的激进派，还是公民享有生态性民主权利的温和派，都不仅仅停留于一般的理论分析，而是提出了更为鲜明的主张，这也印证了生态民主在结构上的完整性。

生态协商民主就是运用协商民主的方法来解决生态问题。有关生态协商民主的争论揭示了生态协商民主的内在悖论，即生态主义与协商民主在程序、主体、价值、实效四个方面的矛盾之处。一方面，协商民主能够更好地运用协商程序来扩展生态主体、接受生态价值，从而推进生态问题的解决；另一方面，在生态问题上运用协商程序并不必然产生生态主义的后果，协商主体的扩展缺乏包容性，价值转换的方向不确定，解决问题的效率低下。对于这种内在悖论，应该在实践中探寻民主价值与生态价值的动态均衡，并以法治和市场手段为补充，进而更好地解决生态问题。

生态民主面临的第五个，也是值得我们深入思考的问题可能是，当代西方生态民主用民主解决生态环境问题的方案对中国有何借鉴和启发。首先，当代西方生态民主的理论与实践为中国生态环境问题的解决提供了更为开阔的视野，这毋庸置疑。生态环境问题是人类共同面对的问题，这在中国也好，在西方也好，都是相同的，它也是人类命运共同体的现实要求。其次，当代西方生态民主的理论与实践有助于我们更好地认识西方，更好地与西方打交道，更好地解决共同面对的问题。最后，当代西方生态民主的理论与实践值得我们有甄别地加以借鉴。在中国发展全过程人民民主，必然会涉及用民主方法来解决生态环境问题，只有更好地对当代西方生态民主的理论与实践加以研究,充分发挥社会主义民主优势,继续挖掘与充分利用社会组织及公民在决策、管理及监督等多个环节的参与优势,才能对政府生态危机应对与社会主义民主政治建设事业发挥助益功效。

佟德志

2022 年 11 月 19 日于天津家中

前　言

　　无论是从产生根源还是应对途径考虑，生态危机在很大程度上都是政治问题，用政治路径应对生态危机必然会涉及制度选择。虽然不满于自由民主的治理绩效，但出于对生态权威主义更多的谨慎防范，生态政治学者依然将民主作为应对生态危机的首选路径，因为他们将其视为虽不完美但却最不坏的制度形式。由此，生态民主理论于20世纪80年代应运而生，而将生态与民主相关联并在民主视域下应对生态议题便成为生态民主的意趣与宗旨。

　　生态民主理论的首要任务是对生态权威主义进行全面批判，这是证成生态与民主关联性的前提。生态与民主能否关联？20世纪70年代兴起的生态权威主义给出了否定性答案。以罗伯特·L.海尔布伦纳（Robert L. Heilbroner）与威廉·奥弗尔斯（William Ophuls）为代表的生态权威主义理论家们认为，生态议题有效应对需要的是权威而非民主路径，理由在于：自由民主生态治理绩效较差，生态危机应对任务刻不容缓，权威主义存在果断、高效及力量集中等独特优势。生态民主理论家对此予以激烈批判。他们认为权威主义存在的压制公民参与、过度依赖政治或技术官僚、缺少问责等本质特性，会影响生态治理的合法性与效果，甚至会产生纵容生态掠夺的后果。而且生态权威主义理论本身存在着潜在的民主倾向，在很大程度上将权威路径作为紧张局势下迫不得已的选择，并视民主路径为或早或晚的归宿。加之对纳粹德国与苏联等国家生态治理绩效的现实批判，生态民主理论家最终做出了权威与生态无法相容的论断。

生态民主的立论根基是对生态与民主的相容性进行证明。20世纪80年代，生态权威主义理论与实践的弊病日渐凸显，在对此发起批判的基础上，生态民主理论对生态与民主的相容性做出了证明。部分相对激进的生态政治理论家认为民主存在利益聚合、"价值中立"、以本国国土为负责疆界、只考虑人类利益等诸多本质性设定，而这些都是不利于生态与环保议题的特性。针对上述质疑与否定，生态民主理论家坚信民主具有极大弹性，并拥有以环境友好方式加以利用的资源。他们从改善民主程序、增加对自然利益的认可与代表等具体层面进行了挖掘，并在此基础上，结合实证研究对民主优于权威生态绩效的证明，最终得出民主与生态相容、民主是应对生态问题最佳路径选择的定论。

在生态与民主相容的背景下，获得了合法性的生态民主如何定位？综合而言，可从生态民主主体、生态民主内容与生态民主模式三个层面进行界定与理论构建。首先，相对于生态中心主义在对自由民主进行较激烈变革的立场，生态民主的定位是将生态或自然上升为民主主体。此路径是对自由民主政治前所未有的挑战。考虑到自然无法言说及出席到政治领域的现实，生态民主理论家构想了推广权利、寻找代表、教育公民等维护自然利益的路径。其次，相对于人类中心主义对自由民主进行较温和变革的立场，生态民主的定位是扩展人类的生态性民主权利。此层面的生态民主只需对自由民主做较小幅度的绿化，所以推行难度相对较低，而且其构设的部分环境权利与义务已成为大多数西方国家的环保实践。最后，除立场定位外，生态民主更是

当代西方生态民主的兴起及其对传统民主的超越

一种致力于用民主方式应对生态危机的模式。代表性的有绿色自由民主、生态协商民主与生态基层民主等模式。以对自由民主的批判程度为标准,这些模式的激进性呈递增趋势,而由此带来的变革阻力也相应地呈现出递增的态势。

作为将生态主义引入主流民主理论的尝试,生态民主需从价值规范层面挖掘两者间的关联性,这意味着将生态与民主这两种强大的、一直呈独立姿态的议题进行整合;作为以对自由民主制度持变革甚至批判性否定为基调的替代性理论,生态民主需证明自身优越于自由民主的生态优势;作为以解决生态危机及建设生态文明为主旨的新的民主政治思想,生态民主需对自身的理论架构进行合理性论证。由此,生态民主难免遭遇来自民主、自由民主甚至权威主义对其合理性及可行性的质疑与批评,而且诸多批评可圈可点,生态民主需继续深入应对并进行理论修正与完善。抛开细节性争论,生态民主理论揭示了西方民主向生态方向延展的必要性、制约性与可行性等问题,有助于对西方生态危机应对及生态文明建设发挥理论指引作用。更重要的是,对这一研究成果的甄别性借鉴,在一定程度上对中国环境议题的有效应对具有理论及实践层面的参考价值。

目 录

导　论

一、研究背景

如何看待自然、如何与自然相处,这是居于自然中的人类必须思考与实践的命题。人类社会文明演进的历史也是人与自然关系演变、调试并走向协调的历史。在前文明时代,自然是人类崇拜与敬畏的神圣;在农业文明时代,自然是人类加以利用、维护并保持着和谐关系的伙伴;在工业文明时代,自然是人类改造、征服甚至试图主宰的对象;在生态文明时代,自然"应是"人类重新珍视并努力保护的生存根基与平等伙伴。称"应是"的原因在于,我们正处于反省工业文明之误并尝试走向生态文明的过渡阶段,能否达成所愿,依赖于这一代甚至近几代人的探索与实践。"不变革便死亡"的警告或许并不危言耸听,而且我们当代人的确没有以后代及自然存亡为赌注来满足自身贪欲的资格。正如恩格斯对人类的警告:"我们不要过分陶醉于我们人类对自然界的胜利。对于每一次这样的胜利,自然界都对我们进行报复。每一次胜利,起初确实取得了我们预期的结果,但是往后和再往后却发生完全不

1

同的、出乎预料的影响,常常把最初的结果又消除了。"①

事实上,工业文明在取得有史以来最大物质进步的同时,对自然的破坏也达到了空前严重的地步,若继续如此,人类便有走向毁灭的危险。生态危机便是由人类不当行为引发的、使生态系统的结构与功能在局部或整体走向失衡、并进而危及人类生存与发展的典型。19世纪中期开始,曾处于潜伏状态的生态危机开始爆发,首先以曼彻斯特的酸雨与伦敦的烟雾等姿态"亮相"。这种区别于农业社会的闻所未闻的危机,在震惊世人的同时,也引发了损伤人类财产、健康甚至生命的极大灾难。20世纪开始,积弊已深的生态危机更是规模性地于全球范围爆发,前70年相继发生了震惊世界的八大公害事件②,而在随后的七八十年代,仅短短十几年时间内,便再次发生了波及全

---

① 《马克思恩格斯选集》(第三卷),人民出版社,2012年,第998页。

② 八大公害事件主要是指由人类化学、冶金与汽车等工业生产带来的废气、废水与废渣等"三废"排放物不断增加而对自然环境及人类健康造成巨大危害的事件。它们相继发生于20世纪30年代到70年代,分别是:1930年的比利时马斯河谷烟雾事件(二氧化硫与粉尘过度排放致六十多人死亡、数千人患病)、1948年的美国多诺拉镇烟雾事件(二氧化硫及其氧化物加大气烟尘的共同作用产生的硫酸烟雾致使近六千人患病)、1952年的伦敦烟雾事件(冬季燃煤引发的煤烟性烟雾共致一万两千多人死亡)、20世纪40年代的美国洛杉矶光化学烟雾事件(汽车尾气形成的光化学烟雾会使人五官发病、胸闷,并会影响汽车与飞机的安全运行)、1952年到1972年的日本水俣病事件(因食用含汞污水中的鱼虾和贝类所致)、1931年到1972年的日本富山骨痛病事件(起因在于摄入含镉的河水与大米)、1961年到1970年的日本四日市气喘病事件(燃油产生的废气引发居民呼吸道疾病)与1968年的日本米糠油事件(因食用混入多氯联苯污染物的米糠而导致数十万只鸡死亡、五千余人患病)。

球的十大事件①，核废物泄漏、化工毒气泄漏与起火、原油泄露及燃烧等灾难造成了数百万人死伤的后果。如今，温室效应、有毒化学物扩散、森林锐减、水资源污染与短缺，以及生物多样性锐减等十大全球环境问题已成为人类生存与文明发展的巨大威胁，若应对不当必将对人类世界造成毁灭性影响。

对愈演愈烈的生态危机进行有效应对，事关人类生死存亡与社会文明演进，是一道考量人类集体智识的命题，也是一道理论与现实的难题。它需要重新思考人与自然的关系及相处之道，更需要采取有效策略积极行动。

生态危机的有效应对是个政治问题。无论从产生根源还是应对途径考虑，生态危机在某种程度上都是政治问题，其有效应对绝非仅是技术问题，技术的修修补补无法从根源上杜绝生态危机；它也不是单纯的经济问题，投入与产出的分析框架以经济利益而非生态效益为根本诉求。由此，将生态危机应对纳入政治框架进行权衡与处理，并配之以宏观规划、政府决策、法律法规与公民政治参与等政治方略是题中应有之义。作为工业革命的引领者与工业文明建设的领军人，西方社会最早遭遇生态危机的侵蚀，也最先激发

---

①　十大事件是指 1972 年到 1992 年发生在世界范围内的后果严重的十大环境污染事件。它们分别是：20 世纪 70 年代美国的死湖事件(由二氧化硫过度排放引发的酸雨对水域 pH 值造成严重破坏，导致蛙类、鱼类大面积死亡)、1978 年 3 月 16 日的卡迪兹号油轮事件(邮轮触礁漏油导致海水污染与海洋生物大量死亡)、1979 年 6 月 3 日发生并持续近十个月的墨西哥湾井喷事件(井喷引发原油泄漏事故，持续半年，严重污染墨西哥和美国沿海海域)、20 世纪 80 年代的库巴唐"死亡谷"事件(巴西圣保罗以南 60 千米的库巴唐市坐落山谷，其居民屡遭废气、废水污染甚至燃油爆炸等灾害的侵害)、20 世纪七八十年代的西德森林枯死病事件(酸雨对森林植被、动物及周围人群的严重伤害)、1984 年 12 月 3 日的印度博帕尔公害事件(工厂异氰酸甲酯泄漏导致 1500 人死亡、4500 人重病及 20 万人双目失明)、1986 年 4 月 27 日的切尔诺贝利核泄漏事件(核泄漏引发了全方位与持久性的生态污染)、1986 年 11 月 1 日的莱茵河污染事件(化学公司存储剧毒农药的钢罐爆炸，导致硫、磷、汞等毒物随着灭火剂进入下水道，并最终排入莱茵河)、1989 年 11 月 2 日的雅典"紧急状态"事件(希腊首都雅典市空气中二氧化碳浓度达到 631 毫克/立方米、一氧化碳浓度也突破危险线，引发市民出现头疼、乏力、呕吐、呼吸困难等中毒症状)，以及 1991 年的海湾战争油污染事件(海湾战争导致大量石油泄漏、多国部队的轰炸导致原油燃烧，加之后期漏油事件，对海洋生态造成严重污染)。

当代西方生态民主的兴起及其对传统民主的超越

了有识之士用政治手段拯救生态危机的思考与行动。1962年《寂静的春天》(*Silent Spring*)一书出版,雷切尔·卡逊(Rachel Carson)清晰并深刻地揭示了工业污染对自然造成的灾难性破坏后果,拉开了通过理论著作形式引发世人对生态问题进行政治性关注的帷幕。之后,《生存的蓝图》(*A Blueprint for Survival*)与《增长的极限》(*Limits to Growth*)等一系列揭示人类生存危机的科学著作相继问世,并向世人发出了"不改变便灭亡"的末日警告。生态意识日益觉醒的公民发起了抗议性环境政治运动并将其逐步推向高涨:公众走上街头游行示威以表达对资本家破坏环境的行为及政府不作为的不满;大量环境非政府组织(NGO)产生并积极开展环保行动;包括生态运动在内的群众抗议性新社会运动爆发;政府成立环境保护机构并推行环保举措;绿党在许多国家相继成立并参与竞选,等等。这些都推动了生态问题深度政治化的步伐。在此背景下,一系列探讨生态政治的作品相继问世,主题主要涉及生态政治价值观念、各国生态政治实践与生态政治演进路径等诸多领域。

用政治路径应对生态危机必然涉及制度选择问题。该用怎样的政治制度应对生态问题?这是个实践与理论相互伴生并相互推助的议题。不满于工业主义引领下自由民主制的生态危机应对绩效,在"要利维坦还是要淹没"的选择性命题的警告中,生态政治思想家于20世纪70年代建构了生态权威主义理论体系。虽然存在果断、及时与高效等理论优势,但在压制自由、抹杀多样性和缺少问责等理论质疑中,在遭受法西斯主义挪用而交出反人道的现实(但实际上是弱相关的)答卷下,生态权威主义终究以生态弱相关的面目淡出历史舞台。在关乎人类整体生死存亡的生态难题面前,作为并非完美但却可能是目前最不坏的价值选项与现实制度选择,民主不可避免地成为另一种尝试路径。鉴于生态危机一定程度上生发于自由民主政治及自由民主生态危机应对不力的现状,以生态危机应对为使命的民主路径需要对自由民主做出界定、取舍及改进。

将民主思路与生态议题相结合，包含如何与自然相处的议题。从人类文明历史长河着眼，生态危机源自工业文明对自然的征服与主宰，而珍视与善待自然是摆脱生态危机并走向生态文明的基础及必需。从政治学视角对自然、对人与自然的关系进行思考，生态危机绝非仅是存在于自然界的危机，它涉及人类文化的危机，并需要对人与自然的关系进行反思甚至重新界定。生态政治思想的主旨是：生态危机的缓解与解决及生态文明的实现需要改变工业文明以来自然被开发、被利用和被奴役的工具性地位。这首先涉及弥补自然伤害并对其进行负责的问题，也即通过政治手段有效应对生态危机，弥补生态欠账，努力修复生态系统以使之恢复平衡。其次涉及改变对自然的态度甚至其地位的问题。这需要一改工业文明初期对自然进行奴役甚至主宰的做法，并对其给予珍视及善待。而在生态民主政治理论家那里，珍视与善待之外更需对自然采取民主的、平等视之的态度，并同时需要对自然进行赋权。露西·萨基森(Lucy Sargisson)代表性地指出："环境政治最近的一个趋势是尝试思考如何不仅负责并同时更民主地与自然世界进行相处的问题。具体可概括为对人与环境更民主关系的呼吁和将民众(demos)概念扩展至包括自然界的呼吁。"[1]兴起于 20 世纪 80 年代的西方生态民主理论正是这样一种尝试，它是一种以对生态权威主义及自由民主制度进行变革甚至批判性否定为基调，以民主规范及路径与生态议题的融合为手段，以应对生态危机并建设生态文明为主旨的绿色政治思想。

基于上述考虑，本书选择西方生态民主为研究对象，具体探讨其兴起、定位及对传统民主的超越。关于西方生态民主兴起的研究，主要聚焦于生态民

---

[1] Lucy Sargisson, Democracy of All Nature: Taking a Utopian Approach, *Politics*, vol.33, No.2, 2013, p.124.

当代西方生态民主的兴起及其对传统民主的超越

主理论家对先行的、兴起于20世纪70年代的生态权威主义所做的批判及对生态与民主相容性进行的证明,就此证成生态民主的合法性。关于西方生态民主的定位问题,首先接受一般的看法,即生态民主是一种用民主方式应对生态问题的模式,在此基础上努力从理论及价值观层面拓展生态民主的定位,力求对其做出尽可能全面的阐释。同时,在对生态民主的全方位界定中探索其对传统自由民主的超越之处。

对西方生态民主理论的研究有助于厘清西方民主向生态方向延展的必要性、制约性与可行性等问题,有助于对西方生态危机应对及生态文明建设发挥理论指引作用。更重要的是,对这一研究成果的甄别性借鉴,可在一定程度上为中国环境议题的应对发挥理论及实践层面的参考价值。

首先,生态文明建设是我国国家建设的重要内容。生态文明是人类文明发展的历史趋势,也是保障人类社会永续发展的理性选择。生态文明建设的良性发展事关国家人民的福祉,也是衡量各国政府善治的有效标尺。党的十七大与十八大报告分别将"建设生态文明"作为全面建设与建成小康社会的重要内容,对生态文明建设进行了宏观的战略规划与部署。党的十九大报告提出"加快生态文明体制改革,建设美丽中国"的指导思想,这是在党的十七大、十八大宏观部署的基础上进一步对生态文明建设提出的细化的体制改革层面的要求。在生态文明建设现实需求及国家生态文明建设规划与部署的背景下,从学理上探究如何用民主路径应对生态问题对我国生态文明建设具有借鉴性的参考价值。

其次,生态危机有效应对是我国当下需处理的重要政治议题。愈演愈烈的生态危机是需要全人类共同正视与应对的理论与现实难题。作为工业革命的爆发地及工业文明建设的前行者,西方最早遭遇了生态危机。而中国由于采用同样的工业生产模式及自身建设中存在的诸多问题,也在后续发展中遭遇了较严重的生态危机及环境问题。目前,大气污染、水环境污染、垃圾污染、土地荒漠化和沙化、水土流失和生物多样性破坏等问题已成为困扰政府和公民的重要难题。除需要经济、文化与技术等应对方略外,环境问题还需要从政治方面进行考虑。环境问题的产生在一定程度上与不当的发展规划、资源利用决策与法律规范等政治因素相关;环境问题已成为危害公民生活质量、健康福利与社会安定等环节的不稳定因素;环境问题的解决涉及多主体参与、信息透明与问责机制等政治制度安排。由此,环境问题的源头杜绝、危害缓解及彻底解决等无不需要政治视角下的思考及行动。

最后,民主路径选择符合我国政治文明建设的主题。社会主义民主政治是中国特色社会主义政治文明的集中体现,是近代以来中国人民奋斗的追求和中国共产党始终不渝的奋斗目标。以民主路径应对生态危机,既符合我国民主政治建设的主题要求,也是有效应对环境问题的现实选择。环境问题的解决需要扩展公民环境方面的民主权利并培养其环境责任意识及行为能力;环境问题的解决需要与自然和谐相处,而不是始终将其作为奴役及主宰的工具;环境问题的解决需要拓展及绿化民主决策、民主参与、民主管理与民主监督等模式,使决策朝着考虑生态利益及环境效益的方向发展,使参与和管理朝着多方参与和协商共治的路径延伸,使监督朝着信息公开、有效互动与方便问责等环节扩展。在社会组织及公民环保意识日渐成熟的背景下,对传统的、政府单打独斗的环境治理模式做出改变的时机已经成熟,社会组织及公民在决策、管理及监督等多个环节的参与,可协助政府在环境问题的预防与治理等环节更有效地发挥作用,也可对社会主义民主政治建设事业发挥助益功效。

二、研究现状

(一)国外研究现状

工业化进展较早、发展也较快的欧美发达国家最先遭遇生态危机与治理难题,相关生态危机治理与环境保护的研究涉足较早,理论成果颇丰。其中,兴起于 20 世纪 80 年代的生态民主理论是相对崭新的课题。生态民主意味着将生态与民主这两种强大的、曾并不呈融合姿态的议题进行整合,是一种将生态主义引入主流民主理论的尝试与努力。尝试将生态主义思想引入民主理论,必须对生态与民主的关系进行探讨,在关系的认可与否定之间呈现生态民主主义与生态权威主义理论的区别;努力对自身合法性做出证成并对理论体系进行铺设,在共性之外又呈现出不同的生态民主理论派别。综合而言,西方学术界的研究与成果主要集中于生态权威主义、生态民主主义和生态民主具体设计等领域。

1.关于生态权威主义的理论研究

生态议题与民主路径是否相容? 20 世纪 70 年代兴起的生态权威主义给出了否定性的回答。其典型代表者为罗伯特·L.海尔布伦纳(Robert L. Heilbroner)与威廉·奥弗尔斯(William Ophuls)。关于生态议题为何需要权威路径而不是民主的理由,他们都从生态危机治理刻不容缓的态势及自由民主应对不力的视角给予回答。如,海尔布伦纳指出,"宽限期是在灾难和崩溃来临之前,可能比他们预计的时间长得多,但这不是一个无限期的时期。问题迟早都必须面对"[1]。他同时认为,"在资本主义社会阶级关系束缚下的民主制

---

[1] Robert L. Heilbroner, Growth and Survival, *Foreign Affairs*, vol.51, No.1, 1972, pp.139–153.

度的改革前景会遭遇顽固局限,我们期待着这些社会的政府在面对极端的内部冲突或潜在的、灾难性的社会两极分化时会诉诸权威性的措施"①。奥弗尔斯的立论基础是应对自然资源稀缺性难题的紧迫性,他从"公地的悲剧"(The Tragedy of the Commons)②论断出发,得出建立霍布斯式的强大国家是避免生态毁灭唯一路径的结论,并指出"个人主义、自由与民主的黄金时代已经结束"③。关于生态权威主义国家的具体布局,基本上是由政府对政治、经济、文化等领域实施全面掌控。海尔布伦纳在《商业文明的衰落》(*Business Civilization in Decline*)一书中如此规划:政府是具有"宗教"倾向与"军事"纪律取向的类僧侣社会组织;为防止对政府迅速果断行动的干预而需要至少暂时关闭政治参与渠道;取消私人对经济活动的决定权;对公民进行文化控制等。他如此预见:"在'集权宗教'组织中,至关重要的是将人类集体与集体命运提升到公共意识的高度,需要私人利益对公共需求的绝对服从。"④而奥弗尔斯指出,霍布斯式生态国家的合法性在于保障人民安全而非其公正性,并用"技术的浮士德式交易"(Technology's Faustian Bargain)来形容获得技术福利所需付出的交出民主、采纳集权的代价。⑤

　　生态民主理论家对生态权威主义理论发起了多方质疑。迈克·米尔斯

---

①　Robert L. Heilbroner, *The Human Prospect*, London: Calder & Boyars Press, 1975, p.90.

②　哈丁在《公地的悲剧》一文中为控制生育自由进行证明。他指出,生育自由终究会带来人口过剩的危机甚至全人类集体毁灭的后果,而过度生育问题的解决之路不能特别民主,终究需要国家进行干预与控制。"要保存和孕育其他的和更宝贵的自由,唯一的办法是放弃生育自由,而且还要快快放弃。"引自 Garrett Hardin, The Tragedy of the Commons, *Science*, New Series, vol.162, No.3859, 1968, p.1248.

③　William Ophuls, *Ecology and the Politics of Scarcity*, San Francisco: W. H. Freeman and Company Press, 1977, p.145.

④　Robert L. Heilbroner, *Business Civilization in Decline*, New York: W. W. norton & Company Press, 1977, p.95.

⑤　William Ophuls, *Ecology and the Politics Scarcity*, San Francisco: W. H. Freeman and Company Press, 1977, p.159.

（Mike Mills）对生态权威主义弊病的分析结论是，"生态权威主义支持权威而反对民主的理由恰恰可以用来为民主辩护"①。在他看来，生态权威主义以人性自私而难为公益付出与权威主义可有效保护生态为立论基础，而殊不知这两个基础是相互矛盾的，因为人性自私恰是需对权力进行制衡的缘由，由此民主而非权威制度才是必需。此外，还存在着诸多关于权威主义生态绩效的质疑，斯特凡·沃斯特（Stefan Wurster）分析了权威主义压制性特征导致的政府在信息灵通环节出现的巨大障碍；②约翰·帕斯莫尔（John Passmore）认为权威政体缺乏问责的特性无法保障其必然将公益性的生态利益纳入考虑；③尚卡尔·达亚尔·夏尔马（Shankar Dayal Sharma）使用"获胜联盟"术语做分析，认为权威政府存在纵容同盟生态掠夺行为的危险，等等。④

　　除理论质疑外，生态民主理论家还对权威政治的生态绩效进行了考评。这方面的研究对象多聚焦于纳粹德国、苏联及他们所认定的当代权威主义国家的生态绩效。需要指出，这里的生态权威主义，并不是指在海尔布伦纳或奥弗尔斯等开创的生态权威主义理论指导下的实践，而是指在现实中用权威方式应对生态问题的实践。

　　一般对纳粹德国及苏联的生态权威主义采取的是捆绑式的连带制度一同否定的批判策略。安娜·布拉姆韦尔（Anna Bramwell）认为，纳粹党关于自身种族与伟大自然相关联的神秘主义信仰，以及对自然弱肉强食制度的认

① Mike Mills, Green Democracy: The Search for an Ethical Solution, In Brian Doherty and Marius de Geus (eds.), *Democracy and Green Political Thought: Sustainability, Rights and Citizenship*, London and New York: Routledge Press, 1996, p.96.

② Stefan Wurster, Comparing Ecological Sustainability in Autocracies and Democracies, *Contemporary Politics*, vol.19, No.1, 2013, p.79.

③ John Passmore, *Man's Responsibility for Nature*, London: Duckworth Press, 1974, pp.193-194.

④ Shankar D. Sharma, Democracy, Good Governance, and Economic Development, *Taiwan Journal of Democracy*, vol.3, No.1, 2007, p.37.

定与向社会的推演共同导致了种族主义及战争的发展。[①]沃斯特则明确指出，这种捆绑式否定的原因在于 20 世纪 70 年代某些环境政治理论中的独裁倾向，以及"自然政治"与某些形式的法西斯主义的有害性联系。在解体前，苏联的权威生态政治治理方案尚未完全展开，但许多思想家却认定严重的环境污染根源在于其采取的社会主义制度与此制度下的非民主权威治理方略，并对是否为东西方工业化路径的共性所致、是否源自共同的"先污染、后治理"发展方略等疑惑置之不理。芭芭拉·贾卡尔（Barbara Jancar）所言的"一个自由选举的民主政府会立即解决所有的环境问题"[②]是最有代表性的观点。

针对（西方生态民主理论家眼中的）当代权威主义国家生态绩效的评价，一部分理论家采取了经验性的并与民主国家相对比的方式进行。大部分研究得出民主生态绩效优于权威的结论。沃斯特认为，在解决易于治理的、有替代选择的弱可持续问题上，民主政体的表现优于独裁政体。[③]玛格丽特·温斯洛（Margrethe Winslow）认为，民主程度与环境质量之间存在着一种正向相关关系，民主比权威政体更倾向于保护环境质量，而权威政体的环保倾向较弱。马努斯·I. 米拉尔斯基（Manus I. Midlarsky）则对民主与环境质量的正相关关系表示质疑。他认为，民主与环境保护间呈现着弱相关性，而且"民主与环境的关系不是一维的，理论家与决策者构想的积极关系需要被重新审视"[④]。这是一种淡化制度性质与环保绩效联结性的结论。

---

① Anna Bramwell, *Ecology in the 20th Century*, New Haven, CT: Yale University Press, 1989, p.7.

② Barbara Jancar, The Environmental Attactor in the Former USSR: Ecology and Regional Change, In Ronnie D. Lipschutz and Ken Conca（ed.）, *The State and Social Power in Global Environmental Politics*, New York: Columbia University Press, 1993, p.172.

③ Wurster, Comparing Ecological Stefan Wurster, Comparing Ecological Sustainability in Autocracies and Democracies, *Contemporary Politics*, vol.19, No.1, 2013, p.89.

④ Manus I. Midlarsky, Democracy and the Environment: An Empirical Assessment, *Journal of Peace Research*, vol.35, No.3, 1998, p.341.

2.关于生态民主理论的相关研究

20世纪80年代后期,生态权威主义的理论与实践弊病日渐凸显,在此背景下诞生了提倡在民主视域下应对生态议题的生态民主理论。生态民主理论的表达与建构是一场将生态主义引入主流民主理论的思想旅行甚至冒险。作为一项崭新的将本就复杂的生态与民主议题相整合的尝试,生态民主大旗下聚集了诸多不同的、差异巨大甚至截然对立的思想与观点。相关研究大致可从生态中心主义、人类中心主义与实用主义三个层面进行梳理。

(1)生态中心主义视角的生态民主

生态民主相对于生态中心主义的解读是将民主主体向生态界或自然延伸,也即将自然作为享有民主地位的政治主体并赋予其应有的权益保障。这是对现有民主理念及制度具有较大挑战性的设计。为证明其合理性,生态民主理论家对民主主体的扩展层次、扩展理由及扩展路径等课题进行了论证。

关于民主主体向非人类扩展的界限,理论家展开了深度不同的界定,大概分为动物、生物与自然三个递进的层次。动物保护主义者做出的尝试最为谨慎,他们只将民主主体扩展到了动物层面。汤姆·里根(Tom Regan)与彼得·辛格(Peter Singer)分别是权利与功利论证路径的典型代表。在里根看来,人类获得民主主体地位的理由在于其内在价值,而某些成熟的哺乳动物因具备了知觉、欲求与未来感等特征也拥有内在的、而非工具性的价值,由此需被赋予人类般的民主主体资格。针对此主体无法依靠自我行使权利而无须被赋权的质疑,里根用儿童与精神病患者等主体无法自我行使权利但却被赋权的现实进行反驳。[①]在功利路径下,辛格用"痛苦感受力"作为界定主体资格的标准,由此,动物整体因具备该特征而需被赋予民主主体地位,这是在里根成

---

① Tom Regan,*The Case for Animal Rights*,Berkeley,CA:University of California Press,1983.

熟哺乳动物基础上的扩展。辛格同时要求人类用平等观念对待动物,并将最小化其痛苦总量作为自身道德责任。①

在动物保护主义者所做尝试的基础上,生物中心主义(Bio-centrism,又称生命中心主义)将民主主体扩展至所有生物,认为有生命的对象都需被赋予主体身份。生物中心伦理的先行者阿尔伯特·斯威泽(Albert Schweitzer)提倡"敬畏生命"(reverence for life)的生态伦理。敬畏生命的基本内涵是认可所有生命(包括所有动物和植物)的内在价值,并对其保持尊重与敬畏。②在此伦理观基础上,保罗·泰勒(Paul Taylor)进一步提出了使生命体自身成为目的、其价值无须依附于对人类的有用性的"生物中心观",构建了人类对其他生命体应尽的无伤害、不干涉、忠诚与公平等四个一般性责任,并提倡用自卫、均衡、最小失误等层次性原则应对人类与其他生命体的利益冲突。③

在生物中心论基础上,生态中心论(Eco-centrism)将民主主体扩展为整个自然。生态学家奥尔多·利奥波德(Aldo Leopold)第一次系统阐述了生态中心伦理学,将"土地共同体"也即整个自然界定为民主主体,并从生态危机应对必要及正义原则必需等角度进行了合理性论证。④克里斯托弗·斯通(Christopher Stone)用类比原则(婴儿与企业等)论证自然担当法律主体的合法性,并探讨了任命法律监护人、确定环境权等一系列实现自然利益的方式。⑤

生态民主理论家从利益与相似性及代言人等视角,对非人类担当民主主

---

① Peter Singer, *Animal Liberation*, New York: Harper Collins Publishers Inc. Press, 1975.

② Albert Schweitzer, *Out of My Life and Thought: An Autobiography*, Baltimore: The Johns Hopkins University Press, 1998.

③ Paul Taylor, *Respect for Nature*, Princeton, New Jersey: Princeton University Press, 1986.

④ Aldo Leopold, Susan L. Flader and J. Baird Callicott(eds.), *The River of the Mother of God and Other Essays*, Madison: University of Wisconsin Press, 1991.

⑤ Christopher Stone, *Should Trees Have Standing?: Towards Legal Rights for Nature Objects*, Los Altos, CA: William Kaufmann, 1974, p.34.

体的合法性进行了系统性的证明。首先,利益视角的立论基础为:认可非人类的利益,承认其利益受到了人类决策及行动的影响,要求人类承担确保对方利益得到保护或至少不受侵害的责任。而在政治领域赋予非人类以民主主体地位是保障其利益维护获得合法性的根本途径。罗宾·埃克斯利(Robyn Eckersley)将当下人类享有的民主改进为"利益受影响者的民主"(democracy-of-the-Affected,民有)或"为了利益受影响者的民主"(democracy-for-the-Affected,民享),①由此,人类后代及自然与当下的人类一样,都成为民主政治的权利主体,原因在于他们存在着自身利益,而且其利益会因当代人类在民主政体下的决策与行为受到影响。其次,相似性路径是从某些非人类与人类具备的相似性入手寻找其担当民主主体的合法性。确实,如果说人类能够单独登临政治舞台的原因在于其具备的独特特质,那么非人类或至少某些非人类类人特质的具备就是享受政治主体地位的筹码,而相似程度则是对其政治权利享有程度的核准。弗兰斯·德·瓦尔(Frans de Waal)②与珍·古德(Jane Goodall)③等动物学家证明了黑猩猩的自我意识,马克·比科夫(Marc Bekoff)④与詹姆斯·雷切尔(James Rachels)⑤等生态学家发现了存在于海豚与猴子等动物身上的道德性。而埃克斯利总结道:如果权利是立足于自我意识与道德品质等能力之上的话,那么其在人类与动物间的分配就不是一个非有既无

---

① Robyn Eckersley, Deliberative Democracy, Ecological Representation and Risk: Towards a Democracy of the Affected, In Michael Saward(ed.), *Democratic Innovation: Deliberation, Representation and Association*, London and New York: Routledge Press, 2000, pp.117-132.

② Frans de Waal, *Good Natured: The Origins of Right and Wrong in Humans and Other Animals*, Cambridge, MA: Harvard University Press, 1996.

③ Jane Goodall, *Through a Window: My Third Years with the Chimpanzees of Gombe*, Boston: Houghton Mifflin Company, Press, 1990, p.169.

④ Marc Bekoff and Jessica Pierce, *Wild Justice: The Moral Lives of Animals*, Chicago and London: The University of Chicago Press, 2009.

⑤ James Rachels, *Created from Animals*, Oxford: Oxford University Press, 1990.

的问题,充其量只能证明人类具备比动物更多或更强的权利,动物享有相对较少或较弱的权利,却根本无法推导出动物根本不具备权利的结论。①最后,代言人路径主要是从自然与人都需要被代言的立场来论证自然担当政治主体的合法性。布鲁诺·拉图尔(Bruno Latour)认为应该在认识论视角下理解自然,这样自然便不会再被看作是等待科学探索与发现的客观存在,而是需要人类认识与讨论的不确定性领域、需要表达与争议的状态。由此,自然便获得了进入需要争议与辩论的政治领域的资格,而实践途径同人类一样都需要寻找代言人。②

　　将自然扩展为民主主体的构想对政治领域而言是前所未有的理论与现实挑战。生态民主理论家较艰难地从权利、代表与教育等路径对其实现方式进行了开拓性的论证。首先,权利路径是指通过自然权利话语及相关措施维护自然利益的路径。克里斯托弗·斯通认可权利话语的可行性,倡导赋予自然政治与法律权利,提倡通过监护人来照看自然实体的利益,并通过信托基金的管理及法律诉讼途径来弥补对自然实体造成的伤害。③特德·本顿(Ted Benton)认可权利话语保护动物的实际功效,提倡由人类代表通过宣传、任职于政治与法律机构及对动物伤害进行法律仲裁等方式来维护动物的利益。④其次,基于自然无法言说与出席人类政治领域的特性,用代表方式维护自然

---

① Robyn Eckersley, Liberal Democracy and the Rights of Nature: The Struggle for Inclusion, *Environmental Politics*, vol.4, No.4, 1995.

② Bruno Latour, *The Politics of Nature: How to Bring the Sciences into Democracy*, Cambridge MA: Harvard University Press, 2004.

③ Christopher Stone, *Should Trees Have Standing?: Towards Legal Rights for Nature Objects*, Los Altos, CA: William Kaufmann, 1974.

④ Ted Benton, Natural Relations: Animal Rights and Social Relations, In Andrew Dobson and Paul Lucardie(eds.), *The Politics of Nature: Explorations in Green Political Theory*, London and New York: Routledge Press, 1993, pp.161–176.

利益似乎是顺理成章的选择。关于如何才能代表自然,生态民主理论家主要提倡改革选举制度与将自然代表制度化的方式。选举制度改革的最终目的是增加绿党议员的席位、增大普通议员对绿色价值及自然利益代表的可能性,具体而言,格雷厄姆·史密斯(Graham Smith)与迈克·米尔斯分别提倡比例代表制①与复数选区制度②。自然代表制度化的目标是将新的自然代表引入立法机构,以使自然利益被"直接"代表。安德鲁·多布森(Andrew Dobson)③与克里斯蒂安·埃克利(Kristian Ekeli)④等做了相应建构。最后,部分生态民主理论家认为文化与教育是维护自然利益的最根本方式,因为在他们看来,如果代表或公民没有将生态利益内化或起码纳入考虑范围,那么自然利益的维护是根本不可能的。约翰·巴瑞(John Barry)提倡集体生态管理方式,即通过决策中的协商或社会结社等方式使全体公民成为具备绿色美德的生态管理者。⑤多布森提倡通过学校教育使公民文化发生绿色转向。⑥

(2)人类中心主义视角的生态民主

生态民主相对人类中心主义的解读是将其理解为人类民主权利向生态方向的扩展,即肯定人类生态性的或环境方面的民主权利。生态民主理论家

---

① Graham Smith, *Deliberative Democracy and the Environment*, London and New York: Routledge Press, 2003.

② Mike Mills, Green Democracy: The Search for an Ethical Solution, In Brian Doherty and Marius de Geus(eds.), *Democracy and Green Political Thought: Sustainability, Rights and Citizenship*, London and New York: Routledge Press, 1996, p.97.

③ Andrew Dobson, Representative Democracy and the Environment, In William M. Lafferty and James Meadowcroft(eds.), *Democracy and the Environment: Problems and Principles*, Cheltenham: Edward Elgar Press, 1996, pp.124–139.

④ Kristian Ekeli, Giving a Voice to Posterity: Deliberative Democracy and Representation of Future People, *Journal of Agricultural and Environmental Ethics*, vol.18, No.5, 2005, pp.429–450.

⑤ John Barry, *Rethinking Green Politics: Nature, Virtue and Progress*, London: Sage Publications Inc. Press, 1999.

⑥ Andrew Dobson, *Citizenship and the Environment*, Oxford: Oxford University Press, 2003.

主要就此项权利的合理性及可行性进行了充分论证。

合理性层面主要在于证明人类享有环境权的恰当性。经典的论述如,迈克尔·萨沃德(Michael Saward)将民主定义为对多数的响应性程序及对必要价值的维护,而自由、参与及社保等基本民主权利便是保障民主存在的必要价值。通过将环境权纳入社保权利范围的做法,萨沃德间接将环境权归入了基本民主权利的范畴,完成了使其上升为民主存在所必需的基本价值的任务;[①]埃克斯利创造了绿色自主权观念,将其界定为主体得以繁荣并以幸福方式生存的权利。绿色自主权观念除了起到将权利主体扩展为整个自然的作用外,也使人类获得了享受基本环境福利的权利,并且因属于自主权范畴的缘故,人类的此项环境权利需要受到其他自主主体的尊重并应免受暴力剥夺,由此环境权通过自主权这项基本民主权利获得了民主合理性。[②]此外,诸多理论家以环境权不同的外在功用为其正当性证明。典型代表如下:约翰·S.德莱泽克(John S. Dryzek)从生态系统对民主政体运作所发挥的支撑性作用出发,论述环境权的必要性;[③]本顿认为应从人类有机福利对生态条件保护的依赖视角阐述环境权问题;[④]萨沃德从坏境权利与基本民主权利相关联的角度分析,认为环境权是对其他权利的保障。[⑤]

---

① Michael Saward, Must Democrats Be Environmentalists?, in Brian Doherty and Marius de Geus (eds.), *Democracy and Green Political Thought:Sustainability, Rights and Citizenship*, London and New York:Routledge Press, 1996, pp.77-93.

② Robyn Eckersley, Greening Liberal Democracy:The Rights Discourse Revisited, In Brian Doherty and Marius de Geus (eds.), *Democracy and Green Political Thought:Sustainability, Rights and Citizenship*, London and New York:Routledge Press, 1996, pp.207-229.

③ John S. Dryzek, *Rational Ecology:Environment and Political Economy*, Oxford:Blackwell Press, 1987.

④ Ted Benton, *Nature Relation:Ecology, Animal Rights and Social Justice*, London:Verso Press, 1993.

⑤ Michael Saward, Must Democrats Be Environmentalists?, in Brian Doherty and Marius de Geus (eds.), *Democracy and Green Political Thought: Sustainability, Rights and Citizenship*, London and New York: Routledge Press, 1996, p.85.

当代西方生态民主的兴起及其对传统民主的超越

可行性层面主要分析环境权付诸实践的可能。理论家主要通过权利与义务两种话语进行论证。权利话语环节存在三种论证路径：第一种路径是利用现有人权保护人类的环境利益。黛娜·谢尔顿(Dinah Shelton)认为现有的生命权、人身安全权及健康权等诸多人权都可被用来实现人类环境权益保障的目标。①艾伦·E.波义尔(Alan E. Boyle)认为现有的市民、政治、社会与经济等权利都可被用来服务于环境权益保障目标。②除调动现有人权的路径外，迈克尔·安德森(Micheal Anderson)选择了重新解释相关人权以加强其环境意蕴的方式，"生命权原则上可被视为在国家未能减少向饮用水供应中排放剧毒产品的情况下受到了侵犯"③。由此，国家需积极提供健康的环境以保障公民生命权。第二种路径是利用现有程序性权利保障环境权益。埃克斯利、蒂姆·海沃德(Tim Hayward)与史密斯等生态政治思想家都认同知情权、法律补救权与参与权是与环境保护关系较紧密的三大程序性权利，并分析了其为实质性环境权利提供保障④、纠正环境执法赤字、促进公民环保实践⑤与有助于

---

① Dinah Shelton, Human Rights, Environmental Rights, and the Right to Environment, *Stanford Journal of International Law*, vol.28, No.1, 1991, pp.103–138.

② Alan E. Boyle, The Role of International Human Rights Law in the Protection of the Environment, In Alan E. Boyle and Micheal Anderson(eds), *Human Rights Approaches to Environmental Protection*, Oxford: Clarendon Press, 1996, pp.43–69.

③ Micheal Anderson, Human Rights Approaches to Environmental Protection: An Overview, In Alan E. Boyle and M. Anderson(eds), *Human Rights Approaches to Environmental Protection*, Oxford: Clarendon Press, 1996, p.7.

④ Tim Hayward, Constitutional Environmental Rights and Liberal Democracy, In John Barry and Marcel Wissenburg (eds.), *Sustaining Liberal Democracy: Ecological Challenges and Opportunities*, New York: Palgrave Publishers Ltd. Press, 2001, pp.117–134.

⑤ Robyn Eckersley, Greening Liberal Democracy: The Rights Discourse Revisited, In Brian Doherty and Marius de Geus (eds.), *Democracy and Green Political Thought: Sustainability, Rights and Citizenship*, London and New York: Routledge Press, 1996.

开展环境协商①等效能。第三种路径是直接通过实质性环境权利来促进人类环境权益。海沃德认为，与人类的生命、健康等权利相类似，此项权利也具有毋庸置疑与无须论证的地位，②这是对人类环境权做出的最具肯定性的论断。义务话语环节论证最典型的代表是多布森，他具体使用生态公民身份理论对与环境权相伴生的生态义务进行分析。多布森将生态公民身份主体界定为人类，认为此主体具备非地域性、义务导向性、重视私人领域③及正义与同情美德④等特性，这些特性有助于其在履行因生态足迹而生的生态义务的同时更好地实现环境权利。

（3）实用主义立场下的生态民主

实用主义立场下的生态民主理论需解决用何种模式应对生态危机的现实问题。在此领域，初步成型又较具代表性的流派主要有绿色自由民主、生态协商民主与生态基层民主。

绿色自由民主探讨的是自由民主的绿色前景问题。它对自由民主采取内在批判而非完全拒绝的态度，是对自由民主制度进行绿化的尝试。生态民主理论家较多地对自由民主制度绿化的可行性及其实践性的绿色方案进行了评估。马里厄斯·德盖斯（Marius de Geus）突破自由主义与环境诉求不相容的传统看法，抛弃约翰·洛克（John Locke）的思想，从约翰·斯图亚特·密尔（John Stuart Mill）处挖掘到了反对支配自然、美好生活界定非物质化、提倡个

① Graham Smith, *Deliberative Democracy and the Environment*, London and New York: Routledge Press, 2003, pp.74–76.

② Tim Hayward, Constitutional Environmental Rights: a Case for Political Analysis, *Political Studies*, vol.48, No.3, 2000, p.560.

③ Andrew Dobson, Ecological Citizenship: a Disruptive Influence? In Chris Pierson and Simon Tormey（eds.）, *Politics at the Edge: The PSA Yearbook 1999*, London: Macmillan Press Ltd. Press, 2000, pp. 40–62.

④ Andrew Dobson, *Citizenship and the Environment*, Oxford: Oxford University Press, 2003.

性等思想,证明了自由主义与环境诉求的相容性,为自由民主的绿化奠定了思想基础。①绿色诉求在自由民主制度下的现实生存状况如何? 多数理论家认识到了相对强势的自由民主对绿色议题激进性的软化。巴瑞将环境主义定位为激进的绿色政治。他对当下自由民主国家环境政治实践的观察结论是: 环境议题似乎已被温和地整合入市场与自由民主国家的逻辑和应对策略中。②德盖斯指出,环境议题遭遇了西方自由民主国家规划与政策进程总体框架的吸收,结果是绿色诉求的无害化处理。他指出,自由民主国家缓和环境议题的三种具体方式为:转化为技术与政策议题、使用"双赢"环境策略和扩大决策参与。③整合、包容甚至同化绿色议题的自由民主国家推出了生态现代化、多用途原则与预防原则等实践方案。虽然在德莱泽克④、巴瑞⑤与埃克斯利⑥等生态政治理论家看来,这些都是人类中心主义立场下的绿化程度较弱的环境治理方略,但不能否认,他们可能是在认清了当前及今后较长一段时期内自由民主仍将占主导地位的政治背景下,所做出的更具实用

① Marius de Geus,Sustainability,Liberal Democracy,Liberals,In John Barry and Marcel Wissenburg (eds.),*Sustaining Liberal Democracy:Ecological Challenges and Opportunities*,New York:Palgrave Publishers Ltd. Press,2001,pp.19–36.

② John Barry and Marcel Wissenburg,Introduction,In John Barry and Marcel Wissenburg(eds.),*Sustaining Liberal Democracy:Ecological Challenges and Opportunities*,New York:Palgrave Publishers Ltd. Press,2001,pp.1–18.

③ Marius de Geus,The Environment Versus Individual Freedom and Convenience,In Marcel Wissenburg and Yoram Levy (eds.),*Liberal Democracy and Environmentalism:The End of Environmentalism?*,London and New York:Routledge Press,2004,pp.87–99.

④ John S. Dryzek,*Rational Ecology: Environment and Political Economy*,Oxford: Blackwell Press,1987,pp.10–11.

⑤ John Barry,Greening Liberal Democracy:Practice,Theory and Political Economy,In John Barry and Marcel Wissenburg (eds.),*Sustaining Liberal Democracy:Ecological Challenges and Opportunities*,New York:Palgrave Publishers Ltd Press,2001,pp.59–80.

⑥ Robyn Eckersley,Deliberative Democracy,Ecological Representation and Risk:Towards a Democracy of the Affected,In Michael Saward (ed.),*Democratic Innovation: Deliberation,Representation and Association*,London and New York:Routledge Press,2000.

特色的考虑。

　　生态协商民主模式是将生态主义与协商民主相结合的产物，对自由民主进行生态批判是其理论出发点。出于对代议及选举制度的失望，20世纪80年代起生态民主理论家尝试用生态协商民主理论解决自由民主的生态危机应对困境。生态协商民主首先需要证明自身的绿色诉求，理论家们从以下环节做出了论证：确认生态主体地位、承认生态价值本位、有效应对生态问题与内化绿色道德等。第一，确认生态主体地位方面，赛拉·本哈比（Seyla Benhabib）从协商规范获得认可与发挥有效性的条件出发，阐释了协商主体扩展的必需；[①]埃克斯利从风险规避的视角出发，阐述了将协商主体延伸至"受潜在风险影响者"的必要；[②]德莱泽克从协商的交往理性出发，论证了自然担当民主主体的合法性。[③]第二，关于承认生态本身的而非其工具性价值的合法性证明。伊娃·L.冯布兰德（Eva Lövbrand）与贾米尔·卡（Jamil Khan）从人类理性视角[④]、埃克斯利从环境公共产品价值视角[⑤]论证了协商民主对绿色价值的承认。第三，关于协商民主有效应对生态问题的优势，史密斯从决策

---

①　Seyla Benhabib（ed.），*Democracy and Difference Contesting the Boundaries of the Political*，Princeton：PrincetonUniversity Press，1996，p.68.

②　Robyn Eckersley，Deliberative Democracy，Ecological Representation and Risk：Towards a Democracy of the Affected，In Michael Saward(ed.)，*Democratic Innovation：Deliberation，Representation and Association*，London and New York：Routledge Press，2000，p.118.

③　John S. Dryzek，Political and Ecological Communication，In John S.Dryzek and David Schlosberg (eds.)，*Debating the Earth：The Environmental Politics Reader*，Oxford：Oxford University Press，1998，pp.631-646.

④　Eva Lövbrand and Jamil Khan，The Deliberative Turn in Green Political Theory，In Karin Bäckstrand，Jamil Khan，Annica Kronsell and Eva Lövbrand（eds.），*Environmental Politics and Deliberative Democracy：Examining the Promise of New Modes of Governance*，Cheltenham：Edward Elgar Publishing，Inc. Press，2009，p.52.

⑤　Robyn Eckersley，Deliberative Democracy，Ecological Representation and Risk：Towards a Democracy of the Affected，In Michael Saward(ed.)，*Democratic Innovation：Deliberation，Representation and Association*，London and New York：Routledge Press，2000，p.120.

信息环节①、德莱泽克从主体间相互协调环节②、埃克斯利从对非公益主张与做法的批判及监督环节③给予了证明。第四,在内化绿色道德方面,戴维·米勒(David Miller)④与史密斯⑤等对协商公开辩论程序的绿色道德内化效应进行了论证。此外,针对批评者发起的协商不必然带来绿色结果、协商理论包容性架构付诸现实的困难及协商民主不一定能够形塑公民等质疑,米尔斯与弗雷泽(Fraser)⑥、多布森⑦、海沃德⑧、艾莉丝·马里恩·杨(Iris Marion Young)⑨、巴瑞⑩等理论家都做出了相关回应,而埃克斯利指出,仅以"民主思想的本质是寻求更多的民主"⑪的标准来衡量,因促进了更多民主的现实,生态协商民主

---

① Graham Smith, *Deliberative Democracy and the Environment*, London and New York: Routledge Press, 2003, p.62.

② John S.Dryzek, *Rational Ecology: Environment and Political Economy*, Oxford: Blackwell Press, 1987, p.211.

③ Robyn Eckersley, Deliberative Democracy, Ecological Representation and Risk: Towards a Democracy of the Affected, In Michael Saward (ed.), *Democratic Innovation: Deliberation, Representation and Association*, London and New York: Routledge Press, 2000, p.122.

④ David Miller, Deliberative Democracy and Social Choice, *Political Studies*, vol.40, Special Issue: Prospects for Democracy, (1992), p.61.

⑤ Graham Smith, *Deliberative Democracy and the Environment*, London and New York: Routledge Press, 2003, p.60.

⑥ Mike Mills and Fraser, Ecological Constitutionalism and the Limits of Deliberation and Representation, In Michael Saward(ed.), *Democratic Innovation Deliberation, Representation and Association*, London and New York: Routledge Press, 2000, pp.140–141.

⑦ Andrew Dobson, Representative Democracy and the Environment, In William M. Lafferty and James Meadowcroft (eds.), *Democracy and the Environment: Problems and Principles*, Cheltenham: Edward Elgar Press, 1996, pp.133–137.

⑧ Tim Hayward, *Constitutional Environmental Rights*, Oxford: Oxford University Press, 2005, p.148.

⑨ Iris Marion Young, *Justice and the Politics of Difference*, Princeton, NJ: Princeton University Press, 1996, p.184.

⑩ John Barry, Resistance is Fertile: from Environmental to Sustainability Citizenship, *Journal of Literature History & Philosophy*, (2007), pp.38–39.

⑪ John S. Dryzek, Discursive Democracy vs Liberal Constitutionalism, In Michael Saward(ed.), *Democratic Innovation: Deliberation, Representation and Association*, London and New York: Routledge Press, 2000, p.86.

必然可位居民主理论之列。

在西方生态基层民主的理论视野下，集权是人类社会政治与经济等压迫的重要成因，也是人类支配自然与引发生态危机的主要根源。由此，西方生态基层民主力求在较小的基层单位通过公民的直接参与实行自治，并实践人与生态的和谐共处。其理论构架总体强调权力的去集中化与分权、强调个人与基层自由、强调尊重自然并与自然和谐相处。生态基层民主存在温和与激进之分，温和立场提倡在代议民主背景下加强基层民主，用更多的直接民主弥补代议民主利益政治的缺陷；激进立场也即生态无政府主义倡导从根本否定中央权力、用完全的基层自治及自治性联盟路径处理包括生态在内的公共事务。西方生态基层民主理论的流派是多元的。较典型且较具系统性的是生态自治主义(ecocommunalism)与社会生态学(social ecology)。生态自治主义体现出更多的生态中心主义色彩，属于生态中心主义立场，而社会生态学更侧重在自由主义立场下寻求地方自治及自然解放的方略，属于人类中心主义立场；生态自治主义拥有较多的流派与代表者，而生态社会学主要由默里·布克钦(Murray Bookchin)一人开创并阐释。[1]

(二)国内研究现状

即便是在西方，生态政治特别是生态民主都是相对崭新的课题，其理论尚处于建构初期。而国内对相关主题的研究起步更晚，成果也较单薄。

国内学者所著的生态民主相关专著较少，仅有一些宏观层面的关于生态政治主题的著作，如金建方所著《生态主义主张》(2018)、郇庆治所著《当代西方生态资本主义理论》(2015)、曹荣湘所著《生态治理》(2015)、余谋昌所著的

---

[1]　Murray Bookchin, *The Ecology of Freedom: The Emergence and Dissolution of Hierarchy*, Palo Alto, California: Cheshire Books, Inc. Press, 1982.

当代西方生态民主的兴起及其对传统民主的超越

《环境哲学：生态文明的理论基础》（2010）、金纬亘所著的《西方生态主义基本政治理念》（2011）。还有一些编译论文集，如郇庆治主编的《环境政治学：理论与实践》（2007）与《重建生态文明的根基——生态社会主义研究》（2010）等。

论文类也只有较少学者涉猎生态民主相关主题，成果数量相对较少。在中国知网数据库，涉及西方生态民主主题的硕博论文只有近十篇，题目中出现"生态民主"的只有 3 篇，包括刘妮妮的硕士论文《罗宾·艾克斯利的生态民主思想研究》（2020）、杨璐的硕士论文《西方生态民主思想及其对新时代中国环境治理的启示研究》（2019）与刘子晴的博士论文《当代西方生态民主思想研究》（2016），另外一篇主题相近的是黄桢的硕士论文《生态协商民主研究》。在中国知网数据库涉及西方生态民主研究主题的期刊论文只有二十余篇，其中一类是关于西方国家生态民主实践的研究，如郭秀丽的《德国环境保护中的生态民主》（2015）与马利君的《荷兰的生态保护与"生态民主"》（2015）；第二类是关于生态民主理论的研究，如郇庆治的《生态民主》（2019）、佟德志的《当代西方生态民主的主体扩展及其逻辑》（2019）、刘子晴的《当代西方生态民主主义思想的流派分析》（2015）、郝炜的《西方生态民主主义中的三种论证策略及其限度》（2014），沈承诚的《西方生态问题政治化及生态民主的学理分析》（2014）等；第三类是相关主题研究，目前金纬亘对生态基层民主的研究成果较集中，发表有《代议民主与直接民主相结合的新民主诉求——西方生态主义基层民主观探析》（2006），《西方生态主义基层民主理念及其主要渊源——兼论卢梭的"主权不可分"论》（2009）与《超越"选举"：西方生态主义基层民主理念及其价值取向——兼论卢梭的"主权不可分论"》（2010）等论文；还存在关于生态公民主题的研究，如郇庆治的《西方环境公民权理论与绿色变革》（2007）与《绿色变革视角下的环境公民理论》（2015）等。总体而言，由于生态民主是新近兴起于西方的理论研究主题，所以国内针对此主题的研究成果数量相对较少。

三、研究进路与方法

(一)基本思路

生态民主理论兴起的现实动因是应对威胁人类生存的生态危机,兴起的文化背景是工业文明及西方所处的自由民主时期,兴起的理论基础是对生态权威主义集权及生态绩效的反感。由此,在生态危机愈演愈烈的背景下、在认识到自由民主不力的生态治理表现后,在对生态权威主义及权威政体不良生态绩效的批判中,以更好地应对生态危机为根本宗旨的生态民主在西方应运而生。

建构生态民主理论,首先需应对的是将生态与民主相结合的合法性证明问题。由此,笔者首先从正反两方面梳理了理论家对民主与生态相容性所做的论证;生态与民主相容背景下获得了合法性的生态民主具体如何定位?这是本书前三章递次展开的问题。首先,相对生态中心主义的、对自由民主做较为激烈变革的立场下,生态民主的定位是扩展民主主体、即将生态或自然上升为民主主体的尝试。此路径是对自由民主政治前所未有的挑战,加之自然无法言说及出席民主政治领域的制约,生态民主理论家构想的推广权利、寻找代表、教育公民等路径存在诸多理论及实施困难。其次,相对人类中心主义的、对自由民主做较温和变革的立场下,生态民主的定位是扩展人类生态性的或环境方面的民主权利,此层面的生态民主对自由民主做了较小幅度的绿化,所以推行难度相对较小,其构设的环境权利与义务已成为大多数西方国家的环保实践。最后,除立场定位外,生态民主更是一种致力于用

当代西方生态民主的兴起及其对传统民主的超越

民主方式应对生态危机的模式，目前较具代表性的模式建构有绿色自由民主、生态协商民主与生态基层民主等。以对自由民主的批判程度为标准，这些模式的激进性呈递增趋势而变革阻力也相应地呈现着递增态势。本书包括序言及正文共四章内容，具体逻辑如下图所示：

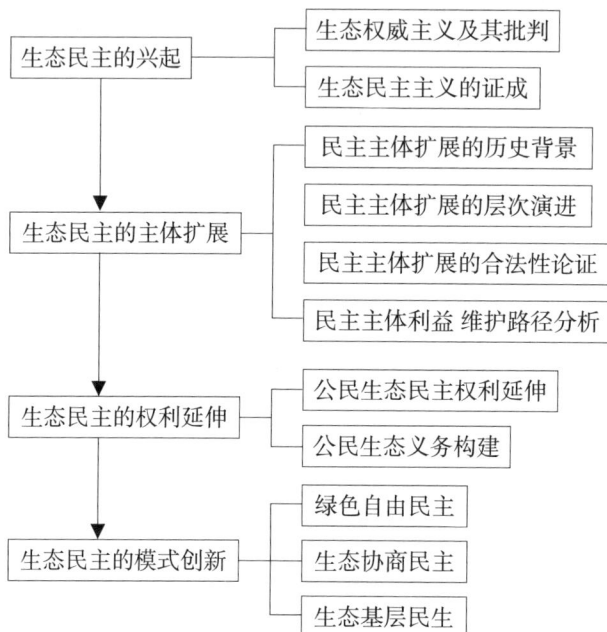

图1 逻辑示意图

新生的生态民主理论，在对自由民主理论及制度进行变革甚至批判性否定的基础上，从生态民主主体、生态民主内容与生态民主模式等环节进行了自我定位。除阐发了将自由民主向生态方向延展的必要性、制约性与可行性等理论难题外，也对生态危机应对及人类生态文明建设发挥着理论及实践层面的参考价值。

(二)研究方法

第一，政治思想的研究方法。生态与民主各自都是较复杂的思想议题，若要将它们结合以形成生态民主理论,必然是一项需要进行繁重与精细思想梳理与理论界定的工作。由此,本书首先采取政治思想的研究方法进行。此研究进路是将生态民主作为西方生态主义与生态政治发展的当代思潮加以分析,展现生态民主理论与生态主义及生态政治思想之间的思想渊源和起承转合,着重在于证成生态民主的正当性并梳理生态民主理论的基本价值观念、理论架构、核心结论与内在困境等。

第二,政治现象的研究方法。除关涉理论架构外,生态民主同时是一个实践命题,是西方多数国家在现有民主制度框架下通过变革创新,努力应对生态危机的政治现象与政治实践。此种研究进路便是对现实中的生态民主实践进行分析。通过对自由民主国家拓展公民生态性权利及生态现代化、可持续发展与预防原则等生态实践的分析,揭示民主路径治理生态问题的制度安排、手段策略与治理效能等,旨在检验生态民主理论在实践上的有效性,并推动对生态民主理论的反思、改进与深化。

四、创新与不足

生态民主理论兴起于 20 世纪末的西方学术界,是一个至今不过二十几个年头的较崭新的课题。由于研究年限相对较短,此课题在西方也尚处于理论的初步建构时期,由此流派与观点呈现出巨大的差异性与欠整合性。正如西方生态民主理论家们形象的自喻:生态民主理论犹如一把大伞,伞下聚集着八方来客。这使生态民主思想的研究工作同时充满了挑战与机遇,挑战在于需要透彻研究大量纷杂的、欠归纳与欠系统分析的理论素材并梳理出脉络、整合出系统,机遇在于有机会从多视角的解读中获得尽可能丰富的理论资源并收获新的发现。就生态民主理论本身而言,在何为生态民主的认识上

当代西方生态民主的兴起及其对传统民主的超越

尚未达成必要程度的共识，最一般的看法是将其视为用民主手段解决生态问题。但经过对现有理论材料细心的研读、分析与归纳可发现，西方生态民主理论家的研究成果已展现出的生态民主观念其实远非这般单一与薄弱，而是已呈现为一种多层面的观念与理论状态。具体而言，文章尝试性地将生态民主作了主体、内容与模式等三个层面的解读，即将生态或自然扩展为民主主体的生态民主、扩展人类生态性民主权利的生态民主、用民主模式应对生态危机的生态民主。做此种尝试的目的在于更清晰与丰满地对生态民主观念进行厘定，并通过这种厘定对现有生态民主的相关理论进行系统化与结构化处理，同时助益于生态民主理论与实践的进一步丰富与深化。

由于研究年限尚短，生态民主理论在西方思想界正处于进一步的建构之中，还尚未展现出较为成熟的形态。由此，本书的研究可被视为对西方生态民主理论阶段性成果进行总结与分析的尝试，存在着需根据西方研究进展继续丰富与完善的问题；由于篇幅与研究重点所限，本书主要采用文献研究方法，着重就生态民主理论家的思想文本及思想间的关联性进行分析，以期对生态民主理论做出尽可能全面与有条理的梳理，而相对缺乏对生态民主运作实践的现实关注。同时，西方很多学者已开始采用实证方式对现有的生态民主实践（或更精准地说，自由民主的绿色实践）进行研究，具体通过大量问卷调查、数理建模与统计分析等方法来评估民主路径的生态绩效，这需要耗费大量时间、精力与财力等资源，由于研究方法及重点所限，本书涉及此方面的内容多来源于对学者们已有数据的分析、判断与归纳，而一手材料的缺乏在一定程度上影响了分析的直观性。这些都是笔者后续研究需继续关注与尽量弥补的不足。

第一章
当代西方生态民主的兴起

20 世纪以来，积弊已深的生态危机在世界范围内频发并震惊世人，作为工业化的最早发源地及建设领军者，西方成为当时最早遭遇危机也最深刻体验危机的主体。除遭遇八大公害之类事件的现实性的灾难警示外，以《寂静的春天》为发端的一系列科学著作及报告也深化了公众对生态危机的恐慌及关注。思考应对之道被看作关系人类生死存亡的紧急命题，是在自由民主基础上继续应对生态难题，还是要用权威主义方式出击？这是理论界的问题，也是现实世界关注的议题。

一、生态权威主义及其批判

权威还是民主？在西方世界，这是理论与实践相互伴生并相互推助甚至相互承接的议题。在 20 世纪中，经过六七十年代的治理，自由民主制度交出了生态危机应对不力的答卷，无论原因是其制度固有的缺陷还是危机本身的顽固或棘手。在愈演愈烈的生存危机的戕害下，在萦绕于耳的"不变革便死亡"的警告声中，无论是欣然的愿望使然或是不得已而为之的选择，一部分理论家开出了生态权威主义的处方。

(一)生态权威主义的生成

20世纪以来生态危机在全球范围频频爆发并日趋告急，几乎席卷全球的八大公害事件更是震惊世界。"自然的报复"拉响了人类重新思考人与自然关系的警钟，也促发了人类保护自然及自身的行动。

1962年《寂静的春天》一书问世，卡逊在书中描述了人类对环境造成的灾难性破坏及给自身带来的恶果，石破天惊地唤起了公众的环保意识。觉醒的公民发出要求政府应对生态危机的呼声，将环境保护问题推到了政府面前。由此，西方社会的生态议题开始走上政治舞台，并成为挑战自由民主制度设计与现实运作的新课题。20世纪60年代开始，西方社会的公民逐步开始了各种环保运动，各国环保组织纷纷成立，公众走上街头进行大规模环境抗议，个别激进组织甚至发动"过激的"环境保护运动。在无法掩盖并日益严重的生态危机及公民环保要求的压力下，许多国家的自由民主政府主动或被迫地通过成立环保组织、制定环保法律和采取环保行动等措施给予回应。但经过近十年的运作，自由民主政府生态危机应对与环境保护绩效不佳，无论是敷衍使然或是因为能力所限。在此背景下，一部分思想家开始从制度层面思考生态危机的政治根源，自由民主政体与生态议题是否具备相容性的问题便被纳入了考虑范畴。

20世纪70年代，一系列揭示生存危机的科学著作相继问世，并向世人发出了"不变革便死亡"的末日警示。1972年问世的《生存的蓝图》揭示了生态问题的严重性及改变的紧迫性。此书由以爱德华·戈德史密斯(Edward Goldsmith)与罗伯特·艾伦(Robert Allen)为首的三十多位顶级科学家编著而成，书中提供了大量关于能源危机、环境与生态破坏的资料、数据及表格，警告世人若继续按当前趋势发展,地球上维持人类生存的基础条件终将崩溃,而此命运至迟会落在我们子女一代身上。《增长的极限》(*Limits to Growth*)同样于 1972 年问世,该书由丹尼斯·米多斯(Dennis Meadows)、德内拉·梅多斯(Donella Meadows)和乔根·兰德斯(Jorgen Randers)三位麻省理工学院的年轻科学家编纂而成,此书第一次揭示了地球资源实际存在的有限性及人类社会增长该有的极限性,揭示了在资源有限的星球上追求无限增长导致的生态灾难及毁灭性后果,对人类盲目追求经济增长的模式提出了警告。

上述科学研究揭示,摆脱毁灭性命运需对社会进行重组,需要全力以赴尽快实现人口和工业零增长,也即需要建立一个人口规模与资本存量都稳定的社会。而生态政治理论家们则清楚地认识到,这些命题已完全超乎自由民主制度的能力范围及意愿。因为自由民主对个人主义及自由市场的维护从根本上有害于环境,而且民主决策系统下个人缺乏自愿牺牲的动机,结果必然会使集体面临"公地的悲剧"。由此,由专家和专业人士对个人及经济等活动进行强行管制的权威主义是当下的唯一出路。最终,在"要么利维坦,要么毁灭"[①]的命题前,选择"利维坦"的生态权威主义于 20 世纪 70 年代诞生了。罗伯特·L.海尔布伦纳与威廉·奥弗尔斯是其典型代表。他们认为留给我们的治愈生态的时间是有限的,"宽限期是在灾难和崩溃来临之前,可能比他们预计的时间长得多,但不是无限期的。问题迟早都必须面对"[②]。因此,人类必须快速行动。而行动意味着付出代价,即人们不能再把对环境的拥有、享受甚至污染视为理所当然;同时为了人类的生存,目前唯一的选择是集权国家,而不论这一选择是源自情愿或是出于被迫。

---

① William Ophuls, Leviathan or Oblivion?, in Herman E. Daly(ed.), *Toward a Steady State Economy*, San Francisco: W. H. Freeman and Company Press, 1973, p.227.

② Robert L. Heilbroner, Growth and Survival, *Foreign Affairs*, vol. 51, no. 1, (1972), pp.139–153.

(二)生态权威主义的理论观点

生态权威主义总体认为,在资源短缺限制性背景下,确保人类生存的政治路径只能是民主规则的搁置和生态权威主义的采用。对此路径的辩护存在早期与后期两个阶段的分别,早期从务实立场出发,而后期更注重采用价值立场。

1.务实立场的合法性辩护

生态权威主义的早期代表首推海尔布伦纳与奥弗尔斯。相对于从价值观出发对生态权威主义的辩护,他们辩护的支撑性立场是务实的,即采取生态权威主义的理由是生态危机的灾难性及应对紧迫性。正如多布森所言:"在当代环境运动的早期, 海尔布伦纳与奥弗尔斯等北美作家似乎认为,环境危机是如此可怕,以至于无法合理期望个人会自愿接受各种危机的应对措施,而只有强大的政府——甚至权威政府——才有能力迫使其这样做。"[①]

(1)海尔布伦纳的权威主义理论

海尔布伦纳的立论基础是自然资源稀缺性及由此引发的经济增长极限。他认为自然资源稀缺性与经济增长间呈现着负相关关系,自然资源约束背景下经济增长的最终结果是逐渐变缓直至停滞。由此,资源争夺引发的社会矛盾会完全超出民主政体的应对能力,"资本主义社会阶级关系束缚下的民主制度改革前景会遭遇顽固局限,我们期待着这些社会的政府在面对极端的内部冲突或潜在的、灾难性的社会两极分化时会诉诸权威的措施"[②]。同时,紧张局势也会在国际层面爆发,"我们正在进入一个人口迅速增长、毁灭性武器存在和资源减少的时期, 这些将使国际紧张局势在较长时期内处于危险

---

① Andrew Dobson, *Green Political Thought*, London and New York: Routledge Press, 1990, p.105.

② Robert L. Heilbroner, *The Human Prospect*, London: Calder & Boyars Press, 1975, p.90.

水平。这些意味着人类面对生态危机时,为了生存……必须强制执行任何适应性或转型性的变革"①。而实施这些变革"需要大规模的行动"并"需要中央权威",②这时权威政府下有计划的、专制的社会秩序会带来包括有力应对生态危机在内的诸多益处,而这些却超出了民主国家的意愿及能力。

　　海尔布伦纳构建的生态权威主义政府是在政治、经济与文化等领域实施全面计划与控制的追求稳定的政府,是"具有'宗教'取向与'军事'纪律的类僧侣社会组织,最有希望通过变革为新的、稳态的社会经济提供基础"③。相较于民主政府,权威政府更能有效应对生态危机,因为后者可以在环境监管、能源和资源配给、人口控制等环节实行严格与集中的管理。具体而言,这要求政府执行中央集权并至少暂时性关闭往常的政治参与渠道,因为它们可能会干预政府对危机做出迅速与果断的反应;要求更强硬地行使国家权力,目的是有效应对社会及国家间资源的"再分配战争",避免有些国家发动"先发制人的夺取"的风险;④要求赋予科学家或技术官僚相对权威的、甚至不容置疑的政治地位,原因在于生态问题本身的复杂性及由此而生的对地球有限资源进行有效控制的需要;要求取消私人对经济活动的决定权,并连同财富分配权一起被纳入政府与跨国公司的掌控中,因为"一方面是极端紧张的分配局面,另一方面是私人经济活动潜在的致命后果,这样的背景下,公共权威的扩展必须扩大到取代私人决策的层面,不仅是在收入决定环节,而且在生产类型及方式环节"⑤。最后,要求对公民进行文化控制,因为生态危机的严

---

①　Robert L. Heilbroner, *An Inquiry into the Human Prospect*, New York: W. W. Norton & Company Press, 1774, p.175.

②　Ibid., p.176.

③　Ibid., pp.176–177.

④　Ibid., pp.127–146.

⑤　Robert L. Heilbroner, *Business Civilization in Decline*, New York: W. W. Norton & Company Press, 1977, p.87.

重性需要用稳定的社会代替当下充满活力的社会,同时生态危机的应对需要知识与技术精英发挥中心作用,由此必须要求大众服从社会安排及权威,而且文化控制的结果是将个人主义转变为类似"集权宗教(statist religion)"的公共伦理,"在'集权宗教'中,至关重要的是将人类集体与集体命运提升到公共意识的高度,是私人利益对公共需求的绝对服从"①。

(2)奥弗尔斯的权威主义理论

奥弗尔斯的立论基础也是自然资源的稀缺性。他从加勒特·哈丁(Garrett Hardin)"公地的悲剧"论断出发,得出避免生态毁灭的唯一路径是建立霍布斯式强大国家的结论。在政治学视角下解读"公地的悲剧"的启示是:揭示公共权力缺失下集体行动的困境,即在公共权力缺失背景下,个人受自我利益驱动会做出个人利益最大化的选择,他者与集体利益会遭遇冷落;展现公共权力缺失的悲剧性后果,即整个公地也即集体与公共利益的完全消失,最终也使依附于其中的个人利益完全消失;生发出对政治解决路径的需求,即需要公共权力的出现与有效应用。在奥弗尔斯那里,这个公共权力就是强大的霍布斯式的国家。而且除此之外,没有任何其他可供选择的非权威主义方法,因为它们都无力制止资源的过度开发,也无力根据平衡资源利用、保持消费与环境供应间稳定状态的需要来确保复杂的社会事务的前进方向。

奥弗尔斯认为,霍布斯式国家的合法性在于对人民安全的保障而不是其本身的公正性。他认为自然资源的稀缺性问题正在回归,而且是以霍布斯都没有预料到的程度重新回归,"一旦没有相对充足与丰富的条件来缓解由稀缺引发的政治活力缺乏问题,更大的不平等、压迫和冲突被促发的可能性就会增加。因此,稀缺的回归预示着古老的政治邪恶的复活,即使不降临到我

① Robert L. Heilbroner, *Business Civilization in Decline*, New York: W. W. Norton & Company Press, 1977, p.95.

们自己身上,我们的后代也无法避免此遭遇。简言之,个人主义、自由与民主的黄金时代已经结束"①。由此,当务之急是建立霍布斯式的强大国家,并重新树立国家职责在于保障"人民安全"的政治权力观。②奥弗尔斯认为,在公正性与确保人民安全的效能性之间,后者更为重要,理由类似哈丁的"不公正好于全体毁灭"的判断③。由此,他指出"更好的是,我们应该勇敢地选择新世界,并尽量使之变得尽可能良性,而不是继续沿着非政治的道路前进。因为若不如此行动,我们肯定会相当公正地收获到来自后代的敌意"④。也就是说,虽然非权威道路是公正的,但因其而来的毁灭性终究会受到后代的指责,而为了避免全体的毁灭,我们需要勇敢地选择看似不公正的权威道路。

奥弗尔斯认为,霍布斯式国家的特征在于用生态权威路径追求稳定的经济及社会状态。在他看来,无论当下的物质富裕程度有多高,都已到了对其进行放弃的必要关头,"出于应对公地悲剧的需要,稳定状态的经济及社会将是必须的"⑤。同时"与当今工业社会相比,稳定社会不仅更具权威性和更少民主,而且它很可能将是寡头的(oligarchic),只有具备谨慎决策所需的生态及其他能力的人才能被允许全面参与到其政治过程中"⑥。也就是说,生态权威路径在当下是必须的选择。而此状态的社会具体需要由"掌握深奥知识的生态官员阶层进行管理"⑦。因为环境议题的复杂性使普通民众注定无

① William Ophuls, *Ecology and the Politics of Scarcity*, San Francisco: W. H. Freeman and Company Press, 1977, p.145.

② Ibid., p.155.

③ Garrett Hardin, The Tragedy of the Commons, *Science*, New Series, vol.62, No.3859, 1968, pp.1243–1248.

④ William Ophuls, The Politics of the Sustainable Society, in D.C. Pirages (ed.), *The Sustainable Society*, San Francisco: Freeman Press, 1977, p.171.

⑤ Ibid., p.158.

⑥ William Ophuls, *Ecology and the Politics of Scarcity*, San Francisco: W. H. Freeman and Company Press, 1977, p.158.

⑦ Ibid., p.159.

法对相关决策做出贡献，而对其进行知识与技术界定的必要性决定了决策由专家与权威制定的必要性。奥弗尔斯用"技术的浮士德式交易"（Technology's Faustian Bargain）来具体形容获得技术福利所需付出的交出民主并采纳集权的代价。他以核能为例进行分析，指出大量使用核能的前提是要有效维护反应堆并安全处理核废料，而这些完全超越了普通民众的能力范围，只能依靠科学精英进行维护；同时，核能稳定与相对安全的开发、维护及使用很容易受到社会制度稳定性的影响，由此，通过集权确保制度的稳定也是必然选择。结果，使用核技术释放的大量能源所需付出的代价如下：将国家交给非民主的、稳定的政治体制名下，交给拥有神职般地位的技术人员手中。综合而言，此体制具有类似于天主教会的组织形式，类似于海尔布伦纳的集权宗教构想。需要指出的是，奥弗尔斯虽然认可建立权威制度的必要性，但相对温和地认为将来会是权力下放的民主社会，而权威制度只是当下的权宜之计与过渡状态。

2.价值视角的合法性辩护

生态权威主义合法性的另一套辩护基础是价值性的，即强调权威路径的采用是维护"绿色价值"的需要。此辩护路径的逻辑如下：首先将自然价值的维护定位为生态主义及绿色活动的最高宗旨，其次对自由民主与自然价值维护之间的否定性关系进行分析，最后对权威主义与自然价值维护之间的相关性进行证明。

20世纪80年代，随着末日预言及生态灾难言论的式微，继续用生态危机紧迫应对为由对生态权威主义进行辩护已有些不合时宜。一部分生态政治学者将注意力转向价值观领域，开始从价值观视角对权威主义路径进行辩护。正如多布森所言，"有些关于生态政治的信仰认为存在着关于'过绿色好生活'的正确路径，而此路径与（自由）民主的价值多元主义是不相容的。

因此,激进的绿色目标与民主进程之间明显的紧张关系,既有现实层面的根源,也有价值性的根源"①。

生态政治理论家一般采用罗伯特·古丁(Robert Goodin)的"绿色价值理论"(green theory of value)作为辩护的逻辑起点,以此证明自然价值在生态主义理论中的首要地位。古丁指出,绿色价值理论"将事物的价值与事物本身一些自然生发的属性联系起来"②。即,在绿色价值理论视域下,只有那些物体本身自然(与人工相对)产生的属性才可能是最有价值的。这与其他政治意识形态所推崇的价值理论形成了区别,"它与生产者本位价值理论的不同之处在于坚持这样的观点……展示价值的属性(value-imparting properties)是自然的,而不是人类活动的某种人工制品。它也不同于消费者本位的价值理论,因为展示价值的属性以某种方式存在于物体本身,而不是那些享受这些物体的人的任何心理状态(实际或假设的,现在或以后的)"③。绿色价值理论认可与推崇的正是这种不由人类生产与消费活动界定的自然生发的价值。根据这一理论,如果某些物体的属性是通过自然的而非人为的过程展现出来的,那么它便是"特别有价值的"④。由此,自然界便顺理成章地成为一种"特别有价值"的绿色价值。而维护并推广自然价值是生态主义理论的逻辑起点与首要任务,生态政治学者也期望在未来可持续下去的是由自然过程而非人为过程所创造的事物的价值。

绿色价值理论与作为其实现路径与方式的"行动理论"(theory of agency)相区别。古丁指出,行动理论应以追求、维持与保护绿色价值为目标,也就是说,在绿色价值与绿色行动理论之间,前者的重要性是第一位的、也是最根本

---

① Andrew Dobson, *Green Political Thought*, London and New York: Routledge Press, 1990, p.105.

② Ibid., p.24.

③ Ibid., p.25.

④ Ibid., p.30.

的,绿色行动理论应以服务于绿色价值为目的。由此,追求绿色价值不容置疑,但其实现路径绝非固定不变,即没有哪怕一种固定的行动理论可以从绿色价值理论中衍生出来,古丁的理由是,"考虑到作为他们道德体系中的逻辑起点,我认为我们必须说,做正确的事情比通过以任何特定的方式或任何特定的机构来做更重要"①。"在发生冲突的情况下……绿色价值理论——以及它将让我们推广的目标——必须在绿色人士自己的理论逻辑范围内优先于绿色行动理论,以及优先于具体构建的正确的行动、代理和结构原则。"②在绿色政治视域下,绿色价值的维持比个人正直的"干净的手"的原则更为重要。③

根据这些推演,首先得出的结论便是绿色价值理论与民主程序间存在明显的不相容性。许多民主理论家都做过类似分析,多布森认为,激进的绿色目标与民主间紧张关系的根源在于前者的绝对律令(imperative nature)本质④;萨沃德也认为,"在某种程度上,当实现某些绿色原则——比如紧急处理人口过剩问题——被认为是必不可少时,我们正在处理的便是一种没有真正选择余地的绝对律令。……生态价值在倡导某些基本政策产出与重视(直接的)民主程序之间往往存在相当大的紧张关系"⑤。但他们接续都从民主的其他属性,如对危害民主存亡的威胁的强制制止,多元主义对环境价值阐释与辩论的积极作用等视角论证了双方的相容性。

生态权威主义紧抓着绿色价值理论的结果主义与民主的程序主义间的

---

①② Andrew Dobson, *Green Political Thought*, London and New York: Routledge Press, 1990, p.120.

③ Ibid., p.123.

④ Ibid., p.105.

⑤ Michael Saward, Green Democracy?, In Andrew Dobson and Paul Lucardie(eds.), *The Politics of Nature: Explorations in Green Political Theory*, London: Routledge Press, 1993, p.64.

根基性冲突为自身辩护。他们认为正如古丁所言,绿色价值关注的核心是结果主义的,但追求多元价值共存的民主根本无法保证任何一种确定性的结果。既然能实现绿色价值的行动理论都具备可取性,那么权威主义便应被列为考虑范畴。而且与民主相比,权威主义更有能力确保单一目标的快速与有效实现。他们认为,只要将生态议题纳入政治与制度的核心考虑,权威主义政府便可轻易应对生态危机并有效维护自然价值,而且从生态危机严重性及增长局限性等现实制约出发,权威政府无论出于自愿还是无奈都会做出满足此前提的选择。

(三)对生态权威主义的理论反思

1.生态权威主义反民主理由的不恰当性

批评家认为,生态权威主义反民主的理由并不谨慎,说服力不足,某些理由甚至可为民主提供辩护。米尔斯从生态权威主义的理论假设出发揭示此问题,认为生态权威主义者拒绝民主路径的理由在于两个前提性假设,即人性自私论及生态权威主义的后果主义道德路线。两个假设具体如下:"第一,强烈的霍布斯式人性观,这意味着个人在自己的自由意志下不会做出无私的、合作的选择;第二,压倒一切的做法显然是采取以目的而非手段为导向的政治、政策、结构和制度。换句话说,生态权威主义者采取的是一种非常后果主义的道德路线,在这种道德路线中,存在着严峻并相互排斥的选择,要么通过权威措施避免生态危机,要么拒绝权威却遭受危机。"①而米尔斯认为,生态权威主义在此处便已出现问题,因为这两个假设是相互矛盾的,他指出:

---

① Mike Mills, Green Democracy: The Search for an Ethical Solution, In Brian Doherty and Marius de Geus(eds.), *Democracy and Green Political Thought: Sustainability*, *Rights and Citizenship*, London and New York: Routledge Press, 1996, pp.95–96.

当代西方生态民主的兴起及其对传统民主的超越

"采取这种做法的主要问题是论点本身的内部不一致性。在我看来,任何接受霍布斯式人性论、然后又主张政治权力不应接受哪怕粗略的政治制衡便可(按霍布斯哲学那般)施行的理论,都是在自找麻烦。"[①]这实际是给出了如下值得深思的疑问:既然人性不善,为何制度不做制约性设计以施补救? 为何能坦然将政治权力交由同样本性的人群任意行使? 由此,米尔斯认为生态权威主义支持权威的理由是不成熟的,"生态权威主义支持权威而反对民主的理由恰恰可以用来为民主辩护"[②]。的确,似乎也可以这样辩护:正因为生态危机很严重、应对风险较大且应对任务紧迫,所以我们有必要及时并充分利用现有民主政治资源,并继续扩大、巩固与加强民主以更有力地应对上述难题。由此,在米尔斯等批判者看来,生态权威主义需要用更严谨的论据来提高自身的理论说服力。

2.生态权威主义的生态危机应对能力有限

生态权威主义认为,生态危机与相关科学技术之间的关系存在较强的复杂性,所以应拒绝普通民众的政治参与,将社会交由集权的国家及政治与技术官僚管理,他们甚至应被赋予不容置疑的地位及享有神职般的遵从。但反驳者却认为,恰恰因为问题存在复杂性,所以关于生态危机知识及技术的信息会充分不足并充满不确定性,在此种背景下真正可靠的信息来源应是广大的公民而绝非个别专家及官僚,由此,需要的是扩大公民政治参与而不是加强集权。同时,反对者认为生态权威主义者对管理者能力进行了过于乐观的设想。米尔斯便指出:"生态权威主义者信任政治或技术官僚的能力,认为其决策可以有效地管理地球上的有限资源,产生确保产品安全与合理分配、控

---

①② Mike Mills, Green Democracy: The Search for an Ethical Solution, In Brian Doherty and Marius de Geus (eds.), *Democracy and Green Political Thought: Sustainability, Rights and Citizenship*, London and New York: Routledge Press, 1996, p.96.

制消费生态影响的效果。然而与生态权威主义的设想相反,实践中管理者的能力水平必然是有限的。"因此更科学的做法是,"无论我们找到什么办法解决生态危机(无论怎样看待民主对绿色政治理论的核心作用),最好是采用以进程为导向的解决路径,即在信息不足的基础上尽量减少对管理的需要"①。也就是说,恰当的做法是要减少管理并采用程序性民主为导向的应对路径。

3.生态权威主义存在潜在的民主倾向

批评家发现生态权威主义者对民主的拒绝并不那么彻底,他们似乎是在对突如其来灾难的过度想象与快速高效应对问题的诉求下选择了权威主义路径;同时,民主可能是问题得以缓解或解决之后自然而然会被纳入他们考虑之中的议题。如,批评家认为海尔布伦纳认可民主与分权社会的可能性,虽然他将期限定在遥远的未来。在他那里,集权国家也许只是应对目前状况的权宜之计,就长远而言他似乎倾向于民主,因为他曾提过:"庞大的以民族国家为单位的人类社会规模处于危险水平,需将规模缩小到古希腊人所界定的政治权力可恰当触及的'城邦(polis)'的范围。"②再如,他们指出,奥弗尔斯同样认可规模较小的、面对面的希腊城邦或杰斐逊式的民主,只将权威制度看作走向权力下放阶段的过渡状态。米尔斯甚至认为奥弗尔斯热衷于民主,他指出:"对奥弗尔斯稀缺政治模式的慷慨解读会让我们得出这样的结论:尽管他认为民主在国家或区域等高层次领域的应用应受到限制,但他非常热衷于偏低层(lower down)的民主,因为他认为这种类型的自由(在微

---

① Mike Mills,Green Democracy:The Search for an Ethical Solution,In Brian Doherty and Marius de Geus (eds.), *Democracy and Green Political Thought:Sustainability,Rights and Citizenship*,London and New York:Routledge Press, 1996,pp.96-97.

② Robert L. Heilbroner,*The Human Prospect*,London:Calder & Boyars Press,1975,p.135.

观层面)将他的生态社会与其他权威政权区分了开来。"①同时,多布森也认为权威主义者对民主的拒绝并没有那么清楚。他指出,奥弗尔斯构建的权威政权绝非任意妄为,反而存在着贴近民主规定性的特征,"这种权威不一定是遥不可及的、武断的和随心所欲的,在一个秩序良好与设计良好的国家中,权威可以是宪法性的和有限的"②。而且对将来前景的规划是"极端集中和相互依存……应该让位于更大的权力下放、地方自治和地方文化"③。基于上述分析,生态民主理论家得出了生态权威主义者存在潜在亲民主倾向的判断。

4.权威政治压制手段影响环保效能

有观点认为,民主的输入合法性(基于对公民参与及偏好的考虑)较强,而专制政体的输出合法性(社会、经济和安全政策)相对较强,特别是在危险时刻。此论点成立的条件是:政府的行动和主导作用是解决基本公共问题的最重要的力量,而这里所需的前提是权威政府要推行"善意的(well-intentioned)、信息灵通(well-informed)的管制"④。然而在批评者看来,权威政府在善意与信息灵通环节都存在巨大问题。

首先,压制手段是权威政治的最大缺陷,也是政府灵通获取社会消息的重大阻碍。沃斯特指出:"由于输入合法性程度较低,许多权威政体会依赖大量使用镇压措施来维持其合法性。久而久之,政治领导人对现状的把握便会

---

① Mike Mills,Green Democracy:The Search for an Ethical Solution, In Brian Doherty and Marius de Geus (eds.), *Democracy and Green Political Thought:Sustainability, Rights and Citizenship*, London and New York:Routledge Press, 1996,pp.95-96.

② William Ophuls and A. Stephen Boyan,Jr.,*Ecology and the Politics of Scarcity Revisited:The Unraveling of the American Dream*,New York:W. H. Freeman Press,1992,p.286.

③ Ibid.,p.291.

④ Hans Jonas,*The Imperative of Responsibility:in Search of an Ethic for the Technological Age*, Chicago:University of Chicago Press,1985,p.147.

受到扭曲,因为其无法得到由民众提供的可靠信息(政治反馈回路不足)。"①由此,权威政府会陷入不断加剧的两难困境:对镇压的依赖性越强,从民众处获取可靠信息的可能性就越小。对生态危机应对课题而言,这是非常不利的处境,因为生态危机的区域差异较大,其有效处理需以灵通获取各地信息为前提。

其次,权威政府在生态善意环节也存在着障碍。一是其生态善意性具有不确定性,如帕斯莫尔所言,"生态问题更有可能在权威而非自由民主社会中得以解决的观点建立在难以置信的假设上,即权威国家将由生态君主(ecologist-kings)统治"②。而实际上生态君主的出现大致上只是乌托邦式的寄托;同时政府责任的扩展实质上意味着"官僚主义警察国家(bureaucratic police state)的逐步出现"③,而它对压制的巨大激情终将会损伤其该有的生态善意性。二是当生态危机应对不力后果出现时,即便是"善意的"权威政府也很有可能会采用镇压手段掩盖其较低的输出合法性。结果,政府善意的属性也会由此受损。可见,在生态民主理论家那里,由于压制性手段这一最大缺陷,权威主义终会在善意与消息灵通双重坏节上影响生态危机的应对效能。

5.权威政治存在纵容生态掠夺的威胁

批评者指出,权威政权有按生态危机要求重构社会经济的政治力量,但不能承诺此政治力量必然按公益行事。批评者认为,无论从政体支持群体还是从政策目标群体而言,权威政权在广泛性上都远不及民主政体,这便影响着包含环保在内的公共产品的提供广度及质量;同时由于缺乏类似于民主政体的制约与制衡机制,权威政权存在权力滥用与变性(偏离公共物品有效提

---

① Stefan Wurster, Comparing Ecological Sustainability in Autocracies and Democracies, Contemporary Politics, vol.9, No.1, 2013, p.79.

② John Passmore, *Man's Responsibility for Nature*, London: Duckworth Press, 1974, p.183.

③ Ibid., pp.193-194.

当代西方生态民主的兴起及其对传统民主的超越

供路径)等问题,掌权者也许会成为最不可能对人类或非人类共同体履行责任的人。尚卡尔·达亚尔·夏尔马使用"获胜联盟"①术语做分析,他认为民主政治要想获胜,必须考虑包括所有投票公民在内的代表选举团,并在较高程度上满足更广泛人群的利益要求,最终结果便是会提供种类更宽泛的包括环保在内的公共物品。沃斯特也认为,同民主政治相比,权威政体相对只需重点考虑非常狭隘的"获胜联盟"者的利益,如主要的军事精英、高级政党代表和经济精英等群体。而为这些群体提供排他性的私人产品是维持政权稳定的更理性的做法,由此,是否提供环保等公共产品及提供程度完全基于这些私人的需求与态度,当环保与他们的利益相悖时,牺牲前者是必然的选择。②休·沃德(Hugh Ward)指出:"当提供诸如环保之类的公共产品只可带来较少政治优势时,掌控着大部分社会资源并控制着权威政权的统治者会选择只对小部分联盟支持者进行反馈,途径是允许他们掠夺生态环境。"③

生态权威主义理论家们一致认为,生态危机应对任务的紧迫性需要依靠集权性力量进行快速有效的掌控,这样才能避免人类走向日渐毁灭的命运。虽然存在果断、及时与高效等理论层面的优势,但生态权威主义仍遭受着对生态危机反应过激、压制自由、抹杀多样性和缺少问责等多方面的理论质疑。然而,无论在理论还是实践环节,我们都不难发现其集权理念在一定程度上的可取性,就是民主理论的构建也不能完全抹掉集权的身影,而且从当今许多国家的环境治理策略与方案中也可寻得集权发挥有效作用的踪迹。此外,生态权威主义还对自由民主起到了警示作用。如埃克斯利所言:"将生

---

① Shalendra D. Sharma, Democracy, Good Governance, and Economic Development, *Taiwan Journal of Democracy*, vol.3, No.1, 2007, p.37.

② Stefan Wurster, Comparing Ecological Sustainability in Autocracies and Democracies, *Contemporary Politics*, vol.19, No.1, 2013, p.80.

③ Hugh Ward, Liberal Democracy and Sustainability, *Environmental Politics*, vol.17, No.3, 2008, p.387.

存主义者的贡献置之不理是错误的。首先,他们做了大量工作提请人们注意生态危机的严重性,并挑战了现有政治价值观与机构对自身危机应对能力普遍持有的自满态度。其次,对'增长极限'辩论后出现的极权解决方案的质疑,鼓励人们寻求更深层次的文化变革,以及替代性的非专制机构,这些机构将对环境危机采取更加合作和民主的应对措施。"①可见,除理论本身的部分正确性外,生态权威主义发挥的警示作用也不容忽视,它时刻提醒自由民主:如果对自身政治价值观与政治机构应对生态危机的现状持自满态度,权威主义是可能发生的;如果修正步伐太小或太晚,权威主义也是可能发生的。

(四)生态权威路径的治理实践

1.纳粹德国、苏联的生态治理实践

对生态危机采取权威甚至极权手段进行治理的实践,并不必然是在生态权威主义理论指导下进行的。极端的纳粹德国环境保护主义、苏联的环境保护运动等实践都开始于 20 世纪 70 年代生态权威主义理论成型之前。西方政治理论家片面定位的当代权威主义国家的环境保护实践,在很大程度上也不是按照西方生态权威主义理论指导进行的。由此,对生态危机的权威治理实践相对准确的定位应是用权威方式应对生态问题的实践,而并不是指生态权威主义理论在现实中的完全实践。

生态权威主义遭受的某些冷眼与批判很大程度上与纳粹采取极权手段进行环境保护的行径相关。历史学家普遍认为,20 世纪最早提出环境保护的国家是德国,而纳粹党是人类历史上环境保护的激进行动者。②纳粹党对自

---

① Robyn Eckersley,*Environmentalism and Political Theory：Toward an Ecocentric Approach*,London：University College London Press,1992,p.17.

② Milan L.Hauner,A German Racial Revolution?,*Journal of Contemporary History*,vol.19,No.4,1984,p.685.

当代西方生态民主的兴起及其对传统民主的超越

身的日耳曼种族有神秘主义信仰，认为这来自与自然相关联的伟大、神秘与美好，所以需要对自然进行保护。同时他们认为自然界是竞争性的、优胜劣汰与弱肉强食的。而以此种解读为模板的意识形态推崇的便是社会达尔文主义、种族主义，以及以战争形式争夺生活空间的方略，同时也助推了民族社会主义的发展。布拉姆韦尔做出了如下综合性的评价："直截了当地说，一般认为是以自然为基础的思想将社会达尔文主义者赤牙舞爪的信仰合法化了。1890 年至 1933 年，自然在德国生命哲学和哲学人类学中的地位一直与民族社会主义的发展相关，而非理性主义和'疯狂（cranky）'运动则声称自身与自然和地球母亲间存在着特殊的关系。"[①]虽然纳粹党在极权主义手段下开展的环保工作取得了一些成就，而且其禁止活体解剖、禁止虐待动物、禁止猎杀与禁烟等法规与活动，至今都是较领先的和较具积极意义的环保举措。但从根本价值观而言，这些都是建立在纳粹的优生学与极端动物保护主义等反动色调基础上的。加之纳粹党在遵循自然法则名义下发动的种族屠杀与世界大战等恶劣行径，最终引发了世人将环保主义与纳粹党做一体化同等认识的后果，并在相当长一段时间为环保主义投射出了一道压制、迫害与窒息的色彩，这也成为将大部分后继生态思想家与绿色政治运动推向民主阵营的原因。恰如多布森所言"20 世纪 70 年代某些环境政治理论中的独裁倾向，以及'自然政治（nature politics）'与某些形式的法西斯主义的有害性联系，都足以使绿党和他们的对手们联手起来共同捍卫民主"[②]。

如果说纳粹为生态危机的权威主义治理方案交出了糟糕的答卷，那么苏联在这方面的答卷几乎是空白的，因为在其解体前国内权威主义的生态治理方略还没有真正展开，准确来说，它展现出的是一幅严重环境污染尚未得到

---

① Anna Bramwell, *Ecology in the 20th Century*, New Haven, CT: Yale University Press, 1989, p.7.

② Andrew Dobson, *Green Political Thought*, London and New York: Routledge Press, 1990, p.105.

治理的图景。20 世纪 60 年代苏联已经出现内海湖泊水面萎缩与污染、土地严重沙化、空气污染严重、大片森林被毁、城市与农村同时被严重污染等惊人的环境污染状况。究其原因，也许是东西方普遍经历的快速发展经济而忽略环保的路径使然，也许是高耗能、高污染与低产出的粗放型工业增长模式所致，也或许是与环保政策法规落实不当有关，更或许是反生态的生产生活方式的必然后果，等等。

但在西方生态民主理论家看来，问题主要根源于苏联的体制性弊端，即政体的权威性，芭芭拉·贾卡尔所言的"一个自由选举的民主政府会立即解决所有的环境问题"①是最有代表性的观点。他们一方面强调中央集权治理手段的缺陷，认为虽然 70 年代起苏联中央政府开始对全部工业领域实行环境监测制度，并成立了相应机构负责污染监控与治理协调工作，但体制性制约使这些都只流于形式。具体体现为环境保护与治理实践中的各种弊端，如以经济发展与军事竞争为主要着力点而疏忽环保的政策规划，治理主体的集权与单一，保护及治理理念淡薄，行政系统疏懒，监管执行不力，以及部门协调机制不畅等。另一方面，他们将主要症结归咎于权威政体下民主参与的不足，如压制民众环保活动以防对企业（哪怕是污染性企业）效益造成影响，环保组织的精英化（成员以专家、学者和大学生为主体），环保活动的受控性，等等。总体而言，非官方的环保活动需在当局有效控制下活动，而当局对其"终归划有一条硬性的界线，绝对不许逾越雷池一步"②。在他们看来，发生在戈尔巴乔夫"公开性"和民主化改革后不久的切尔诺贝利核泄漏事件才真正开启了环境

①　Barbara. Jancar, The Environmental Attactor in the Former USSR: Ecology and Regional Change, In Ronnie D. Lipschutz and Ken Conca(ed.), *The State and Social Power in Global Environmental Politics*, New York: Columbia University Press, 1993, p.172.

②　[俄]米·谢·戈尔巴乔夫：《戈尔巴乔夫回忆录》，王尊贤等译，社会科学文献出版社，2003 年，第 376 页。

保护的民众参与之路。综合而言,此类评价指出的权威路径的弊端有合理之处,但忽略了权威与民主路径在环境问题中存在的共性根源,盲目将治理失败的原因全部归咎于权威制度的批判难免有失偏颇。

2.当代权威主义国家的生态治理实践

权威政体下的生态表现在一定程度上是可观察的经验性问题,同时也是需同民主政体进行对比分析的问题。在这两个基调上的研究结论大都认为民主政体的生态实践优于权威政体,但也有个别学者对此表示质疑。

沃斯特对民主与权威国家可持续性表现的分析较具代表性。在《权威与民主国家的生态可持续性比较》一文中,他在借鉴其他学者经验分析数据的基础上做出了更具综合性的分析。样本以瑞士、瑞典、挪威、德国、美国、芬兰等国家为民主阵营代表,以俄罗斯、土库曼斯坦、乌兹别克斯坦、索马里和沙特阿拉伯等国家为权威阵营代表(其界定标准的合理性有待商榷),分析指标为弱可持续性与强可持续性两大类[①],变量包括政权稳定、制度性的政府权力制衡与地方分权等,潜在的解释变量包括经济因素、社会因素与国际因素,使用的方法为回归分析法。对这些国家在 1990 年至 2005 年 10 月的可持续性指标进行具体分析,总体结论认为权威政治并未展现出优于民主制的可持续性表现。具体研究结论在弱可持续性与强可持续性两大层面形成了区分。

研究成果显示,在弱可持续环节,民主政体表现出优越于权威政体的成效。他指出,"在解决易于治理的、有替代选择的弱可持续问题上,民主政体的表现优越于权威政体。原因似乎在于,它们将近期利益(公共物品)纳入政治(对更宽泛利益,特别是生态利益的包容)的优越能力。此外,民主国家制

---

① 文中界定的弱可持续性是指可通过技术治理实现的可持续目标,具体包括可再生能源在总能源消耗的比例、特定自然保护区的数量和一国能量效率这三个指标。而强可持续性是指只有通过彻底生产生活方式改变才能实现的可持续目标,具体包括二氧化碳的排放量、废物产生量和能源消耗量三个指标。

度化的政治竞争可使其对环境问题之类的短期性的及短期内可解决问题做出有效回应,原因在于民主制度较高的纠错、改革和问题解决能力及对新的环境问题的敏感反馈回路"[①]。而权威政体表现差的原因在于制度稳定性差、反馈回路弱等,同时即使存在优越于民主制的较强的操纵能力,但狭窄获胜联盟的短期利益会阻碍其开展可持续性行动。

沃斯特的结论同时指出,权威政体并未在强可持续环节表现出超越于民主政治的优势,这与生态权威主义的理论设想恰恰相反。强可持续的定位为能耗与污染排放量的减少,这些硬性指标只有通过经济与生活方式的深刻变革才能实现,这似乎已完全超越整个民主制度的欲求,而且"正如经验分析揭示的,大多数民主政体在将长远利益纳入当下决策时存在困难(因为其短期的政治周期表),尽管其存在稳定的制度框架与防止权力退化的保护措施。此外,它们克服当前利益相关人抗拒强生态可持续性的操作能力经常显得不足"[②]。理论层面,生态权威主义认为自身不会如民主政体那般受利益群体、特别是商业与经济利益群体的羁绊,会更关怀包括生态在内的普遍性与长远性利益,并能用较强的执行力迅速有力地应对生态危机。沃斯特实证分析的结论却与此完全相反,"关怀长远利益虽然是民主政体的短板,但权威政体也没有在强可持续性的执行绩效上展现出一般性的优势。与大多数民主政体相同的是,即使是稳定的权威政治也可能根本不具备较高的操纵能力,或者没有使用此能力去实施(强的)生态可持续战略。总体而言,经验研究没有证明生态独裁有较高的问题解决能力"[③]。

温斯洛的分析也具有较强的综合性与代表性。在《民主是否对于环境有

---

①②③　Stefan Wurster, Comparing Ecological Sustainability in Autocracies and Democracies, *Contemporary Politics*, vol.19, No.1, 2013, p.89.

益？》一文中,温斯洛采用固定影响模型①与回归分析法来探索环境质量与民主及权威政体之间的关系。其研究选取城市空气作为环境质量代表,具体对二氧化硫、悬浮颗粒和烟雾三种污染物指标进行分析;民主程度的测量采用自由之家指数(Freedom House Index)与政体Ⅲ指数②(Polity Ⅲ index)。具体而言,在自由之家指数中选取了政治自由③与公民自由④两个变量,从政体Ⅲ指数中选取了三个基本要素,即政治参与的竞争性和开放性、行政录用的竞争性、对行政首脑的制约。

温斯洛的研究显示,民主程度与环境质量之间存在着一种正向相关关系。他首先假设两者的正向相关关系,然后运用固定影响模型对相关数据进行回归分析,结果表明其假设成立。在回归过程中,针对关于国内生产兑值

① 固定影响模型如下:POL=α_i+β_1DEMO+β_2Y+ε。POL 指的是污染物,α_i 是常量,DEMO 是自由之家指数或政体Ⅲ指数,Y 代表年份,ε 表示误差项,具体分解为 ε=α_{it}+v_i,α_{it} 表示和每一个观察结果相关的正常的误差项,v_i 表示每一个站点的截距（site's intercept）相对于主站截距的变异。See Margrethe Winslow,Is Democracy Good for the Environment?,*Journal of Environmental Planning and Management*,vol.48,No.5,2005,p.776.

② 政体Ⅲ指数是由基思·贾格斯(Keith Jaggers)和特德·罗伯特·古尔(Ted Robert Gurr)于 1995 年发布的主要用于测量民主制度民主度的指标。这一指数包括了 161 个国家从 1946 年至 1994 年的民主和专制层次级别的年度排名。

③ 政治自由的测量标准包括 11 条:(1)通过一个有意义的程序新近选举出来的首要权威。(2)通过一个有意义的程序新近选举出来的立法机关。(3)平等的选举法、竞选机会和投票权。(4)权力分配中投票者偏好的平等反映。(5)多元化的政党。(6)由选举产生的新近的权力轮换。(7)有意义的反对派投票。(8)免于军事或外国控制的自由。(9)否认合理自决的主要团体。(10)分散的政治权力。(11)反对派权力的实际存在。See Margrethe Winslow,Is Democracy Good for the Environment?,*Journal of Environmental Planning and Management*,vol.48,No.5,2005,p.774.

④ 公民自由的测量标准包括 14 条:(1)免于政府审查的媒体自由。(2)开放的公众讨论。(3)集会和游行示威的自由。(4)政治或准政治结社的自由。(5)与政治相关案例中法律的非歧视性规则。(6)免于非正当监禁或政治恐吓的自由。(7)自由的工会和其他组织。(8)自由的商业和企业。(9)自由的专业组织和其他私人组织。(10)自由的宗教组织。(11)诸如财产权、旅行权、居住选择权和婚姻权的个人社会权利。(12)诸如免于依附地主、上司、工会领导和官僚的自由的社会——经济权利。(13) 免于明显的社会经济不平等的自由。(14) 免于明显的政府冷漠或腐败的自由。See Margrethe Winslow,Is Democracy Good for the Environment?,*Journal of Environmental Planning and Management*,vol.48,No.5,2005,pp.774–775.

GDP 与环境质量关系的争论,将 GDP 加入其回归分析后先前结果依然成立。最终结果显示:"这些污染物浓度与民主程度之间存在一种显著而强健的负线性关系:民主程度越高,污染水平越低。"①关于民主比权威政体更倾向于保护环境质量的解释是,环境退化会使少数人受益而多数人受害,权力共享的民主政体能使多数人对少数人从环境退化中牟利的行为进行制约;而权威政体环保倾向弱的原因在于:领导者问责缺乏、权力集中于精英群体与信息流动不自由等特性限制了权威政体进行长期环境质量投资的诉求及能力。温斯洛指出:"有一些权威政权致力于改善环境质量的例子。但总的来说,权威政权在环境保护方面的记录要比民主政权差得多。"②此外,芭芭拉·詹卡尔·韦伯斯特(Barbara Jancar-Webster)③与乌迪·德赛(Uday Desai)④等学者的相关经验性研究也得出了类似结果。

　　部分实证研究的结论与上述观点相反。米拉尔斯基在《民主与环境:一种实证评估》一文的分析结果是,民主与环境保护间呈现着弱的相关性。研究将民主系数设定为自变量,具体选取政治权利指数⑤、自由民主指数⑥与政体Ⅲ指数来评估民主的程度;研究将环境质量设定为因变量,具体选取森林砍伐、空气质量、水土流失、土地保护面积、淡水供应及化学品的土壤侵蚀六

---

①　Margrethe Winslow, Is Democracy Good for the Environment?, *Journal of Environmental Planning and Management*, vol.48, No.5, 2005, p.771.

②　Ibid., p.772.

③　Barbara Jancar-Webster(ed.), *Environmental Action in Eastern Europe: Response to Crisis*, Armonk, NY: M.E. Sharp Inc. Press, 1993.

④　Uday Desai (ed.), *Ecological Policy and Politics in Developing Countries*, New York: State University of New York Press, 1998.

⑤　政治权利指数是由加斯蒂尔(Gastil)于 1988 年开发的强调选举自由的指数, 其采样为 1973—1987 年 15 年的相关数据。

⑥　自由民主指数(index of liberal democry)由博伦(Bollen)于 1993 年开发。它除了强调政治权利外,还强调自由的政治反对派与有效的立法机构。

大项目为考察指标；研究将人均 GDP、农业密度、政体年龄与地理位置四大因素设定为控制变量。通过多元回归分析所得出的结论是："民主与环境的关系不是一维的，理论家与决策者构想的积极关系需要被重新审视。"①具体而言，民主与环境之间不存在单一的关系：对森林砍伐、空气质量与水土流失三个指标的分析显示，民主与环境保护之间存在着严重的负相关关系；对土地保护面积的分析显示了民主与环境保护间的积极关系；而对淡水供应、化学品的土壤侵蚀的分析显示，民主与环境间不存在显著的相关性。罗斯·E. 米切尔（Ross E. Mitchell）等理论家认为，人们将非民主政体与较差环境质量相关联的根源在于对许多前社会主义国家严重环境退化迹象的记忆，而实际上"一些研究已经表明，民主化或资本化并不必然会抑制环境退化和减少因消费而来的环境影响。……从许多资源依赖型社区和区域的案例可见，无论政体是否民主，它们都显示了由强大的企业或国家实体带动的快速发展如何导致了惊人的环境退化的情形"②。也就是说，民主的生态绩效并不必然优于权威，发展模式才是问题的关键所在。安德鲁·K.乔根森（Andrew K. Jorgenson）对 208 个国家所做的跨国比较研究表明，相对于政体而言，国家力量与规模才是决定环境问题的关键所在，相比于规模较小的非核心国家，强大的国家因国民消费带来的环境问题更为严重。③

3.评价

西方民主理论家揭示的权威路径对生态绩效的影响有诸多可圈可点之处，但其不认可甚至完全否定权威主义国家的生态治理绩效、而只片面夸赞

① Manus I. Midlarsky, Democracy and the Environment: An Empirical Assessment, *Journal of Peace Research*, vol.35, No.3, 1998, p.341.

② Ross E. Mitchell, Building an Empirical Case for Ecological Democracy, *Nature and Culture*, vol.1, No.2, 2006, p.150.

③ Andrew K. Jorgenson, Consumption and Environmental Degradation: A Cross-National Analysis of the Ecological Footprint, *Social Problems*, vol.50, No.3, 2003, pp.374-394.

民主路径优势的评价存在偏颇之处。

首先,这样的评价存在"用己之长度他人之短"的嫌疑,也犯了全面否定对方以反证自身合法性的逻辑性错误。因为若将权威与民主作为环境治理手段,除上述缺点外,权威路径也存在着不受利益集团牵绊、快速反应与集中力量高效运作等优势;而除理论家强调的优势外,民主路径也存在着忽视长远利益、受利益集团牵绊与遭遇集体行动困境等问题。仅以政府决策执行为例便可管窥一斑,就连沃斯特都承认,"考虑政治决策的执行,与独裁政体相比,民主制度确实在用强力推行不受欢迎的、难度较大的、但却是必需的改革时存在特定困难,尤其是在强可持续性目标的执行中。让民主政府没有阻力地推行环保几乎是不可能的。……他们必须考虑选民,也经常会面对大量制度性的否定者,会遭到冗长而艰难的决策及谈判过程"[1]。但环境问题的有效处理在大多数时候需要的是及时行动而非冗长的辩论。

其次,这样的评价存在片面夸大权威政体弊端的嫌疑。如对苏联的分析,其实当时苏联存在着盲目发展经济而忽视环保以及新成立的环保部门体制不顺、履职不当等问题,而这些都是西方民主国家早期同样有过的经历。特别是民主主义者将切尔诺贝利核泄漏事件这样的生态问题完全定性为政治问题,就此对执政党的方针政策乃至政治制度进行责难,并捆绑以民主、主权甚至民族自治等要求的评价与做法[2],着实是太多意识形态作祟的结果。同时苏联虽然交出了低效或手段残忍的环境治理答卷,但权威政体在实现那些被认定为有优先性的议题(如经济的腾飞)时存在的优势却也不容忽视,这便为其生态目标能否实现的问题提供了开放性的答案。

---

① Stefan Wurster, Comparing Ecological Sustainability in Autocracies and Democracies, *Contemporary Politics*, vol.9, No.1, 2013, p.78.

② 余科杰:《"绿色政治"与苏联解体》,《当代世界社会主义问题》,2005 年第 3 期。

最后，关于当代权威国家生态实践效果的分析需将实证研究本身的局限性考虑在内，包括样本选取的代表性、客观性及科学性问题，方法或模式的优势及缺陷问题，分析者的立场与价值判断问题，等等。如，温斯洛研究中所使用的是单一的城市空气质量指标，而它无法对一国环境质量水平进行全面代表。同时，其分析的民主国家并非是同质性的，各国在应对环境问题的态度、能力与效果上都存在着差异，而且为数不少的民主国家也同样面临着严峻的环境问题。以至于温斯洛也客观地承认："民主并非环境保护的灵丹妙药。"①可见，个别实证研究所揭示的结果值得商榷：民主与环境间的因果关系并非绝对，而权威与环境的关系也不必然相互对立。

二、生态民主的证成:民主与生态的相容性分析

生态民主学者对权威主义与生态弱相关、甚至不相容性的上述证明，并不能自然导出民主与生态相容的结论。生态民主是将生态主义引入主流民主理论的尝试，成功与否的根本在于能否在价值观层面上建立起生态与民主的关联性，这意味着将生态与民主这两种强大的、曾并不呈融合姿态的议题进行整合。此种尝试遭到生态权威主义理论家及部分激进生态政治理论家的反对，他们都认为民主存在极大的生态劣势，并不是应对生态议题的合适路径。具体而言，民主的利益聚合、"价值中立"、以本国国土为负责疆界、只考虑人类利益等诸多本质性设定都是不利于生态与环保议题的特性。而生态民主理论家却坚信生态与民主的相容性，认为上述生态劣势并不是全盘否定的充分理由，因为民主存在极大的弹性，并拥有以环境友好方式加以

---

① Margrethe Winslow,Is Democracy Good for the Environment?,*Journal of Environmental Planning and Management*,vol.48,No.5,2005,p.781.

利用的资源,只是尚欠挖掘、利用及完善。关于民主与生态是否相容的问题,生态民主主义者与反对者就程序与结果、辩论与确定性、言说与无须言说等几组关系展开了充分的争论。

(一)民主程序与生态结果

民主与生态是否相容,首先便是要探究民主的程序主义与生态的结果主义之间的关系。一般的看法是民主程序并不必然产生绿色结果,而生态民主理论家则试图通过赋予民主目的性取向、确立环境权与扩展生态为民主主体等方式为两者的相容性进行证明。

1.民主程序与生态结果的相悖性

如果将民主定义为多元主义文化背景下的决策程序,那么便意味着民主与生态主义的相悖性,因为民主无法确保其要求的绿色结果。罗伯特·达尔(Robert A. Dahl)认为,在民主中我们无法预告任何特定的结果。[1]哈兰·威尔逊(Harlan Wilson)讲道:"如果民主被理解为程序,那么它便需对冲突进行'中立'性的调解并允许'公平'的结果出现,由此,它便无法代表一种实质性的绿色视野。"[2]古丁指出:"提倡民主是倡导程序主义,而提倡环境主义则是要追求实质性的结果。我们如何能保证前者的程序产生后者所要求的结果呢?"[3]在古丁看来,民主路径无法必然保障生态主义要求的结果,在路径与结果之间,我们应首先选择绿色结果。萨沃德指出,如果将民主界定为程序,界定为对大众舆论的响应性原则,那么政府若要保持民主性,就必须回应大多数公民的意愿。在此背景下,如果大多数人对绿色结果没有希冀,那么政

---

① Robert A. Dahl, *Democracy and Its Critics*, New Haven: Yale University Press, 1989, p.191.

② Harlan Wilson, Environmental Democracy and the Green State, *Polity*, vol.38, No.2, 2006, p.277.

③ Robert Goodin, *Green Political Theory*, Cambridge: Polity Press, 1992, p.168.

府的决策结果就不会是绿色的。①由此可见,对民主做程序性界定的结果是民主与环境结果间的紧张关系。

2.变革民主程序以保障生态结果

如何处理程序性民主与生态之间的关系,即如何处理程序与结果间的紧张关系,生态民主理论家从诸多视角阐释了破解之道。

在生态民主理论家看来,生态主义并不完全排斥民主。虽然"做正确的事情比通过任何特定方式或特定机构来做更为重要"②的论断表达了生态结果优先于特定行动方式的观点,但生态民主理论家强调,从中除可得出生态结果优先于民主程序的结论外,同样也能推导出生态结果优先于权威方式的论点。因为遵循绿色价值优先原则,权威与民主孰优孰劣的评判要以生态结果来定夺。而且他们认为绿色价值的提倡者古丁更多认可的似乎是代议民主制度下的选举路径而绝非权威主义方式,埃克斯利便指出:"根据古丁的判断,许多熟知的行动理论(轮流担任公职、地方分权和地方层面的决策)对确保绿色结果起着阻碍性作用。"③同时,古丁还建议绿色人士如果不想继续成为"一个有趣的议会陪衬",则必须建立政党并为选举而战,同时为联盟的组建做出妥协。④由此,他们认为古丁反对基层民主但却推崇代议民主路径,建议绿党走入议会并与其他利益集团进行政治博弈。

生态民主理论家从多个视角阐释了破解民主程序与生态结果紧张关系的路径。最根本的做法是要避免对民主做纯粹程序性的界定。多布森指出:

---

① Michael Saward, Green Democracy?, In Andrew Dobson and Paul Lucardie(eds.), *The Politics of Nature:Explorations in Green Political Theory*, London:Routledge Press, 1993, pp.65–66.

② Robert Goodin, *Green Political Theory*, Cambridge:Polity Press, 1992, p.120.

③ Robyn Eckersley, Liberal Democracy and the Rights of Nature:The Struggle for Inclusion, *Environmental Politics*, vol.4, No.4, 1995, p. 172.

④ Robert Goodin, *Green Political Thought*, Cambridge:Polity Press, 1992, p.171.

"将民主视为纯粹程序性事务的看法是错误的。民主实践的内在逻辑是,它会禁止某些结果并会同时鼓励一些结果。"①他进一步分析道:"绕过程序——结果难题的一种方法是,民主不能只关注程序本身,因为某些事物对于所有程序来说都是必要的。通过强调两者的目的导向性,并表明它们怀有相同类型的目的可将生态与民主思想相联结。"②也即,通过赋予民主一定的生态目的导向性可在两者间建立相容性。

第二种路径推崇将环境价值上升为环境权,以达到将环境考虑纳入民主程序并最终使民主与生态相容的效果。部分生态民主理论家发现,绿党将基层民主列入其基本价值序列的做法只是在书面上对生态与民主进行了"人为的统一"(an artificial unity),是构建出来的"一种虚伪的团结"。因为实践中绿党只在工具意义层面看待与使用民主,而绿色结果才是其根本追求。民主与生态的真正统一需要对它们分别进行重塑:首先,必须把民主理解为"一种没有确定性的政治";其次,绿党要放弃生态绝对律令,服从于具有结果不确定性的民主政治,即必须接受"在具有不确定性的、立场灵活的舞台上将说服方式作为自身唯一的合法性政治策略"③。此外,需通过法律规定形式将环境权纳入民主规范,而且"民主党人一贯希望防止环境对公民的伤害,也一贯认可绿色的民主权利"④。由此,通过环境权的规定性,加之绿党说服性而非对抗性政治策略与民主程序的融合, 生态考虑会被更稳妥地纳入民主决策与框架,

---

① 　Andrew Dobson,Democratizing Green Theory:Preconditions and Principles,in Brian Doherty and Mariusde Geus (eds.),*Democracy and GreenPolitical Thought:Sustainability*,*Rights and Citizenship*, London:Routledge Press,1996,p.136.

② 　Ibid.,p.137.

③④ 　Michael Saward,Green Democracy?,In Andrew Dobson and Paul Lucardie(eds.),*The Politics of Nature:Explorations in Green Political Theory*,London:Routledge Press,1993,p.77.

达到生态与民主兼容的效果。

　　第三种路径提倡通过将生态纳入道德与政治主体的方式使民主与生态相容。如果生态(自然)被认可为民主主体,那么便稳固地建立起了生态与民主的相容性,因为民主主体身份是相当稳妥的权利合法性来源。但这对由人类担当唯一政治主体的传统政治学规范及民主政治的理念与实践带来了巨大冲击。埃克斯利从利益路径为生态的民主主体资格进行了合法性论证。她认为生态系统存在利益,而且其利益会受到人类的影响,所以人类民主需转变为"受影响者的民主",而生态毫无疑问应被包含在列。①此外,许多生态学家与生态民主学者从相似性路径为生态民主主体资格证明。他们认为生态系统特别是动物在自我意识、道德感和契约能力等层面具备与人类相似的特质,由此,赋予其一定的道德与政治主体地位的观念是具有合理性的。特伦斯·鲍尔(Terence Ball)认为此方式要求将生态利益纳入考虑并与人类利益一起进行保护与协调,可具体采用公民生态教育与环境托管制度进行。纳入公民教育系统的生态教育不仅要求思考环境问题和可能的应对之策,还需要通过倾听自然的讯息向自然学习;环境托管制度的目的在于通过法律规定使托管人更有效地代表后代与自然主体的利益。②

(二)民主辩论与生态确定性

　　民主与生态是否相容,民主对辩论方式的需求及生态对自然确定性的赋予便是需要考虑的第二对矛盾。若将民主界定为一种程序,辩论便是其运作

---

① Robyn Eckersley, Deliberative Democracy, Ecological Representation and Risk: Towards a Democracy of the Affected, In Michael Saward (ed.), *Democratic Innovation: Deliberation, Representation and Association*, London and New York: Routledge Press, 2000, pp.117–132.

② Terence Ball, Green Democracy: Problems and Prospects, *American Political Science Association*, vol. Annual Meeting, 2005, p.3.

的关键条件。但在生态主义那里，自然本身呈现的似乎是一种确定性的无须辩论的状态，而且生态价值本身也总是以一种无须争论的绝对律令身份出现。由此，拒绝辩论的结果便阻碍了生态议题顺利进入民主程序。生态民主理论家试图从认识论角度恢复自然的可争论性，以打通其与民主的关联。

1.民主辩论与生态确定性间的冲突

生态民主理论家认为，自然的确定性状态及生态价值的绝对律令地位都是在本体论层面认识自然的结果，而且此传统可追溯至亚里士多德对自然王国与政治王国所做的区分。拉图尔用房间做比喻，指出传统的做法将世界区分为科学的房间与政治的房间，并将自然与人分别放入其中。由此，"前者通常被看作是必然（确定性）和客观性的领域，而后者被视为怀疑和规范性的领域"①。若将自然看作必然和客观性的领域，自然便拥有着不容争议的地位，它便成了最终的立法者，同时是解决所有问题的王牌（如自然利益至上背景下采取的抑制经济增长、提倡改变消费模式等举措）。而这种无可置疑及无须辩论的状态同民主政治对争议与辩论的遵循格格不入。拉图尔认为，这是生态政治学者运用本体论视角认识自然的必然结果，但也是他们试图将自然融入政治领域时所犯的错误，因为对自然进行的充满确定性的判断最终导致的结果是"用自然终结了政治"②。拉图尔形象地比喻道："生态运动努力将自身放入政治棋盘，但却没有重新绘制广场，没有重新设置游戏规则，也没有设置新的棋子。"③最终结果是，他们的此种作为排除了自然进入民主政治领域的可能，也排除了自然通过政治路径获得相应认可与权利的可能。

除赋予自然确定性地位外，生态政治学者也赋予了生态价值以绝对律令

---

① Bruno Latour, *The Politics of Nature : How to Bring the Sciences into Democracy*, Cambridge MA: Harvard University Press, 2004, p.15.

② Ibid., p.19.

③ Ibid., p.5.

的地位。具有客观与无须争论属性的绝对律令同样使辩论遭受排斥与短路，并最终造成终结政治的后果。萨沃德指出："特定绿色原则必须被实现的要求——如紧急处理人口过剩问题被赋予的必要性——使我们正在处理的是一个没有真正选择余地的命令。"①他认为用此种状态来评论生态权威主义是非常合适的，而且也同样适用于对当下绿党宗旨的评价，因为绿党常常宣称自身的政策依据是科学客观性，所以不容置疑也不存在替代性选择。用自身政策的无可替代性取代辩论的必要性，这是诸多绿色党派无法顺利进入民主程序并有效利用现有民主渠道维护生态价值的关键所在。而且诸多理论家也确实发现，很多绿色人士也确实并未将民主置于其绿色价值体系的首位，因为在排序中，"直接民主最多只能处于绿色价值清单的底部或接近于底部的位置"②。

2.用认识论视角将自然与辩论相关联

如何破解上述难题，生态民主理论家一般认可在认识论视角下认识自然的方略。他们认为在政治辩论中呈现的事物都不是其原初的事实状态，而是经人类转化后的认识，由此，政治辩论中的自然不必要也并可能是事实本身的展现，在认识论视角下呈现结果是其必需及必然。

拉图尔在认识论视角下给出了"忘记自然"的答案，并进行了较为系统的阐释。"忘记自然"精确的表达是指忘记自然的客观性，而不是忘记自然的客观存在，这是拉图尔为生态运动重新规划的游戏规则。拉图尔指出政治辩护中呈现的不是事实而是事态，他解释道："我们在政治辩论中并没有目睹到事实，而目睹到的是将所有事实转化了的有争议的事件状态，所以没有任何事

---

① Michael Saward, Green Democracy?, In Andrew Dobson and Paul Lucardie（eds.）, *The Politics of Nature: Explorations in Green Political Theory*, London: Routledge Press, 1993, p.64.

② Ibid., p.68.

情可再被看作是简单的事实问题。"①也就是说,政治辩论中呈现的都不是事实原有的状态,而是经人的认识转化过的事态,由此,在政治中出现的自然绝对不是它本体的客观性呈现,而是人们对自然的认识与解读,并且这些认知与解读间存在着争议。政治生态学的错误在于曾一度将太多注意力集中于要认识自然本身(本体论),但对我们无可避免地投射于认识活动中的主观性却认识不够(认识论)。拉图尔提醒我们,忘记自然属于客观领域的观点,用认识论的"有争议的状态"代替本体论的"事实",具体要求将人类房间的不确定性和怀疑性引入自然房间,并使用认识论而非本体论、动物学、生态学或生物学等方法呈现自然。由此,自然会成为争论和不确定性的领域,因为存在着关于自然的诸多判断,也就需要在民主政治领域进行辩论。结果便是自然的政治化,而不是政治被自然所归化(即自然将政治排除或短路,用自然终结辩论)。

总体而言,如果从本体论认识自然,自然的确定性要求排除政治领域的辩论并用命令方式解决问题,这似乎不仅是对政治的排除,而更是铲除了民主的立足之地。但若从认识论来看,自然"事实"不会展现在人类眼前,人类掌握的只是关于自然的"事态",由此对自然的不同认识与理解便成为一个需要辩论的问题,也成为一个需要政治与民主介入的问题。

(三)民主言说与自然沉默

民主与生态是否相容的第三个争论在于民主对言说的要求及与生态的现实沉默性之间的矛盾。在民主政治理论与实践中,人类都是唯一的权利主体,缘由之一便在于其所具备的言说能力。而无法言说也正是自然一度被拒

---

① Bruno Latour, *The Politics of Nature : How to Bring the Sciences into Democracy*, Cambridge MA : Harvard University Press, 2004, p.25.

绝与阻隔在民主大门之外的充分理由。也就是说,言说被当作民主与生态相容与否的决定因素之一。但在生态民主理论看来,完全可以通过为自然寻找代表及认真倾听的方式协助自然克服言说难题,并进而将其送上民主主体位置。

1.民主依赖言说而自然无法言说

政治是关于言说的科学,这似乎是通行的常识与政治理论构建的基础。至少从亚里士多德尝试为政治动物本质下定义时,我们便开始习惯于此种观点。亚里士多德在《政治学》第一章指出:人与动物的真正区别不在于合作与交流的特性及能力,而真正在于言说能力。多布森也认可言说对政治的重要性,"言说不同于声音,它使得我们可以就判断进行交流,比如,关于'什么是有用的和有害的'和'什么是对的和错的'。这些判断能力是政治生活的先决条件,因为亚里士多德认为通过言说就有关善恶、对错、公正与否等'共同观点的分享'才是使城市(这里应该指物质意义上的城池)成为城邦本身的原因"①。同时,对人类社会而言,政治进步可被解读为争取言说权利斗争的一次次胜利,如公民权利、女权运动等都可被视为各主体为自身争取言说权利的斗争。而环境议题下的环境正义运动可被解读为环境积极分子为环境弱势群体争取言说权利的斗争。

顺此逻辑,自然是否可以通过争取言说权利进入政治领域? 传统政治理论必然会给出否定性的答案。原因很简单,那就是只有当下实实在在存在着的人才有言说、并借言说进行表达、交流和辩论等政治活动的能力,这也是民主制度得以存续的基础。但生态民主理论家却认可自然的民主政治主体地位。在他们看来,将言说置于政治中心地位的传统与现实是带有极端政治歧视性的做法,无法言说的自然由于利益受人类决策影响、具备与人的相似

---

① Andrew Dobson,Democracy and Nature:Speaking and Listening,*Political Studies*,vol.58,No.4,2010,p.753.

性等特征也应被赋予政治主体地位,而无法言说的难题具体可通过"代言人"与"倾听"路径来克服。

2.通过代言人使自然"言说"

生态民主理论家用人与自然都需要政治代表的事实作为此难题的突破口。他们否定用言说标准将世界区分为人类与非人类共同体的做法,提倡将它们整合入一个"新的集体",具体是构建一种"由人类和非人类共同组成的生态政治集体"①。原因在于,人类与非人类世界存在着"需要借助中介进行言说"②的共同属性。拉图尔指出,人类虽可言说,但在民主政治领域却经受着言说能力与言说手段两个层面的言语障碍③,这些障碍使得个人言说所要表达的意义大打折扣。这便冲破了人可通过言语无障碍地进行充分表达、交流与辩论的理想设定,初步拉近了人类与无法言说的自然的距离。此外,人类言说需要借助"中介"性表达工具。事实上并非每个人都可以参与到民主政治领域的每一场辩论中,多数人需借助"中介"充当表达工具,而且我们对事物或他人的聆听大都依赖"中介"进行。在人类政治实践中,这个"中介"便是"代言人"(spokespersons)。自然与人类社会的"两个领域都通过代言人呈现'翻译、背叛、伪造、发明、合成或换位'为特征的中介状态"④。因此,都需要代言人的事实便将人类与非人类整合为一个新的、具有共同属性的生态政治集体。拉图尔认为,非人类世界的代言人是科学家,"当人类对新实体在政治生活中的参与感到困惑时,科学家已经发明了允许非人类参与人类讨论的语

---

① Bruno Latour, *The Politics of Nature:How to Bring the Sciences into Democracy*, Cambridge MA: Harvard University Press, 2004, p.61.

②③ Ibid., p.63.

④ Ibid., p.64.

音假体(speech prostheses)"①。多布森也指出,"通过科学,自然具有了言说的权利"②。

在代言人路径基础上,许多学者提倡用"倾听"方式将自然引入民主政治领域。区别于对人类的代表,代表自然面临着无法从被代表者的语言或书面表达中获取其利益诉求的困难。生态民主理论家指出,完全可以从倾听环节入手捕捉自然发出的信号、理解其传达的信息,并进而代表其利益。自然确实以多种方式进行着自我展示及与人类的交流。鲍尔指出:"'交流'可以而且必须被更广泛地解释,应包括来自生态系统、生境和土壤等非感性实体的交流。"③德莱泽克暗示我们可以倾听到大自然对苦难的呼喊,"自然能够并确实在与我们'交流'。可以肯定的是,这不是口头上的,而是用无数的其他方式:虽然生态系统不能真正地对人类主体'说话',但它们可以通过其他方式进行交流……如果我的作物所依赖的表土正在萎缩,那么自然显然是在'告诉我'一些事情"④。再如,斯通有力地论述道:"我的草坪传达给我浇水是它的利益所在的信息,比让'美国'向总检察长传达对其有利的信息要容易得多。"⑤将倾听而非言说界定为政治能力的做法影响重大:首先排除了用言说能力将非人类拒绝出政治主体行列的可能性,因为政治主体资格的界定标准不在于能够言说;其次,将维护自然利益的责任加在人类主体身上,理由是人类应该具

---

① Bruno Latour, *The Politics of Nature: How to Bring the Sciences into Democracy*, Cambridge MA: Harvard University Press, 2004, p.67.

② Andrew Dobson, Democracy and Nature: Speaking and Listening, *Political Studies*, vol.58, No.4, 2010, p.759.

③ Terence Ball, Green Democracy: Problems and Prospects, *American Political Science Association*, vol.Annual Meeting, 2005, p.21.

④ John S. Dryzek, *Rational Ecology: Environment and Political Economy*, Oxford: Blackwell Press, 1987, p.207.

⑤ Christopher Stone, *Should Trees Have Standing?: Towards Legal Rights for Nature Objects*, Los Altos, CA: William Kaufmann, 1974, p.471.

备倾听的政治能力,并利用此能力有效把握自然信号所要表达的利益诉求。①

在担忧人类生存前景及不满于自由民主生态危机应对效能的背景下,一批生态权威主义理论于 20 世纪 70 年代应运而生。作为一种及时的救治方略,生态权威主义展现出果断、高效与及时的理论优势,但也遭遇了民主理论家提出的压制自由、抹杀多样性和缺少问责等相关质疑;实践中生态权威主义遭法西斯主义挪用而受到反人道谴责,也终究以生态弱相关的面目淡出历史舞台。在此背景下,民主从以下几个环节证明了自身与生态议题的相容性:通过赋予民主目的导向、肯定环境权与认可自然民主主体地位等方式,使民主程序结果朝着更具生态性的方向运作;通过认识论视角下将自然看作非确定性状态的设定,打通自然需要民主辩论的渠道;通过人类与自然都需要政治表达代言人的事实,克服自然因无法言说而被民主拒之门外的难题。在生态民主理论家那里,这便是初步完成了对民主与生态相容性、也即对生态民主合法性进行证成的使命。在此基础上,生态民主理论最终于 20 世纪 80 年代孕育而生。

---

① Lucy Sargisson,Democracy of All Nature:Taking a Utopian Approach,*Politics*,vol.33,No.2,2013,p.128.

第二章
当代西方生态民主的主体扩展

　　生态危机新课题对西方自由民主提出了进行变革的挑战与要求。除证明存在着胜过权威主义的生态危机应对优势外,民主需进一步深入证成自身与生态的内在契合性。在西方民主理论家看来,此内在契合性的获得需对自由民主进行多层面的绿化与变革以使其走向生态民主。西方生态民主理论家首先在民主主体环节对自由民主进行了相对激进的变革,那就是将非人类纳入民主主体范畴,并对其主体利益给予保障。由此,生态民主在此层面的定位是将生态或自然作为民主主体,并对其权利及利益给予保障。历史地看,西方民主政治发展的历程是政治主体不断扩展、边缘化群体与无助者日益被纳入政治环节的过程,与生态民主理论相衔接,这是涉及政治主体继续向非人类世界扩展的议题。此议题的挑战性在于需对传统的只有人类有权担当民主主体的定论进行突破。具体而言,民主主体可扩展到哪些对象、扩展理由是什么、扩展路径又有哪些,这些都是需要生态民主理论家做出进一步论证的议题。

一、生态民主主体扩展的历史背景

由人类担当政治主体,这是人类社会实践中自然生成的政治图景,也是政治学研究的前提性基础及传统。在民主政治视域下,人类社会政治发展的考量维度之一便是日益增多的人群被纳入政治主体范围,而人类社会总体也经历了奴隶、农民、资产阶级与无产阶级等群体相继被赋予政治主体地位及相应政治权利的政治发展演进轨迹。现代社会中,妇女与少数族裔展开的争取政治权利的斗争及胜利将现代政治文明推向了更进步的前沿。可以说,边缘化群体日益被纳入政治主体范畴是民主政治的重要议题及本质追求,但由人类担当政治主体是毋庸置疑的铁律。

20世纪60年代以来,随着生态危机的频繁爆发,生态政治运动及生态政治理论应运而生。生态政治理论认为,生态危机是涉及人类文明的危机,要求对自然及人与自然关系的认知进行深刻反思,其中变革由工业文明导致的自然的工具性地位是缓解与应对生态危机的前提。

在这种背景下,赋权于自然成为当代西方生态民主理论的重要议程,这种变化也意味着生态政治再一次将如何处理人与自然的关系问题引向了更深处。正如萨基森所言,民众这一概念应当扩展至自然界。[1]此扩展意图表明了生态民主在人与自然关系定位上的新立场,即自然从政治客体转为与人类并列的政治主体,并要求得到民主性的平等对待。这种扩展存在双重蕴涵:一方面,生态政治理论需实现自然反客为主的基础性转变;另一方面,民主理论则要面对接纳新的特殊政治伙伴这一前所未有的挑战。无论如何,这

---

[1]　Lucy Sargisson, Democracy of All Nature: Taking a Utopian Approach, *Politics*, vol.33, No.2, 2013, p.124.

当代西方生态民主的兴起及其对传统民主的超越

两项工作的完成势必呼吁一种新的政治价值观。

这种新的价值观由环境历史学家最为直接地表述了出来。罗德里克·纳什(Roderick Nash)指出:"环境伦理是美国自由主义到达的最远的境地。"[①]基思·M.伍德豪斯(Keith M. Woodhouse)也指出:"在 19 世纪和 20 世纪,这一伦理不断延伸,包括了所有的人,并扩展到非人类的动物,最后会包括整个自然世界。在这个序列中,环境主义是自由思想的逻辑延伸和自由伦理的终极表达。"[②]他们认为,自由主义的核心立场是基于内在价值而赋权于边缘化的弱势群体,在这一过程中,民主不断打破基于性别、种族与阶级等社会区别的偏见,显现出一种不断进行道德主体扩展的状态,而环境伦理便是西方自由主义演化的最终结果,因此赋权于自然是顺理成章的结果。

当然,这种新的价值观不过是对阿恩·纳斯(Arne Naess)等生态学者深生态价值观的政治表述。"所有自然物都具有内在价值""生命平等"等观念表达的一系列生态政治要求如下:剔除自然的工具价值而尊重其本位价值,赋予自然同等于人类的道德主体资格,赋予自然与人类同等的政治权利,等等。这些内容契合了纳斯等人的自由主义道德主体扩展逻辑,但同时也给生态政治理论带来了诸多问题。暂不论自然主体权利实现途径这一难题,仅对自然赋权的合法性证成便具有相当的挑战性。

尽管政治主体向非人类扩展符合自由主义的演进逻辑,然而还必须通过道德主体的扩展为其提供政治伦理上的铺垫。在西方主流的哲学伦理观念中,非人类主体获得道德地位无疑是一个极具挑战性的话题,正如埃克斯利所言:"这在道德上是具有挑战性的,因为它放宽了道德互惠(moral re-

---

① Roderick Nash, *The Rights of Nature: A History of Environmental Ethics*, Madison: University of Wisconsin Press, 1989, p.4.

② Keith M. Woodhouse, The Politics of Ecology: Environmentalism and Liberalism in the 1960s, *Journal for the Study of Radicalism*, vol.2, No.2, 2008, pp.53-84.

ciprocity）的要求——这是康德传统的道德推理和传统的公民观念的基础——寻求将民主考虑扩大到某种不确定的命运共同体。"①就目前的伦理经验而言,这一未知领域的探索对人类已有的认识论构成了巨大挑战,同时这一宏大的哲学和实践命题也蕴含着巨大的解释空间。

二、生态民主主体扩展的基本层次

生态民主主体扩展遵循从动物到生物进而到整个自然的路线,实现了民主主体向非人类道德主体的演进,层次清晰、不断深入。

(一)动物主体论

对人类道德主体边界的突破,最初是在动物保护主义者那里进行了谨慎的尝试。其论证路径主要集中在权利与功利两个角度。权利路径的典型代表是里根,里根从权利视角出发,主张将道德主体扩展至成熟的哺乳动物。作为功利路径的主要代表与动物解放运动的精神领袖,辛格主张应当赋予全体动物以道德主体地位。

1.权利论的辩护

在里根那里,非人类道德主体的权利论辩护主要包括三个层次。

第一,非人类主体具有道德权利是因为其具有内在价值（inherent value）。里根用"生命载体"（subjects of a life）这一概念来阐释主体的内在价值,也即获得道德主体的资格属性,他指出:"作为生命的载体,不仅仅意味着活

① Robyn Eckersley, Deliberative Democracy, Ecological Representation and Risk: Towards a Democracy of the Affected, In Michael Saward（ed.）, *Democratic Innovation: Deliberation, Representation and Association*, London and New York: Routledge Press, 2000, pp.120.

着,也不仅仅是有知觉。作为生命载体的个体拥有信念与欲求;拥有感知、记忆与一种关于自己未来的未来感;一种伴随快乐与痛苦感受的感情生活;具有偏好与福祉利益;在其欲求与目标追逐中具有行动起来的能力……以及某种(独立于)……任何他者的利益。"①也就是说,除活着之外,道德主体的资格要素还包括知觉、信念、欲求、未来感、偏好与福祉等。那么,基于这种考量,具备这种道德主体资格的主体就不会只是人类,而还应包括动物,而且在严格意义上是成熟的哺乳动物。

第二,道德主体的内在价值要求确立"尊重原则"(respect principle)。道德主体的内在价值区别于工具价值,不依赖于主体是否具有可用性或对他者的功用,其本身所附着的存在物即是终极目的,因此道德主体之间存在一种平等关系。由此,正如不应把人当作目的和工具一样,人类必须尊重非人类道德主体的权利,并对其承担道德义务。

第三,"道德病人"(moral patient)的推理为成熟哺乳动物担当道德主体提供了进一步的正当性证明。非人类担当道德主体的最大障碍在于缺乏自由与理性,这也成为人们反对生态民主主体扩展逻辑的首要理由。动物权利保护论者基于人类社会的现实对此进行了回应。里根区分了完全具有自由与理性的道德代理人(moral agent)和诸如未成年人、精神病患者等不具备选择和负责能力的"道德病人",他认为后者的能力缺失并不妨碍其作为道德主体的资格,那么由于生命载体的顺延逻辑,动物也至少应当遵循道德病人先例而被赋予道德主体的资格。

2.功利主义的辩护

与权利论不同,功利主义视角基于"痛苦感受力"标准为动物争取道德主体资格,得出了由全体动物担当道德主体的结论。与杰里米·边沁(Jeremy

---

① Tom Regan, *The Case for Animal Rights*, Berkeley, CA: University of California Press, 1983, p.243.

Bentham)相同,辛格认为不应用能否交谈、能否推理,而应用是否会感受痛苦的"痛苦感受力"作为界定道德身份资格的充要条件,由此,辛格在《动物解放》一书中得出动物是道德主体,而植物、石头等因不具备此种能力而无法得此身份的判断。针对对动物痛苦感受力的各种质疑,他指出:"科学或哲学上都没有好的理由来否认动物的痛苦感受力。如果我们不怀疑其他人能感受到痛苦,那我们就不应该怀疑其他动物也会感受到痛苦。"①而故意否认动物痛苦感受力、并基于此否定对其应尽的道德关怀的做法与种族主义歧视毫无差别。同时,动物的道德主体身份要求将最小化动物的总体痛苦作为人类的伦理责任,虽然对痛苦量的计算存在较大的难度,但人类起码负有减轻动物痛苦或使其遭受最小痛苦的义务。

　　辛格提出要用平等观平衡动物与人类的利益。辛格首先将平等定义为道德观念而非事实状态,由此为平等原则跨越出人类物种的应用做理论铺垫。他指出:"平等的主张并不取决于智力、道德能力、体力或类似的事实。平等是一种道德观念,而不是事实的断言。……人类平等的原则并不是对所谓的人与人之间真正的平等状态的描述:它是对我们应该如何对待人类的一种规定。"②在此基础上,辛格提出平等对待包括非人类在内的所有主体的构想,"平等原则的蕴涵是,我们对他人的关心和对他们利益进行考虑的意愿不应取决于他们是什么样的人,也不应取决于他们可能拥有的能力。……根据平等原则,主体必须被扩大到所有存在物,不论是黑人还是白人,男性或女性,人类还是非人类"③。基于对给予动物等量于人的平等对待的质疑,他用平等原则下的区别对待原则做出回应,即:"将平等的基本原则从一个群体

---

① Peter Singer, Animal Liberation, New York: HarperCollins Publishers, p.15.

② Ibid., pp.4-5.

③ Ibid., p.3.

扩展到另一个群体并不意味着我们必须以完全相同的方式对待两个群体,或给予两个群体完全相同的权利。我们是否应这样做要视两个群体的成员性质而定。平等的基本原则并不是要求平等或相同的待遇;而是需要平等的考虑。对不同的人给予平等的考虑,可能会导致不同的待遇和不同的权利。"①

权利论及功利主义的立场是要对个体动物进行保护,没有将物种的痛苦感受力或内在价值等属性纳入考虑,结果是不把物种当作权利拥有者或利益平衡主体,这就为动物保护的彻底性留下了遗憾。此外,诸多具体观点也存在着可商榷之处。例如,里根对"尊重原则"的建构太过理想化,而辛格论述的"痛苦感受力"的量化及排序均存在厘定与操作层面的困难。但作为道德主体向非人类扩展的先锋,动物保护主义者大胆地挑战了传统的伦理思维,撼动了人类独当道德主体的地位,也拉开了主体向非人类扩展的帷幕。

(二)生物主体论

将道德主体扩展至动物只是生态民主主体扩展的第一步,生物中心主义(Biocentrism,又称生命中心主义)继而更进一步地做出了将主体扩展到生物体的论述。具体而言,这是将道德主体深入扩展至所有生物的尝试,但也面临着后续进程中更具生态性的观点的质疑。

1."敬畏生命"的生态伦理

"敬畏生命"(reverence for life)的生态伦理是由生物中心伦理的先行者斯威泽所提倡的。斯威泽认为:"现代世界文明衰落的根源在于对生命的伦理肯定的不断削弱。"②他批判现代工业社会文明观对自然采取的工具化与

---

① Peter Singer, *Animal Liberation*, New York: HarperCollins Publishers, p.2.

② Albert Schweitzer, *Out of My Life and Thought: An Autobiography*, Baltimore: The Johns Hopkins University Press, 1998, p.153.

奴役化的态度,认为现代战争、官僚主义及个人异化等后果都是伦理考虑中将人与自然进行分离,只将人、人与人的关系作为主体的恶果。由此,只有"敬畏生命",也即对生命表示肯定的伦理才是现代文明的拯救之道。敬畏生命要求个人道德地生活,"只有当生命(植物和动物及其同伴的生命)对一个人来说是神圣的,并致力于帮助所有需要帮助的生命的时候,这个人才是道德的"①。由此,斯威泽相信,"从根本上说,伦理与对生命的肯定是相互依存的、并且肯定生命的伦理应该作为所有文明的前提"②。

基于对所有生命都具有内在价值的认识,"敬畏生命"的生态伦理要求认可人与自然的相互关联性,并尊重与敬畏自然。正如戴维·贾丁斯(Des Jardins)所言,"敬畏生命是这样一种品质,它让我们对自己的决定负责,是一种让我们熟悉这些决定的全部含义的态度,它要求我们不去随意、粗暴与毫不内疚地杀死一个生命。这样做了,我们才过着真正道德的生活"③。从敬畏生命角度进行思考的人"会感到一种强迫性,会要求自己给予每一个有意志生活的生命以同样的敬畏,就像他给予自己的一样。他体验着其他的生命,如同对自己生命的自我体验一样。他接受生命之善:保护生命、促进生命、帮助所有生命发展出最高的可能性价值。这是绝对的、基本的伦理原则"④。总体而言,"敬畏伦理,包含了一切可以描述为爱、奉献和怜悯痛苦、分享快乐和共同努力的东西"⑤。

"敬畏生命"的伦理观遭遇了诸多讽刺性评论,如病毒与蚂蚁等是否应

---

① Albert Schweitzer, *Out of My Life and Thought: An Autobiography*, Baltimore: The Johns Hopkins University Press, 1998, pp.157–158.

② Ibid., pp.153–154.

③ [美]戴斯·贾丁斯:《环境伦理学》,林官明、杨爱民译,北京大学出版社,2006年,第154页。

④⑤ Albert Schweitzer, *Out of My Life and Thought: An Autobiography*, Baltimore: The Johns Hopkins University Press, 1998, p.158.

具有与人同等的价值等。实际上这些难题都是将此伦理观作为实践操作法则后引发的困难,但这些无疑都是对此伦理观的曲解。在斯威泽等人看来,敬畏生命生态伦理不等于同等对待所有生命体的实践操作法则,其真正内涵在于提供一种道德品质的期冀,具体要求人类反思自身与自然的关系,要求人类约束对自然的工具性态度,要求人类对生命心怀敬畏,以及要求人类保护并促进生命的存续。

2."尊重自然"的道德态度

除了提出"敬畏生命"的生态伦理基础外,生物中心主义还对采用此种伦理的理由进行了哲学上的论证:必要条件在于"生命体的善",充分条件在于生命体的固有价值。

泰勒认为,"生命体的善"是对所有生命体负责的正当理由,而这种善指的正是所有生物都具有生命这一事实。在泰勒看来,生物的生命体征即所谓的"有目的的生命中心"(teleological-centers-of-life),具体而言,"有目的的生命中心是说其内在功能及外在行为都是有目的性的,能维持机体的存在并使之可成功地进行生物行为、能繁衍种群后代、并适应不断变化的环境。一个有机体的这些功能的一致性和统一性,都是为了实现它的善,使之成为有目的的生命中心"①。也就是说,生长、发展、延续及繁衍等目的都是生命体的善,不论生命体是否有意识或表达能力,这些善都是生物学可以证明的客观存在。

但是生命体的善只是人类敬畏自然的必要性理由,生命体的固有价值才是更为有力的辩护理由。泰勒指出,从对某物存在自身之善的描述性论断到人类敬畏自然的道德态度的转变需要更高一层的规范性论断,即"生物中

---

① Paul Taylor, *Respect for Nature*, Princeton, New Jersey: Princeton University Press, 1986, pp. 121-122.

心观"（biocentric outlook）。生物中心观与人类中心观相对，它反对将人类视为唯一主体，反对对自然采取工具性价值观念，主张将非人类生物视为与人类一样的都具有自身固有价值的主体。正是固有价值使非人类生物脱离了对人类有用性的依赖，并使自身成为目的。因此，接纳生命体的固有价值就意味着接纳了尊重自然的道德立场，这样做有助于使人类像对待同胞一样对待自然，承担并自觉担负其保护其他生命体之善的道德义务。按照泰勒的观点，无伤害、不干涉、忠诚与平等等一般性责任，以及自卫、均衡、最小失误等分层原则是处理人类与其他生命体之间关系的理想标准。

总之，生物主体论在动物主体论的基础上，将道德主体进一步扩展到包括动植物在内的所有生命体，而且还系统性地思考了处理人类与其他生命体之间关系的实践原则，有力地推动了生态伦理的实践化，对于生态民主理论的发展具有明显的开拓性和启发性价值。但是，生物主体论仍摆脱不了对其哲学体系一性及可操作性等发出的批评，也摆脱不了生态性更强的立场对其主体扩展不够极致、负责程度欠深入等指责。但无论如何，在主体扩展与运作方式的理论阐释与构建中，生物中心主义的开拓性与启发性仍不容忽视。

（三）自然主体论

与动物主体论和生物主体论相比，生态中心论的观点更为激进。它认为整个生态系统都具有内在价值，进而提倡将道德主体的范围扩展到整个自然，而不是仅局限于生命体。

1.对生态中心论的伦理证成

生态中心论对道德主体的扩展首先体现在"土地伦理"的相关论述中。土地伦理秉持的是土地及其之上的存在物即整个自然都是系统性道德主体的观念。生态学家利奥波德是此伦理观的率先阐释者,他通过生态学与伦理学相结合的路径打破了人类共同体的传统道德圈,将"土地共同体"界定为道德身份的真正拥有者。利奥波德认为,传统伦理学中的道德主体往往只局限于人类,致力的也只是达成人类之间、人与社会之间的和谐,而此种将土地共同体排除在道德主体范畴之外做法的结果是:人类只单方面地享有着对土地的特权,但却忽视了履行对自然应尽的种种义务。而道德主体向土地共同体扩展具有重大的意义。

土地伦理要求人类承认土地的共同体成员身份,并共同协作致力于生物群落的完整,认为此做法才是正义之举。具体而言,土地伦理包括两方面的内容。一方面,它要求人类角色实现根本转变。"土地伦理要求将作为土地征服者的智人角色转变为共同体的普通成员和公民。这意味着对其伙伴成员的尊重,而且也意味着对共同体本身的尊重。"[①]另一方面,它要求人类与生态平等协作。"迄今为止发展起来的所有伦理都需要依赖于一个单一的前提:个体是由相互依存的部分所组成的共同体中的一分子。个体的本能驱使他在共同体中为自身地位而争斗,但个体的道德观念也促使他进行协作。"[②]由此,在新的共同体中,人类会放下其傲慢姿态并与其他共同体成员平等协作。通过这两方面的要求,利奥波德使道德主体超越人类和动物,扩展至包括土壤和水源等在内的整个生态圈,这无疑是对传统伦理学的又一次大的挑战。

2.对生态中心论的法律证成

除伦理证成外,生态中心论还包括法律证成。法律证成从人类社会现实

---

① Aldo Leopold, Susan L. Flader and J. Baird Callicott(eds.), *The River of the Mother of God and Other Essays*, Madison: University of Wisconsin Press, 1991, p.240.

② Ibid., p.239.

出发,认为即便暂时还无法在道德上完成主体拓展任务,那么至少应退而求其次地要求赋予整个自然以法律地位及权利。

这方面的思想尝试最初来自斯通的著作《树木应该享有诉讼资格吗? 》(*Should Trees Have Standings?*)。该著作虽以树木为题目,但实质上是将论证主体设定为森林、海洋、河流和其他所谓的"自然客体"——也就是整个自然环境。①斯通认为,即便不是拓展道德权利,那么至少应赋予以上主体以法律权利,因为"当想起法律权利授予了如婴儿和胎儿等'不会说话'的人类,授予了公司和基金等法律虚拟实体和如教堂、民族国家等实体时,将法律权利扩展至自然整体便不再是'不可思议'的"②。斯通认为,自然整体具有成为法律意义上主体的合理依据,因为其符合"法定权利拥有者"所应具备的以下三种特质:"主体能按其利益进行法律行为;在确定的法律调节中,法庭必须将对主体的伤害纳入考虑;调节必须对主体有利。"③斯通具体以公司为例推定自然整体法定权利的正当性:自然整体可以如公司般通过寻求监护人、保护人或信托人等方式代表自己进行法律行为;而且对自然的伤害如同对公司利益的伤害一般可被纳入法庭的考虑;调节可要求将自然恢复至未受伤害前的状态等。

除主张使自然成为法律权利主体外,法律证成还就这一立场的实现方式进行了讨论。这里最关键的问题在于如何在法律上确保自然整体利益得以实现。斯通主要设计了三种路径,首先是任命法律监护人(legal guardian)。这一角色的职责是代表自然利益,他们具有管理信托基金(a trust fund)和提起法律诉讼的权力。其次,构建一系列法定程序,确保政府和公司在决策时

---

①③　Christopher Stone,*Should Trees Have Standing?:Towards Legal Rights for Nature Objects*,Los Altos,CA:William Kaufmann,1974,p.9.

②　Ibid.,p.34.

会考虑自然利益。当这些法定程序不被履行时,法律监护人可以对其发布强制性命令。最后,确立环境权并将其写入宪法。这样,当环境问题争端引起诉讼时,法院便可在审判中援引环境权为自然利益发起辩护。①

总之,赋权于自然整体的法律证成与当下的生态民主政治话语非常契合,为权利主体向自然的扩展提供了一定的理论依据。但仍需注意的是,与动物主体论和生物主体论遭遇的问题相似,生态中心论的法律证成依然没有解决如何使人类认同自然内在价值和道德身份的现实难题,这样有将整个法律证成都置为空中楼阁的危险。也就是说,生态中心论法律证成的成立最终仍需依赖于道德观念的转变,后者是无法忽视的难题,也是必需妥善解决的前期任务。

三、生态民主主体扩展的论证路径

上述由人类到动物、生物乃至整个自然的道德主体演进逻辑主要是由伦理学完成的,而政治学需要进一步解决的问题是,自然整体能否由道德主体演变为政治主体? 这也是生态民主主体扩展的最高要求。生态政治理论采取了两种论证路径对这一问题进行了回答,即利益路径与相似性路径。

(一)利益路径

利益路径是生态民主主体扩展重要的基础性论证路径,其遵循自然存在利益—自然利益受人类决策影响—自然利益需要人类保护—需采用使自然成为政治主体的方式保护自然利益这一逻辑进路,来论证自然担当政治

---

① Christopher Stone, *Should Trees Have Standing?: Towards Legal Rights for Nature Objects*, Los Altos, CA: William Kaufmann, 1974, pp.39-40.

主体对于保护自然利益的必要性。作为经典的生态民主理论家,埃克斯利首先基于西方自由民主思想中民有、民治和民享的原则,将当下人类享有的民主阐释为"利益受影响者的民主"(democracy-of-the-affected,民有)或"为了利益受影响者的民主"(democracy-for-the-affected,民享)①。按照这一阐释的精神,任何风险决策的参与和代表机会应当扩展至全部潜在的受影响者,而无论其社会阶层、地理位置、国别、世代或物种,但是参与和代表的机会仍然需要相对成熟的政治能力,那么自然又如何成为政治主体呢?事实上,埃克斯利认为,理想的生态民主不单是"利益受影响者的民主",而更应该是"为了利益受影响者的民主",因为在民主决策的过程中,需要被给予更多考虑与关怀的群体(包括婴儿、病人、后代和非人类物种),比那些活着的、身心健全有能力的人群更为庞大。②因此,"利益受影响者"的概念为生态政治主体的扩展确立了较为公认的标准。但同时,这一标准也将生态政治带入了一个"未知的领域"③——在政治领域对自然赋权需要面对前所未有的挑战。

由于人类后代与自然同样存在自身利益,并且其利益会受到当代人类的决策与行为的影响,所以他们与当代的人类一样都应当是民主政治的权利主体。从民主政治的角度来看,谁都不应获得剥夺后代与自然利益的独裁性权力。不仅如此,当代的决策者和相关利益主体还应当保障后代与自然的利益,不能因为人类后代和自然无法表达和捍卫自身利益,就否定其利益的客观存

---

① Robyn Eckersley,Deliberative Democracy,Ecological Representation and Risk:Towards a Democracy of the Affected,In Michael Saward (ed.),*Democratic Innovation:Deliberation,Representation and Association*,London and New York:Routledge Press,2000,pp.117-132.

② Ibid.,p.119.

③ Andrew Dobson,Democracy and Nature:Speaking and Listening,*Political Studies*,vol.58,No.4,2010,p.753.

在,更不能因此而否定这些主体的政治权利。人类后代和自然在政治上的失语恰恰为探索新的利益代表和权利赋予的方式留下了空间。

除获得道德承认外,政治主体的利益更需要政治上的保障。理由很简单,利益只有获得法律和政策的承认与保护才能获得其现实性,而且用类推方式也可以证明,只给予道德承认而拒绝政治赋权的做法不会得到自然的认可。按照鲍尔的分析,美国内战后,少数族裔和妇女如果只被白人男性接纳为道德共同体的成员,但却被拒绝赋予政治上的公民权利,那么可想而知他们不会对此表示认可,因为所谓的被承诺的道德权利如果无法得到有效保障,那么他们在政治生活和社会生活中将仍处于低劣于白人男性的地位,归根到底,黑人与妇女需要的不是利益的道德认可和尊重,而是其真正实现。鲍尔进一步给出了扩展主体政治权利能在民主而非专制制度下得以保障的理由,"非民主政体的代表并不能对扩展了的主体的利益提供足够(或事实上的任何)保护,因为代表的利益可能会与这些利益发生冲突,而代表的选择是否有利于后者是不确定的。与专制或威权制度不同的是,民主对那些宣称代表和保护成员利益而实际上没这样做的人具有监督和约束作用。同时,出版、言说和讨论自由及其他现代民主特征具有专制制度所不具备的一定程度的开放性和问责习惯"①。

(二)相似性路径

相似性路径基于自然具有的与人类相似的特征,为自然的政治主体资格发起证成。正如多布森所指出的那样,"将非人类带入政治领域最成功的尝试,当属用它们具有极度相似于人类的特征所进行的说服,因而拒绝对其

---

① Terence Ball, Green Democracy: Problems and Prospects, *American Political Science Association*, *vol. Annual Meeting*, 2005, pp.15–16.

进行道德承认便不再合乎逻辑。类人猿项目最近的启动促使道德考虑转变为了政治考虑"[1]。按照这一逻辑，如果人类是由于其具备的一定特质而登上政治舞台的话，那么与人类相似的特质也同样能够为自然登上政治舞台提供支持，所以这一路径的关键就在于如何界定这种相似性。自然各要素与人类的相似度存在一个由远及近的排序，即非生物、微生物、植物与动物。从自然属性来看，动物与人类更为相似，因此动物学家基于人类特征来寻找动物，尤其是灵长类动物与人类的相似性，这类研究成果为生态伦理与生态政治思想提供了有力的支撑。目前主要借助自我意识、道德品质和契约等特性来分析动物与人类的相似性，并基于此来讨论其的政治权利问题。

相似性论证的聚焦之一是对自我意识的分析。生态伦理学家将自我意识引入动物生存权的讨论当中，将此特征作为动物获得生存权利的依据。动物学家瓦尔记载："只有黑猩猩与猩猩这两个非人类物种在看镜子时，似乎理解它们在看它们自己。"[2]而且似乎群居物种的群居意识已高度发达，古德等动物学家从对黑猩猩的敌对意识、竞争策略选择和领袖地位确立方式的观察中，证实了黑猩猩具有高度的自我意识。这些发现的意义在于，基于自我意识的死亡感知以及随之而来的痛楚是人与动物所共有的。[3]因此，生态政治学者得出的结论是，为避免这种与死亡相伴生的类似于人的痛苦，应当赋予动物以生存权利。

相似性论证的另一聚焦是对道德感的分析。动物是否具有道德感的问

---

① Andrew Dobson, Democracy and Nature: Speaking and Listening, *Political Studies*, vol.58, No.4, 2010, p.765.

② Frans de Waal, *Good Natured: The Origins of Right and Wrong in Humans and Other Animals*, Cambridge, MA: Harvard University Press, 1996, p.67.

③ ［美］彼得·S.温茨：《现代环境伦理》，宋玉波、朱丹琼译，上海人民出版社，2007年，第166~167页。

当代西方生态民主的兴起及其对传统民主的超越

题极具争议性,哲学和生物学之间就此存在着激烈的争论。哲学的规范性判断遵循康德伦理学的基本立场,只将人类作为唯一的道德生物。因为只有人类具有自由与理性,而自由与理性可使他们更少受简单本能或外在条件的驱使而更具有能动性,可使他们有能力做出道德判断,继而做出自由选择的行为并为此负责。但动物无法摆脱本能的束缚,也不具备道德判断与自由选择的行为能力。因此,动物不是道德主体,也无法获得权利。反对虐待动物的理由也仅仅是因为这一做法会造成对人类的伤害。而另一方面,生物学家的生动实验却在一定程度上为动物道德感争论问题提供了经验性的肯定答案。比如,科学家在鲸鱼和海豚体内发现了先前以为只存在于人类和灵长类动物身上的梭形细胞,而此细胞是理解他者、产生同情甚至采取互助行为的生理基础。美国生态学家比科夫在其《野性的正义》(*Wild Justice:he Moral Lives of Animals*)一书指出,所有哺乳动物的大脑中都具有"道德细胞",这种细胞使它们具备着天生的公平感、同情心和互助性。①还有许多实验甚至证明了动物有时比人类更具道德性,例如,雷切尔描述了 1964 年著名的美国西北大学恒河猴实验,该实验通过对恒河猴宁可牺牲自身获取食物的机会也不愿意使同伴遭受电击痛苦的观察,证明恒河猴具有利他主义的倾向。②

相似性论证的聚焦之三是对契约能力的分析。卡尔·科恩(Carl Cohen)认为,契约是权利的要件,但动物不具备主张道德要求和担负道德义务的契约能力,因而不具备权利主体的资格。他说:"权利……存在于道德代理人(moral agent)组成的共同体中的任意一个要求或可能的要求之中。只有在那些相互之间实际上做出或者能够做出道德要求的存在物之间,权利才会产

---

① Bekoff and Pierce, *Wild Justice:The Moral Lives of Animals*, Chicago: University Of Chicago Press, 2009.

② James Rachels, *Created from Animals*, Oxford: Oxford University Press, 1990.

生并才能被清晰地加以辩护。……权利的持有者必须拥有领会义务准则的能力,这些准则支配着包括他们自己在内的所有的人。……只有在一个能够对道德判断加以自我约束的存在物的共同体中, 一项权利的概念才能被正确地唤起。"①

然而,动物权利论者认为科恩的权利观太过严苛,甚至超越了人类社会的现实。例如,婴儿无法提出道德要求,也不具备承担道德义务的能力,但仍然被赋予了权利;死者也同样失去了这些能力,但其诸如遗嘱被执行等权利却依然存在。因此,契约能力不是否定动物权利的充分理由,因为动物也可能借助代理人或监护人等机制成为权利主体。

总之,尽管人类与动物之间存在着较大差异,然而如果用自我意识、道德品质和契约能力等要素作为权利赋予标准的话,那么权利在人类与动物之间的分配就不是非此即彼的问题,而至多会呈现出多少或强弱的区别。相似性路径为自然权利提供了有力辩护, 但在一定程度上也留下一系列悬而未决的问题,如"为什么将人类作为道德考量的范例? 为了得到道德价值承认,非人类必须显著地相似于人类吗? 植物和生态系统之类自然实体的权利问题又该如何应对? "②等等。

经上述分析可见,顺着西方自由主义政治发展的历程与逻辑,传统的民主主体正面临着突破,而生态主义者成为这一突破的主力军。从动物主体到生物主体直至自然主体,不断深入的民主主体扩展理论在不同层面上得到论证,勾画了一条不断开放的民主主体线索。而且生态主义者的各种主张各有其合理之处,并且已在很多场合产生了重要影响,为生态与环境保护做出

---

① Carl Cohen,The Case for the Use of Animals in Biomedical Research,*The New England Journal of Medicine*,vol.135,1986,pp.865-870.

② Robyn Eckersley,Liberal Democracy and the Rights of Nature:The Struggle for Inclusion,*Environmental Politics*,vol.4,No.4,1995,p.183.

了重要贡献。但是,生态主义对生态民主扩展的论证工作还需继续。我们必须看到,民主主体扩展是对人类担当唯一政治主体的理论传统与实践经验的挑战,也是生态危机威胁下政治环节重新思考及处理人与自然关系的冒险性尝试,论证的每一个环节都不乏批判之声,且诸多批判都可圈可点。而且即使是那些生态主义的拥护者,也对主体扩展抱有一些看法与质疑。要使这些主张得到广泛的认可,生态主义者的论证之路还需继续。同时,生态主义者因过于乐观而在理论构建与政治实践间生成的张力是需要认真应对的难题。

但生态主义对生态民主主体的扩展思想确实值得我们深思。人类无法对生态主义的拷问视若无睹:我们是否有资格赋予自身肆无忌惮奴役自然的权利?也无法对其启示性视而不见:人类需对人与自然关系及相处之道进行反常理性的反思。起码的底线也许如鲍尔所言,"我们也许没有积极的或'厚'的保护他们(动物和人类后代)的责任,但至少有消极的或'薄'的避免伤害的责任。这是密尔伤害原则像无限未来的延伸。同样,我们应该留给遥远后代完整的自主权和更多而不是更少的选择余地"①。这也许是站在人类中心立场上对当代人发出的最低期许。

四、生态民主主体利益维护路径分析

经过从动物主体、生物主体到生态主体的扩展与演进,生态民主的主体界定已较成熟地建立在了生态中心主义的理论基础上,整个生态系统而不仅是人类获得了道德主体资格。通过利益与相似性路径的论证,规范上证明了自然担当政治主体的合理性,使自然利益的代表、争取与维护上升为政治

---

① Terence Ball, Green Democracy: Problems and Prospects, *American Political Science Association*, vol. Annual Meeting, 2005, p.13.

领域运作的议题。这些是为生态民主主体扩展奠定了理论上的合法性基础。

在政治学视域下，生态民主主体的扩展还面临着另外一个关键性的问题，那就是主体利益维护路径的开拓。具备了民主主体资格的生态系统，如何才能代表、争取与维护自身利益，毕竟其受着无法言说及亲自出席民主政治舞台的客观制约。基于此，生态民主主义理论家从生态权利、代表自然与公民教育等多个视角进行了阐释。

(一)权利话语路径

作为自由民主的道德与政治主体，人类维护自身利益的一个基本路径是权利话语。新生的生态民主主体也即生态系统的利益能否效仿人类使用权利路径进行维护？生态民主理论家，特别是生态中心主义立场的学者认可了这种可能性。

1.生态权利论断

自然担当权利主体的合法性已经得到了充分证明。接续而来的关键问题是，除赋予自然合法性主体资格外，权利话语如何才能担当起维护其利益的使命？也就是说，能否进一步赋予自然类似于人类的各种权利？被赋予的各种权利如何执行与维护？

斯通认可权利话语的可行性，即认为可以模仿人类权利对自然进行相应赋权。他具体倡导赋予自然政治与法律方面的权利。斯通认为，赋予非人类权利并非如反对者认为的那般"不可想象"，因为人类群体将权利同样赋予了胎儿、不会说话的儿童，甚至智力障碍者等人类主体，同时也赋予了公司、自治市和信托机构等虚拟的法律实体及教会与民族国家等宏观实体。[1]而且具体

---

① Christopher Stone, *Should Trees Have Standing?: Towards Legal Rights for Nature Objects*, Los Altos, CA: William Kaufmann, 1974, p.34.

可通过监护人或朋友来照看自然实体的利益，如可通过信托基金的管理及法律诉讼途径来弥补对自然实体造成的伤害。

本顿认可权利话语保护自然的实际功效。本顿具体将权利主体局限于非人类群体中的动物，认为权利话语可发挥对动物进行实质性保护的作用，"将自由主义个人主义观念扩大为动物权利观的希望是，不仅可以呈现理性的说服，而且还能够切实有效地保护某些类别的很容易受到伤害的动物免受实质性伤害，否则它们将很容易受到伤害"[①]。本顿认为，起码应承认动物免受伤害的权利，而且此权利有获得承认的现实可能性，"我们应期望，自由主义权利话语在真实环境下对个人进行的免受基本伤害的保护，能够接近于权利话语社会本体论（social ontology of the rights discourse）的预设：偶然关联的自主性个体有权抵制相互间的侵害或干涉，并有权寻求权威仲裁。……而一些影响动物的道德争议与上述情况在某些方面是相似的"[②]。本顿认为，除提倡动物权利外，人类还应为动物权利的保障提供条件，否则这些权利终会流于形式，"与人类案件的不同之处在于，动物本身不能主张动物不被猎杀的补偿权利。因此，结果取决于相互对立的人类社会团体的宣传和进入政治和法律机构的追溯权力（retrospective powers）"[③]。也就是说，在本顿看来，动物权利是应该而且也能得到实践与维护的，具体方式是由人类代表通过宣传及进入政治与法律机构的方式进行。

2.质疑与回应

对生态权利论的批评首先聚焦于其非人类中心主义立场，批判者试图从立场的质疑对其理论基础进行根基性的否定。此外，批判者对生态权利观

[①②③] Ted Benton, Natural Relations: Animal Rights and Social Relations, In Andrew Dobson and Paul Lucardie (eds.), *The Politics of Nature: Explorations in Green Political Theory*, London and New York: Routledge Press, 1993, p.167.

念本身的可行性，即转化为社会、政治与法律权利的实践困难进行了质疑。诸多批判存在合理之处但也不乏误解之声，生态民主理论家做出了相应回应。

(1)非人类中心主义立场的不可能性

对生态权利论发起的首要批判是：在非人类中心主义立场下对自然进行赋权是不可能的。在生态民主的理论设定中确定了生态系统的民主主体地位并承认其应享有的相关权利，但批评者发现实践中对生态系统进行赋权的主体只能是人类，而且还必须由人类对生态系统的具体权利进行设定。批评者认为这从根本来说是要求人类从非人类中心视角看待问题，而此要求本身便是错误的且没有得以满足的可能——因为我们毕竟是人。

生态民主理论家却认为，我们是人的命题只是表明了主体的身份，但这并不妨碍主体对其他对象形成认识，也不能成为不对其他主体利益进行考虑的借口。沃瑞克·福克斯(Warwick Fox)认为这种批判是一种"人类中心的谬论"(anthropocentric fallacy)，[1]是将感知主体本身与被感知及被评估内容混为了一谈。埃克斯利指出，"这种理解将人类中心主义这一术语的琐碎和同义反复的意义(也就是说，我们只能作为人类主体来看待世界——谁能反对这一点？)与这一术语的实质意义和所要传达的信息(由于其他生物不属于我们自己的物种而给予它们不正当与差别的对待)混为一谈"[2]。也即，反对者是在同义反复层面使用人类中心主义观念，认为我们无法逃避从人的视角看待世界。生态民主理论家也赞同这一点，但他们反对的是因具有人类身份而对其他物种给予的歧视，而且理论家也没有宣称他们能精确了解对方，而

---

① Warwick Fox, *Toward a Transpersonal Ecology: Developing New Foundations for Environmentalism*, Boston: Shambhala Press, 1990, p.21.

② Robyn Eckersley, *Environmentalism and Political Theory: Toward an Ecocentric Approach*, London: University College London Press, 1992, p.55.

只是说要建立一种类似的需了解对方并需负责任的意识,如芭芭拉·诺斯克(Barbara Noske)所言,"在某种意义上,我们无法了解对方(不管是其他物种、其他文化、另一种性别,甚至是另外的他人)。然而,我们必须提醒自己,它们有存在的意义,即使我们对它们的了解可能是严重有限的"①。由此,批评者有混淆概念而逃避人类责任的嫌疑,因为我们拿自己是人的理由逃避对其他物种利益的考虑与关照。总之,人类只能以人类主体身份进行思考的事实,并不能成为人类不为他者考虑的借口,更不能成为责任推脱的理由。正如福克斯指出的那样,反对者认为人类不可能是非人类中心主义者的观点,这就如同说男性不可能是无性别歧视者,或者白人不可能是非种族主义者一样荒谬,好像他们只能把世界看作是男性的或白人的。②埃克斯利也认为,反对意见完全忽略了男性或白人主体培养非性别或非种族主义意识的能力,与对生态中心的批评相关联,就是他们完全忽略了人类培养非人类中心主义意识的能力。③

(2)生态权利的反人类立场

批评之二认为,生态权利是反人类及人类利益的。在部分批评者看来,生态民主提倡的生态权利是对人类利益的反对;要求人类集体对生态利益负责的立场也是错误的,因为这是将人类整体视为生态危机制造者,忽略了具体的国家、团体或阶层造成的生态危机差异。

生态民主理论家认为上述指责是对生态权利理论的误解。首先,生态权利并不是要反对人类利益,它反对的是人类沙文主义。反人类与反人类沙文

---

① Barbara Noske, *Humans and Other Animals*, London: Pluto Press, 1989, p.160.

② Warwick Fox, *Toward a Transpersonal Ecology: Developing New Foundations for Environmentalism*, Boston: Shambhala Press, 1990, p.21.

③ Robyn Eckersley, *Environmentalism and Political Theory: Toward an Ecocentric Approach*, London: University College London Press, 1992, p.56.

主义观点间存在明确区别,人类沙文主义是一种唯人类独尊的偏激价值,也终究会导致无法确保人类自身生存的后果。正如迈克尔·齐默曼(Michael Zimmerman)在讨论人类中心主义实际后果时所主张的:"如果人类被理解为历史的目的、一切价值的源泉与进化的巅峰等,人类对掠夺自然世界正当性的辩护就不会存在困难,理由是:后者不是人,所以毫无价值。"①埃克斯利认为:"这种极端的人类中心主义可以被看作是一种生态近视(ecological myopia)或不开明的利己主义,是对自我和外部世界间生态循环的无视,它导致的结果是无意识的和不可预见的生态破坏的长期存在。"②其次,生态民主理论家指出,他们在对人类整体生态责任进行伦理思考的背景下,也现实地进行着甄别性的思考,认识到了不同人类群体对环境的不同责任,因此,不会不加区别地要求所有阶层和国家平等承担环境治理成本。如埃克斯利所言,"鉴于并不是所有人类都与生态破坏发生着同样程度上的关联,生态中心理论家就不会期望所有阶级和国家平等地承担环境改革的代价"③。

(3)在人类与自然间的"不偏袒"倾向

批评之三认为,生态权利提倡给予生态的权利应与人类相平等,而这种看似不偏袒的公允立场,其实是荒谬的、甚至生态沙文主义的要求。因为此立场会产生一种消极与克制性的观念,即人类并不比蚂蚁或艾滋病毒等更有价值。

生态民主理论家认为此种批评过于偏颇,因为生态中心主义并没有极端地要求赋予其他物种以完全无差别于人类的权利,要求的只是彻底改变人类

---

① Michael Zimmerman, Marx and Heidegger on the Technological Domination of Nature, *Philosophy Today*, vol.23, 1979, p.103.

② Robyn Eckersley, *Environmentalism and Political Theory: Toward an Ecocentric Approach*, London: University College London Press, 1992, p.52.

③ Ibid., p.56.

傲慢的主人翁态度与征服者姿态,并在此基础上尽力对两者利益做出权衡。辛格提倡的是平等原则下的区别对待方式,即"将平等的基本原则从一个群体扩展到另一个群体并不意味着我们必须以完全相同的方式对待两个群体,或给予两个群体完全相同的权利。我们应否这样做要视两个群体的成员性质而定。平等的基本原则并不是要求平等或相同的待遇,而是要求进行平等的考虑。而对不同的人给予平等的考虑,可能会导致不同的待遇和不同的权利"①。埃克斯利提倡初步的不偏袒原则,她指出:"生态中心主义只是寻求一种初步的不偏袒的倾向;这并不意味着人类不能进食或采取行动来保护自己或他人(包括其他受威胁的物种)免受危险或免遭威胁生命的疾病的侵害。……非人类中心观是确保不能仅基于非人类物种和生态共同体不是人或对人类没有工具性价值的理由,而在人类决策中忽视其(不同聚合程度)利益。"②可见,在生态民主理论家那里,人类应该持有的是一种最低程度而非完全平等的不偏袒倾向,要求在面临人类与非人类主体间的冲突时,努力将对非人类的危害降到最低程度,并最大化包括人类在内的有机体与共同体的繁荣机会。

(4)权利要求转化为实践的困难

批评之四认为,生态权利在转化为政治与法律权利时面临几乎无法解决的实践困难。许多怀疑论者发问道:当非人类无法给予回报时,我们怎么能将权利赋予它们呢?

作为对非人类进行政治及法律赋权的典型倡导者,斯通从人类社会现象类推其结论的合理性。但埃克斯利认为斯通的观点具有很大的冒险性,

---

① Peter Singer, *Animal Liberation*, New York: HarperCollins Publishers Inc.Press, 1975, p.2,

② Robyn Eckersley, *Environmentalism and Political Theory: Toward an Ecocentric Approach*, London: University College London Press, 1992, p.57.

"斯通的提议可能是比动物解放论更大胆的自由主义冒险,因为它寻求为非人类与无知觉实体(如森林、河流和海洋)的特殊利益提供合法保护的手段,而从权利要与责任相伴生的角度来看,其观点略显荒诞"①。虽然斯通认为信托基金可应对针对自然责任的判决并可替自然担负赔偿责任,但他本人也承认执行环节会出现诸多纠葛,由此发出"当尼罗河泛滥时,这是河流的'责任'吗? 或者是山的? 雪的? 水分循环的责任? "②之类的关于责任主体确认困难的疑问。

埃克斯利的应对之路是舍弃法律与政治权利的认可,从社会关系角度维护自然利益。她指出:"通过最终将法律权利赋予非人类实体的途径来确保它们得到保护,对我们说是没有必要的和没有可取之处的。"③而具体可以通过非契约的,即不一定需要对等义务的方式来避免这种问题。除此之外,将政治主体延伸至非人类还存在诸多问题,如非人类政治利益的辨析、利益的具体维护方式、利益冲突的调节路径等的不确定甚至冲突性。埃克斯利认为,这似乎凸显了暂且搁浅政治与法律权利路径,寻求其他途径的必要,"这突显出寻求使丰富多样的非人类世界得以繁荣的更简单与更优雅方式的必要,这种方式无须诉诸于独特的人类政治与法律模式,如正义、平等和权利等"④。而且,目前来看,已存在一些立法先例,它们虽然没有使用关于自然权利的政治与法律地位的术语, 但却确保了政府部门与法院在管理环境立法

① Robyn Eckersley, *Environmentalism and Political Theory: Toward an Ecocentric Approach*, London: University College London Press, 1992, p.58.

② Christopher Stone, *Should Trees Have Standings? Towards Legal Rights for Nature Objects*, Los Altos, CA: William Kaufmann, 1974, p.34.

③ Robyn Eckersley, *Environmentalism and Political Theory: Toward an Ecocentric Approach*, London: University College London Press, 1992, p.57.

④ Paul Shepard, Animal Rights and Human Rites, *North American Review*, vol.257, No.4, 1974, p.35.

或裁定土地使用冲突时对人类与非人类利益进行考虑。

除社会路径外，思想与意识路径也是很多学者的尝试。约翰·罗德曼（John Rodman）指出："'自然的解放'不需要将人类权利扩展至非人类,需要的是将自然从'人类资源、人类产品和人类讽刺画（*human caricature*）的地位'中解放出来。"[1]约翰·罗尔斯（*John Rawls*）在谈到其自由主义正义理论的局限时指出："似乎无法把契约学说扩大到能够把动物及自然界恰当地包括进来的程度。确定我们同他们之间的正确关系似乎依赖于一种关于自然秩序和我们在其中的位置的理论。"[2]长期而言,对普遍意识改变重要性的强调和对生态导向的文化、教育社会革命的建议,比单纯的法律革命更有利于对非人类权利提供保护。

可见,对生态权利路径的大多数质疑都来自反对者的误解,如人类无法采取非人类立场、生态权利要求的反人类性与生态沙文主义等,生态民主理论家都给予了适当的回应。但关于实践转化困难却是较中肯的质疑,也是生态民主理论家面临的棘手难题。以斯通为代表的政治与法律权利路径、埃克斯利为代表的社会关系路径及罗德曼为代表的思想路径等都是重要的开拓性方略,具有方向性的指引作用与理论启发性。在此基础上,对方略可行性及细节做进一步论证是需要生态民主理论家继续深入的课题。

（二）代表路径：应对民主"倾听赤字"

跳出用权利维护利益的逻辑,基于自然无法言说与出席人类政治领域的特性,对自然进行代表似乎是较顺理成章的考虑与选择。基于此,生态民主理论家论述了用代表路径维护自然利益的相关问题。

---

[1] John Rodman, *The Liberation of Nature?*, vol.20, 1970, p.101.

[2] ［美］约翰·罗尔斯：《正义论》（修订版），何怀宏等译，中国社会科学出版社，2009年，第405页。

第二章　当代西方生态民主的主体扩展

1.代表路径的合理性

被代表是生态政治学者认可的维护自然利益的路径之一。其基本逻辑在于,自然应当担当道德与政治主体,但其无法出席政治领域以维护自我利益,基于代表路径对人类特别是弱势群体利益公平以待的承诺及部分事实,可以考虑使其对自然利益进行维护与保障。关于选择代表路径的具体理由存在诸多视角下的规范性解答。

从代表可对自然利益进行更好表达的层面入手分析代表路径的合理性。格雷戈里 S.卡夫卡(Gregory S. Kavka)和弗吉尼亚 L.沃伦(Virginia L. Warren)就为何要对他者利益进行代表做了较有说服力的阐释。他们认为,主体如果存在利益,并且代表接受了主体的指示,或者代表会对主体利益有一个比随机判断更好的判断,那么由代表对主体利益进行代表便是有意义的。①由此,存在利益的人类与自然都需要代表,而差异在于对当代人进行代表的理由在于前者,而对后代或非人类进行代表的理由在于后者。拉图尔也认识到了代表是人与自然共同需要的事实,他发现除非人类外,人类也遭遇着言语障碍(speech impedimenta)难题,即"个人遇到了通过自我进行言说的困难与寻找对世界进行表达所需工具的困难"②。由此,"事实为自我言说"的论点是错误的,无论在政治社会还是自然科学领域,事实都需要通过代表来呈现。而且,我们对事物或人类的聆听大都是通过"代表"这种中介进行的。所以,代表是人类与自然利益有效表达的必需,对人类的代表和对非人类的代表之间存在着深刻联系。

---

① Gregory S. Kavka and Virginia L.Warren,Political Representation for Future Generations,In Robert Elliot and Arran Gare(eds.),*Environmental Philosophy*,Milton Keynes:Open University Press,1983,p.25.

② Bruno Latour,*The Politics of Nature:How to Bring the Sciences into Democracy*,Cambridge MA:Harvard University Press,2004,pp.249–250.

当代西方生态民主的兴起及其对传统民主的超越

从自然无法通过言说进行政治辩论的视角论证代表路径的必要性。从亚里士多德到哈贝马斯的诸多理论家都认为政治与讨论和辩论相关,而讨论和辩论是要通过言说来实现的。由此,传统的观点是,民主主体需要通过自身或者代表的言说来表达利益诉求,来进行相互交流并最终做出决策。在生态民主视角下,自然新主体的利益同样需要维护,但它却无法通过自身言说进入政治领域,因此代表路径成为顺理成章的考虑。代表路径之所以被考虑并不是完全基于自然无法言说的困境与需要,理论家对其必要性进行了论证。在鲍尔看来,自然需被代表的理由有二:第一,并非所有的人类都会在场参与决策,决策大多是通过代表进行的;第二,自然的偏好与兴趣等无法被代表,但自然的利益是可以也是必需被人类考虑的,因为它们是人类决策的受影响者。"谈论生态系统存在偏好没有什么意义,但谈论它们有利益则是完全有意义的。此外,生态系统明白或阐明这些利益并不是我们承认、尊重与保护这些利益的必要前提。因为民主确实需要言说、协商和倾听,但是倾听不一定要和倾听人类的语言相关联,而一种包容的民主或生态民主不仅要求倾听或从字面上倾听那些会说话的人类,也包括倾听那些虽不说话但也并不沉默的实体。"[①]这就将对自然进行代理及倾听的责任担当放在了人类身上,同时也回应了自然无法言说而不得进入政治领域的诘责。

从直接与参与性民主的欠妥当性分析代表路径的必然。有些绿色政治的观点认为,绿色民主在理论和习惯上必然都是分散的直接民主,即全部公民地方性和直接性地参与具有全局影响性的决策的制定。鲍尔认为此观点是欠妥当的。因为所有受影响者就普遍关注的问题进行直接讨论是行不通的,他指出:"我认为这是一种完全不充分的、并需要进行彻底反思的观点。

---

① Terence Ball, *Green Democracy:Problems and Prospects*, American Political Science Association, vol.Annual Meeting, 2005, p.20.

我的看法是,从所有受影响者都可以于特定时间、地点聚集到一起就共同关心的问题进行讨论、辩论和决策等要求出发,绿色民主或生态民主在实践上或原则上都不可能是直接性和参与性的;相反,它必须是间接性和代表性的,简单的理由在于存在着没有真正出席与参与的人,深层但也浅显的另一理由在于,拥有利益——但没有发言权和代理——的生物与实体的范围比大多数民主理论家迄今所认识到的(或者更确切地说,是以任何适当方式构建的理论)要广泛得多。"①

从直接民主的不现实性及代议民主的现实场域论述代表路径的必然。史密斯认为,部分绿色政治思想认识到了代议机关的缺陷,并由此倡导权力下放、自给自足的社区模式及面对面的、直接民主式的决策形式,但基于自由民主国家是主要政治主体的现实与前景,考虑代表大会的绿化似乎是更贴切的议题。他分析道:"事实上,现有的代表大会因未能有效地顾及环境价值与关注而受到广泛批评。由此,绿色政治理论中的一股幼稚的思潮将现有的代表机关视为致命的恐惧,并主张权力下放的、自给自足的社区及面对面的、直接民主式的决策形式。然而,基于自由民主国家在可预见的未来仍将以重要政治行为者身份继续存在的现实,考虑对代表大会进行绿化是更具合理性的假设。……我们将考虑对选举制度进行相对简单的改革,以扩大立法机关中包括绿党在内的政党的数量,并将会考虑更激进和更具争议性的建议,例如将后代及非人类自然(某些方面)的代表(proxy-representation)制度化。"②

从生态民主主体的特殊性及生态风险规避的必要性层面论证代表路径的必要性。埃克斯利将生态民主主体界定为生态风险的潜在受影响者,由于

---

①　Terence Ball, *Green Democracy: Problems and Prospects*, American Political Science Association, vol. Annual Meeting, 2005, p.18.

②　Graham Smith, *Deliberative Democracy and the Environment*, London and New York: Routledge Press, 2003, pp.111-112.

自然同样会成为受众,所以这是包含自然在内的主体界定。由此,新主体的特殊性决定了代表路径被选择的必然性,因为"如果要运作为了受影响者的民主,民主必须包含代表元素,包括对后代与非人类物种的代表"①。而且,自然代表可以起到在源头上相当程度地规避风险的作用,埃克斯利指出:"虽然不可能安排整个'命运共同体'的会议,但我们至少可以设计政治代表的形式(以及适当的程序和决策规则),以拓宽和深化那些风险决策制定者的视野。特别是风险性和将风险外化的决策将不太可能在阶级、性别、种族与地区等方面都更具包容性的决策共同体及立法机关中产生,尤其是当协商者不得不考虑他们的决定对社会和生态群体的影响时更是如此。"②

2.代表路径的可行性

作为自然利益维护的首选,代表路径能否如对弱势人群的代表一般有效代表自然利益? 由于被代表主体的特殊性,这是项需要精心设计与考证的论题,其中首当其冲的便是代表如何从自然中获取信息的问题。

(1)倾听

区别于对人类的代表,对自然的代表无法依赖从被代表者的语言或书面表达中获取其利益诉求的方式进行。多布森与鲍尔等理论家都认为,自然的代表完全可以从倾听环节入手捕捉自然发出的信号、理解其传达的信息,进而代表其相关利益。

在鲍尔看来,代表在会议上代表的不是主体,而是主体的利益,所以主体无须悉数在场,也即"在立法会议上所代表的不是人(甚至动物或生态系统)本身,而是他们的利益。说我的当选代表'代表我',并不是说他的发言或行

---

① Robyn Eckersley, Deliberative Democracy, Ecological Representation and Risk: Towards a Democracy of the Affected, In Michael Saward (ed.), *Democratic Innovation: Deliberation, Representation and Association*, London and New York: Routledge Press, 2000, p.127.

② Ibid., p.128.

为就同我出席某一立法会议时一样(这是一个可怕的想法！);相反,这是一种简略的方式,表明他代表了我的利益和(或)在某些相关方面与我相似的人的利益"①。具体而言,主体是兴趣、品味、偏好与利益等诸多要素的凝结,而政治领域的代表大会只将其利益关注作为考量对象,其中生态系统的利益也是必需被考量的对象。民主需要演讲、协商与倾听等媒介进行利益的表达与交流甚至决策,鲍尔认为可将倾听与对自然利益的代表相连,而且倾听的对象不一定完全限定为语言,还应包括自然发出的各种信号。

关于倾听,鲍尔做出了"听什么"(listening to)与"为什么而听"(listening for)的区分,他认为我们通常对人类语言的倾听处于听什么的层面,而对自然的倾听应处于为什么而听的层面。他指出:"'为什么而听'是一种方式,它关注的不一定是通过人类言语进行的交流。为什么而听与罗伯特·莱恩(Robert Lane)于1962年所说的'用第三耳听'非常相似,也就是通过同情倾听(在最广义的意义上理解'倾听')、注意通过'肢体语言'和其他非语言暗示而且非文字或发音的表达来获取东西。"②由此,为什么而听正如人们对婴儿与宠物需求的倾听一般,其媒介不是文字或语言,而是情感上对"身体语言"和其他非语言线索的捕捉与领悟。这是一种非语言的交流能力。

而且自然确实在以多种方式与人类进行着交流。鲍尔指出,"'交流'仍然可以而且必须被更广泛地解释,以包括来自生态系统、生境和土壤等非感性实体的交流"③。由此,对人类提出了倾听自然发出的交流信息以掌握其利益诉求的要求。"当然,这将需要我们不仅注意人类的交流,而且注意他者无声的痛苦——'他者'远远超出人类范围,不仅包括其他有知觉的存在物,而

---

① Terence Ball, *Green Democracy:Problems and Prospects*, American Political Science Association, vol.Annual Meeting, 2005, p.18.

②③ Ibid., p.21.

且还包括符合它们利益的生态系统和生境，这些都存在着需要被保育（con-serve）、维护（preserve）和保护（protect）的利益。毕竟，我们不能声称承认和尊重——依旧很少被代表——动物和未来人类的利益，同时，又使它们赖以生存的生境和生态系统遭到破坏。"①德莱泽克暗示我们存在着听到大自然对苦难的呼喊的能力。"自然能够并确实在与我们'交流'。可以肯定不是用口头上的方式，而是用无数其他的方式：虽然生态系统不能真正地对人类主体'说话'，但它们可以通过其他方式进行交流……如果我的作物所依赖的表土正在萎缩，那么自然显然是在'告诉我'一些事情。"②再如，斯通有力地论述道："我的草坪传达给我的浇水是它的利益所在的信息，比让'美国'向总检察长传达对其有利的信息要容易得多。"③简言之，通过倾听代表便可关注并获取到自然的讯息。

多布森也提出了类似的观点。他认为历史上试图拓展民主的做法都聚焦于使被排除的他者有"言说"的可能，但如果要将民众扩展至非人类，我们就需要重新聚焦于倾听。他指出，"如果没有相互倾听的能力，言说能力的有用性会受到损害。——如果我们不知道如何倾听，那么又将如何知道该言说什么呢？由此，政治理论家花费大量时间担忧如何让人们言说，而对如何使他们倾听不做任何思考，这是十分奇怪的"④。同时，多布森将倾听定位为自由民主运作的基本要素，认为片面认可言说的自由民主存在着"倾听赤字"（listening

---

① Terence Ball, *Green Democracy : Problems and Prospects*, American Political Science Association, vol.Annual Meeting, 2005, p.22.

② John S. Dryzek, *Rational Ecology : Environment and Political Economy*, Oxford : Blackwell Press, 1987, p.207.

③ Christopher Stone, *Should Trees Have Standing? : Towards Legal Rights for Nature Objects*, Los Altos, CA : William Kaufmann, 1974, p.471.

④ Andrew Dobson, Democracy and Nature : Speaking and Listening, *Political Studies*, vol.58, No.4, 2010, p.766.

deficit)。多布森认为,更好地进行倾听有诸多实际意义:可从自然的信号中读出其利益需求,而且可增加人类目前所关注的自然问题的数量,最重要的是通过将倾听到的自然信号纳入集体考虑议程可有效引发预警机制以达到在源头上抑制破坏的效果。在更深层面,可以增加生态与民主的相容性,"也许,民主理论太专注于对政治参与和代表的言说的研究,它还应将倾听和接受力作为需要培养与促进的习惯与性格方面做更多的工作。绿色分子与民主的关系存在困境的原因,部分在于他们中的一些人将'不容置疑'特性赋予了自然,此特性有时会使民主辩论遭遇短路;另一部分的原因由于政治与民主对言说的侧重为将自然引入政治领域带来了难题。上述两大缺点可通过对认识论不确定性的关注与对倾听与言说重要性的同等承认得以克服"①。

萨基森认为,将倾听而非言说界定为政治能力的做法影响重大。它首先排除了用言说能力将非人类拒绝出政治主体行列的可能性,因为政治主体资格界定标准不在于能够言说。其次,它将维护自然利益的责任加在了人类主体身上,理由是人类应该具备倾听的政治能力,并应利用此能力有效把握自然信号所要表达的利益诉求。②

(2)交往

部分生态政治思想家认为我们需将自然作为政治的积极参与者,因为自然界与人类在各个层次进行着各种形式的交流。交往路径与要求人类单方向用力的倾听路径不同,它强调在尊重自然的前提下与自然进行包括倾听在内的多种方式的交往,并从中把握自然的信号。

---

① Andrew Dobson,Democracy and Nature:Speaking and Listening,*Political Studies*,vol.58,No.4,2010,p.766.

② Lucy Sargisson,Democracy of All Nature:Taking a Utopian Approach,*Politics*,vol.33,No.2,2013,p.128.

当代西方生态民主的兴起及其对传统民主的超越

德莱泽克提倡在平等主义精神下与自然进行交往。此方式的关键是"放下任何种类的'中心主义'（centrism），并替代性地专注于可能的跨越人类和自然界限的相互作用……所以，这里的锁匙是在人类和自然边界间寻求更具平等主义精神的交流；这同时也是一种在人类自我中心主义逐步减少前提下的交往"①。

关于交往的具体方式，德莱泽克不赞同自由民主的利益博弈方式，推崇哈贝马斯的交往理性路径。他认为自由民主下将非人类描绘为压力集团、赋予其合法权利与为其配备监护人等都是将自然降格为利益博弈政治下的另一种普通利益的处置方式。"任何此种方式也许都会将自然降低为（只是）另一组利益，由此它本质上的生态的（相互联系的）特性将会被忽略掉。"②相反，德莱泽克推崇哈贝马斯以理想言说情景（ideal speech situations）为根基的交往理性，"关键是要交往、也即交往理性延伸到可以充当行动者（agency）的实体身上，即使他们缺乏隐含着主观性的自我意识。行动者与主观性不同，它们在自然中是可以被寻找得到的"③。

德莱泽克认为，通过自然信号在自然中寻找行动者的行为本身便意味着对自然的尊重，他指出："最低限度上，认可自然中存在行动者将书写对自然客体与生态过程的尊重。"④德莱泽克认为此交流的不同之处是关注自然的非理性的信号，具体要求拓宽对交往的理解，从理性或合乎逻辑的话语拓宽至其他的（非象征性的 non-symbolic）信号。而针对自然无法被期望进行理性交流的难题，德莱泽克的解决路径是将它们整合入一种协商的"调节性理想"（reg-

---

① John S.Dryzek，Political and Ecological Communication，In John S.Dryzek and David Schlosberg（eds.），*Debating the Earth：The Environmental Politics Reader*，Oxford：Oxford University Press，p.637.

② Ibid.，p.638.

③ Ibid.，pp.638–639.

④ Ibid.，p.639.

100

ulative ideal)中。①德莱泽克拒绝提供关于未来将是如何的具体论证,因为他认为不应将一份先入为主的蓝图强加于一个本应该杂乱无章地出现的进程。

3.代表路径的模式

假定获取到自然信息的人类代表确实进入了政治领域,如何使自然的声音被听到,如何使自然利益在政治过程中被公平对待,又如何使自然利益得到切实维护等问题会接续而生。许多生态政治学者认为,改革并创新政治代表制度是至关重要的环节。恰如鲍尔所言:"生态民主或生物民主面临的一个主要挑战是——通过怎样的制度方式——可能使没有声音的选区的全体选民被代表?"②

遵从宽广的现实路线,可将代表这种政治活动界定为是一种包括磋商、辩论、组织党派和市民社会动员等诸多具有"代表"特征的活动在内的综合体系。具体到对自然利益的代表,生态民主理论家主要提倡的是将自然代表(proxy-representation)制度化的路径,也即将新的自然代表引入立法机构的路径。例如,多布森与埃克利等生态民主理论家认识到了自由民主代表制度现有的生态缺陷,都期望通过补充性的代表实践与现存制度相联结并克服其缺陷。他们基本的努力方向是使自然利益被专门的自然代表所代表,方式是在议会中为自然代表预留席位并通过选举方式使之产生。具体而言,多布森论述了对自然与后代等环境选民进行间接代表的问题,埃克利主要分析了如何对后代利益进行代表的问题。

---

① John S.Dryzek, *Rational Ecology:Environment and Political Economy*, Oxford:Blackwell Press, 1987, p.16.

② Terence Ball, Green Democracy:Problems and Prospects, *American Political Science Associa-tion*, vol.Annual Meeting, 2005, p.16.

当代西方生态民主的兴起及其对传统民主的超越

（1）多布森：对自然与后代的代表

很多生态政治学者提出"环境选民"（environmental constituencies）这一新的概念，并将其界定为自然与（尚未出生的）人类后代。由于环境选民是无法言说的自然或尚不存在的人类后代，所以存在诸多关于当代人能否代表环境选民的质疑。而多布森认为对环境选民的代表是可以进行的，因为虽然代表不可能接收到来自选民的指示或得到选民特定的授权，但他们能够对后代及自然利益形成合理的了解。由此，立法机构需要为环境选民的代表保留席位，以使其有效代表主体利益。

多布森认为，对环境选民的代表存在两个递进的步骤：代表选民与代表选民代表。首先是需要代表选民（proxy electorate），也即要有人来充当环境选民的代表。在回答"谁将担任环境选民的代表？"的提问时，学者给出的最简单的答案是从投票者中随机抽取。多布森对此表示反对，他认为此做法太过随意而忘记了代表该有的对自然及后代利益的诉求这个最本质的规定性，最终的结果必然是无法对环境选民的利益形成充分的考量与保障。多布森指出，环境选民的代表应该由可持续游说团体（sustainability lobby）全体成员来担当，因为他们是将环境选民利益内化的人。其次需要考虑对选民代表进行进一步代表的问题，也即谁来担任环境选民代表的代表，并最终进入议会为环境选民表达并争取利益。多布森指出，议会代表最终需从可持续团体成员中选出，由于已将环境选民利益内化的缘故，被选出的成员最终会完成代表后代及自然利益的使命。①

史密斯从代表授权视角对多布森论点的合法性提出疑问。史密斯认为，

---

① Andrew Dobson, Representative Democracy and the Environment, In William M.Lafferty and James Meadowcroft(eds.), *Democracy and the Environment:Problems and Principles*, Cheltenham:Edward Elgar Press, 1996, pp.132–133.

议会代表的授权主体应该直接是被代表的群体,而绝不是被代表群体的代表;同时将授权主体局限为特定的可持续游说团的做法限制了授权主体范围与规模。他具体分析道:"这一提法引发了一些问题,这些问题集中在这种代表权观念所隐含的缺乏授权的问题上。为什么仅将选民代表局限于可持续游说团? ……在选民代表层面,我们还存在着一个潜在的问题,那就是他们会就这些(环境选民)利益可能或不可能是什么发表具有竞争性的观点。由此引发的相关联的第二个问题是,观点相互冲突的利益表达如何被代表? "[1]

埃克利认为多布森的构想违反了一人一票的民主选举原则,而且对环境选民利益代表的事先确定,无法民主地代表选民利益。他指出:"多布森的模型暗示可持续游说团的成员各有两票(一票用于选举普通代表,一票用以选举环境选民代表),而其他非团体成员只有一票。从民主的角度来看,这显然是有问题的——特别是在'一人一票'的理想和所有选民都应该被平等对待的假设方面。第二种批评是,多布森的模式似乎终结了关于什么是最有利于后代的利益的辩论和合理分歧,因为在公众协商之前,一个观点范围有限的团体或运动(即可持续性游说团体)已被赋予了代表后代的地位。"[2]

综合来看,如果多布森的代表理论可以付诸实践,那么很可能甚至必然会遭遇上述质疑。但也可对史密斯做如下反驳:遵循自由民主国家授权理念选举的议员,满足由选民选举而非由选民代表间接选举的前提,但相对集中代表某种利益的议员也会在议会中发生争执,甚至意见相左,而这是维护同一群体利益立场下的不同观点间正常的争执,多布森理论中环境议员间的争执也属于此种行列,所以同样应得到自由民主制度的接受。针对史密斯与埃

---

[1]　Graham Smith, *Deliberative Democracy and the Environment*, London and New York: Routledge Press, 2003, pp.115–116.

[2]　Kristian Ekeli, Giving a Voice to Posterity: Deliberative Democracy and Representation of Future People, *Journal of Agricultural and Environmental Ethics*, vol.8, No.5, 2005, p.435.

当代西方生态民主的兴起及其对传统民主的超越

克利对多布森理论发出的非民主的指责可做如下回应:在将环境选民利益内化并为其代言的人类群体数量还不乐观的情况下,先指定特定可持续游说团体并赋予其多一票的权利等,虽是非民主的做法,但目的却是为了更好地维护环境选民利益,也是不得已而为之的权宜之计。今后,在将环境选民利益内化的人群数量得到增加的背景下,逐步增加环境选民代表的种类及数量将是更有利于此议题的选择。

(2)埃克利:对后代的代表

以对环境选民中后代利益的代表为宗旨,埃克利探讨了为人类后代代表保留议会席位,也即通过新的政治代表来保护后代利益的问题。

埃克利首先分析了通过新的政治代表来保护后代利益的必要性。首先,埃克利认为代表后代利益议题在道义层面的必要性毋庸置疑,因为当代人的决策损害着后代的利益,但后代却缺乏议会与选举等抗议或保护自身利益的法律与政治途径。[①]其次,埃克利从当代人对后代利益代表不佳的现状出发,论证建立新代表形式的必要性。他指出,由于保护后代利益需要当代人放弃自身短期利益,而由当代人组成的立法会议又很少会轻易偏离选民偏好,加之有组织的利益集团、特别是经济集团对民主决策的重大左右,当代人的环保倾向、特别是支持有利于长远未来强硬环保政策的倾向不容乐观。[②]而为了人类的生活及长远利益,面向未来的绿色改革被视为必需,其中选举权的扩展被认定为一种可能的策略。"我认为必须考虑对现有政治机构进行改革,使其更加面向未来,并同时致力于更好地保护未来的需求。在这方面,扩展选举权模式可以被视为一种可能的策略。"[③]

① Kristian Ekeli, Giving a Voice to Posterity: Deliberative Democracy and Representation of Future People, *Journal of Agricultural and Environmental Ethics*, vol.18, No.5, 2005, p.429.

② Ibid., pp.431–433.

③ Ibid., p.433.

埃克利还对后代代表的产生方式进行了探讨。他建议议会保留一定比例的席位给后代代表,而且后代代表由所有有权投票的公民选举产生。"根据我将提议的扩展选举权的模式,立法议会中的一些席位(例如5%)应该留给后代代表(以下简称F代表)。F代表应被赋予立法权,他们应该像当代代表(以下简称P代表)一样通过民主选举的方式产生。"①埃克利具体设计了一人两票的选举制度:"这意味着所有有权投票的公民每人将有两票。这样他们便有机会投票选举两组代表。在竞选活动中,后代候选人可以提出他们将在立法议会中倡导的目的及所运用的手段。"②埃克利给后代代表设计了要求推迟法律议案决定时间的权利:"为了给F代表一个有效的政治工具,我建议给予F代表的一定多数(例如2/3或3/4)以要求推迟就法律提案做最终决定的权利,要么推迟两年,要么直到举行新的选举。实际上,这并没有给大多数F代表提供阻止简单多数决定的手段,而是减缓了审议和决策的进程。这样,F代表便有机会延长两个决定之间的时间间隔,以防止议会过度关注短期利益;这同时是一种避免草率决定对后代利益造成严重伤害的手段。……同时也是一种可以在做出最终决定之前促进对有关问题进行更彻底讨论的机制。"③

埃克利对代表资格问题做出了如下论述。首先是选举人资格问题。多布森的做法是将拥有选举权的主体限定为可持续游说团体以确保代表质量。埃克利却将选举权赋予了所有有选举权资格的公民。这样就衍生出多布森不会面临的选举人的胜任性问题。此外,公民存在将多的一张选票投给非后代代表的可能。就此,埃克利粗略地解释道:"这个问题的一个可能但非理想的解决方案是建立一个制度,让选民只有权利投票给最有可能促进后代利益

①②③　Kristian Ekeli,Giving a Voice to Posterity:Deliberative Democracy and Representation of Future People,Journal of Agricultural and Environmental Ethics,vol.18,No.5,2005,p.434.

和需求的候选人。"①而没有谈及此制度的具体规范。其次,后代代表候选人的寻找问题。埃克利的办法是提倡由代表后代利益的环境组织成立政党,由此,"选民除了可以从普通政党中选出代表外,还可以从F代表党中选出代表"②。这里的问题是,不关心后代福祉的团体也有成立F代表党的动机及可能。埃克利的应对之道是由法院来规范及限制此类政党的成立。这又引发了对法官自由裁量权和决策权过大的质疑。而他却认为这并没有超越法院该有的立法与决策自由权,而且立法机构还存在后续的纠正权。"重要的是要记住,一定程度的立法和决策自由裁量权是司法复审制度中固有的。值得注意的是,大多数民主国家都有对政党成立及活动进行限制的法律,法院通常有权执行这些法律。此外,如果议员对法院执行效果不满,还可通过立法机构改变司法决策的方式维护后代利益。"③

埃克利认为最大的难题是代表问责问题——代表缺少来自被代表者的问责。他指出:"代表模型面临的几个难题中最重要的可能是F代表的合法性问题。由于后代不可能授权代表来替他们行事,也不可能要求代表以民主方式承担责任,所以授权和问责环节无法为代表提供合法性来源。"④有观点认为,可通过规定F代表不能再次当选普通或后代代表的方法,迫使其只对后代利益负责。因为这样的设计因完全摆脱了再次当选压力而使F代表可全身心负责于后代。但埃克利表示拒绝,因为虽然"这一机制使F代表更独立于选民,并因此更有可能支持不受欢迎的但却符合后代利益的观点和政策。但是其中的问题是,它将F代表置于了不对任何人负责的危险境地"⑤。

① Kristian Ekeli, Giving a Voice to Posterity: Deliberative Democracy and Representation of Future People, *Journal of Agricultural and Environmental Ethics*, vol.18, No.5, 2005, p.436.

② Ibid., p.437.

③ Ibid., p.438.

④ Ibid., p.448.

⑤ Ibid., p.440.

埃克利采取的最终策略是求助于法院,具体赋予法官取消被怀疑为不代表后代利益的 F 代表党的资格。

允许后代代表拥有议会席位的制度设计存在诸多可质疑之处,这在多布森与埃克利的理论构想中都有所体现。例如,多布森可持续游说团相关设计的非民主性,埃克利选举人资格与环境政党成立及监督构想的过于理想性等。质疑所揭示的问题需要进一步解答与完善,但也要认识到此种制度设计课题本身较大的难度性。正如埃克利所言:"扩展选举权模式并不是一种灵丹妙药。我认为这种模式似乎是一种更合理有效的手段,它可以使代议制民主机构对后代更加负责。"①也许,使代议制民主对后代更加负责便已是足以值得肯定的理论成效。

4.质疑与回应

呼唤新的代表形式以保护后代与自然利益是生态民主的一般诉求。生态民主理论家的预设是,将自然代表置入代议民主制度中,并与传统代表一样为被代表者利益维护发挥应有作用。然而,批评者认为这样的预期是不恰当的。因为新的"自然代表"无法像传统代表那样在代议制下施展拳脚,他们会遇到诸多实践性难题。

(1)生态代表与代议制传统的矛盾

生态也即自然代表面临着与代议制传统相矛盾的问题。反对者认为,即使自然代表可被成功安置入代议制当中,但其与传统代议制传统的根基性矛盾使其无法发挥出类似传统代表般的功能。克里·怀特赛德(Kerry H. Whiteside)认为,期望通过将新的代表嵌入传统代议民主制以维护自然利益的思想是不切实际的。原因在于自然代表与代议制传统间的矛盾:"'绿色代

---

① Kristian Ekeli,Giving a Voice to Posterity:Deliberative Democracy and Representation of Future People,*Journal of Agricultural and Environmental Ethics*,vol.18,No.5,2005,p.441.

表'与代议政府的传统优点相矛盾,后者在选举者和政治权威间创造了合法性回路;可防止权力滥用;其法律在竞争性价值间保持中立。"①而自然代表却无法遵从上述传统:首先,选举者无法像人类一样对其进行授权、发布指令并给予监督,由此合法性回路是不存在的。其次,监督者的缺乏可能导致的后果便是自然代表可能会滥用权力。最后,自然代表要求法律采取倾向于绿色结果的非中立性立场。由此,用上述标准评估自然代表的结果是令人沮丧的。正因为自然代表的有些设计忽略了传统代议制的上述基本特质,由此导致了他们根基性地丧失了在此政治过程中发挥重要作用的能力。

(2)将生态议题纳入公众关注的困难

自然代表面临着将生态议题纳入公众关注的困难。生态民主理论家认为,在新型代表形式的补充下,生态议题会如同其他紧急议题一般,随代表的政治实践被纳入公众视野并得到预期关注。然而,批评者认为这只是不切实际的设想,因为自然代表根本无法像传统代表那样在此环节发挥作用,他们面临着将环境议题纳入公众关注的困难。因为"许多环境问题很难被感知的特性为公众关注的持久性带来了困难",同时,现有体制也不会对环境问题给予充分回应,因为"它们(环境问题)涉及时间上的累积伤害问题,也涉及空间上与遥远地理空间发生的复杂交互作用,这些都使得反环境力量可相对轻松地将选举政治边界转移至排除了责任的战略性安全地域。由此,鉴于挑战的严重性和政治的特性,简单地假定我们熟悉的体制框架能够做出充分反应是过于草率的"②。

(3)代表抗衡反环境政策的困难

除无法引发公共对环境议题的应有关注外,自然代表还面临着抗衡政府

---

① Kerry H.Whiteside,The Impasses of Ecological Representation,*Environmental Values*,vol.22,No.3,2013,p.339.

② Ibid.,p.342.

反环境政策的困难。因为即使自然代表进入了代议制的议会及相关协商会议,传统代表仍是与其共存并相对发挥着更重要作用的力量,在对市民社会环境要求的响应性上也是如此。而环境议题最糟糕的命运甚至是被选举代表移出议会议题议程。例如,在美国,气候变化立法被 2000 年的总统与国会大选双双从议程中移除;2008 年共和党候选人推出气候变化怀疑论,并得出要求国会大量开采碳基能量的建议;2010 年获得国会多数席位的保守党又重新将综合性的能量立法搁置。环境议题在法国也有如此遭遇,萨科齐的保守党政府对环保主义者做出的征收可持续烟尘排放税的承诺因地区选举成绩欠佳的缘故于 2010 年而被轻易取消,等等。①

（4）针对代表的问责困难

多布森主张通过可持续游说团选举议会中的自然代表,自然代表通过与游说团保持联系的方式听取被代表者的意见并对其负责。而批评者认为,这是一种区别于传统代议制的问责方式:传统代议制下公众选举的代表会回应公众的利益表达与诉求,而多布森设计的自然代表同样享有在议会保有席位的权利,但却只需对相信他们怀有生态关怀的可持续游说团做出回应,而且回应多半是假设性的与意识形态的、并不是对政策功效的经验之谈。由此,对自然代表的问责只是形式化的。②再如埃克利本人也发觉 F 代表制度设计中存在着代表问责的难题, 他担心代表可能出于连任压力背弃生态利益,而问责制度漏洞会加重他们如此作为的可能性。埃克利设计的进而求助于法院的做法并也不被批评者所认可,"此种单纯为挽救生态代表之需而生的设计与代议制实践存在巨大偏离。在实践中,选举的代表通常具有很

---

① 　Kerry H.Whiteside,The Impasses of Ecological Representation,*Environmental Values*,vol.22, No.3,2013,p.342.

② 　Ibid.,p.350.

当代西方生态民主的兴起及其对传统民主的超越

大程度上的自我稳定性（通过多党竞争、多元价值与权利更替等规范的作用），而司法程序仅需发挥监督功能。而埃克利设计下（脱离了'代议'政治机制）的法院将做出'谁是真正代表后代的政党'的判决，这显然是意识形态的判断且会产生实际性的不良效果。在公民私利心转换为对后代需求的真正关心前，此种判决将会是例行而非例外的……由此，埃克利的生态民主模式是依靠非代表机构、而不是代表机构维持生态利益。"①也就是说，埃克利的模式背离了其用代表机构维护生态利益的初衷，因为它最终依靠法院这个非代表机构来维持生态利益。

生态民主理论家将改革代议制政治代表作为实践生态民主的关键环节，但引发了诸多质疑。上述质疑主要聚焦于自然代表路径在代议制中的可行性，如怀特赛德所指出的："他们都不提倡对现有代表方式进行革命性废止。新的生态代表，无论其权利如何配置，都将去适应立法机构以当前方式继续发生作用的制度体系。"②这便对其预设作用产生了巨大牵制。此外，批评者对代表路径本身持否定态度，他们认为环境问题的根源不在于缺乏代表并在很大程度上根源于代表，具体而言，代表过多考虑经济利益而将后代及自然利益作为牺牲是引发环境问题的主要原因，"我们的环境困境不是由不充分代表引发的，其实代表逻辑本身就存在问题。生态民主还必须寻求其他的参与模式"③。虽然尚存争议，但不难发现，代表路径存在着较强的可行性。例如，将多议席选区与累积投票制付诸实践，有利于增加绿党代表的议席及其生态代表性；自然代表与双票制的设计有助增加生态议题及自然利益在议会中得以表达的几率。基于代议民主制在未来较长时期内仍将存在并仍会是主导的

---

① Kerry H.Whiteside, The Impasses of Ecological Representation, *Environmental Values*, vol.22, No.3, 2013, p.350.

② Ibid., p.343.

③ Ibid., p.339.

事实,生态民主理论家倡导的代表路径是维护自然利益的较现实的表达,而且其诸多规划可付诸实践并发挥出改革代议制代表制度的作用。

(三)文化与教育路径

由人类担当自然代表被认可为维护自然利益的路径。但对自然利益的维护是否只能遵循代表路径进行,这是个存在着争议的问题。多布森、巴瑞与米尔斯等生态民主理论家构建了生态文化的路径。其基本逻辑是:通过公民教育培养生态公民—用新的生态文化重塑社会与环境关系—绿化自由民主制度—凭借绿化的文化与生态制度共同维护自然利益。此观点认为,自然利益没有得到应有维护的根源不在于代表制度本身,而是在于代表没有将生态利益内化或起码纳入其考虑范围,即缺乏"绿色公民"与更广泛的生态文化。由此,维护自然利益从根本上需要培育绿色公民与塑造更广泛的生态文化。绿色公民教育及生态文化培育是一个较宏大的课题,本部分主要就巴瑞的集体生态管理理论及多布森的学校公民教育理论进行分析。

1.集体生态管理

集体生态管理思想的主要代表人物是巴瑞。在他看来,环境问题的解决需要依赖的不是个别代表,而是全体公民,只要他们成为具备绿色美德的生态管理者,加之在代议制中加入协商方式的制度变革,此种文化加制度的路径一定会更好地调节社会与环境的关系,并有效维护自然利益。

(1)集体生态管理的可行性

巴瑞认为,维护自然利益需要的是代议制而非直接民主制。首先,他指出后代、受影响的外国人和非人类世界(至少一部分)这三类主体的利益需要在决策环节得以表达与维护,理由是他们的利益受到了当下人类决策的影响。其次,巴瑞指出对这些被排斥的利益进行维护的路径是代议制而非直

当代西方生态民主的兴起及其对传统民主的超越

接民主制,理由是这些主体无法直接进行参与。"就子孙后代与非人类世界的利益而言,代议相较于直接民主形式的适当性是最明显的。这些团体本身不能表达和公开捍卫自己的利益,前者是因为主体的不存在,后者是因为主体无法表达自己的利益。因此,建议将各主体纳入民主进程所能采取的唯一明智形式的是代表而非任何其他直接的形式。"[1]由此,"将这三类非公民的利益排除在政治之外的做法会为民主实践增加缺陷,而代议制却提供了将它们纳入民主进程的最站得住脚和最实际的方式"[2]。

巴瑞认为,维护自然利益无须选举专门的代表。代议制存在着由谁来代表自然利益的选择困难,而事实上无须也无法选举专门的代表。首先,巴瑞指出,被代表的是代表者所认为的属于被代表者的利益,这是被代表者无法自我表达利益的客观使然,"无论民主地考虑什么利益,需要记住的是,关键不在于子孙后代、非人类和外国人的利益本身。相反,正在考虑的是民主行为者在民主决策过程中所认为的这些利益。如果不这样做,那就等于假定存在一种绝对正确和无所不能的能力,这是让人无法忍受的"[3]。同时,这里存在着决定"谁适合代表非人类利益"的难题。巴瑞指出:"人类对世界的认识是有限的。即使是最勤奋的生态学家,也不能说在确定什么是非人类的利益,或者什么不是非人类的利益的时候,是绝对正确的。这就引出了这样一个问题:谁最适合代表非人类的利益?深层或浅薄的生态学家、经济学家、外行公民或环境管理者?"[4]由此,综合上述特征的结论是:非人类利益的维护不是一个选择代表的问题,而是一个需经民主辩论来权衡的规范性命题。"民主视角下的观点是,没有一个群体的公民可以被认为是非人类的'真正代表'。相反,需要的是就

---

[1][2]　John Barry, *Rethinking Green Politics: Nature, Virtue and Progress*, London: Sage Publications Inc.Press, 1999, p.221.

[3][4]　Ibid., p.222.

它们的利益是什么及如何与人类利益相权衡进行一场民主辩论。这些问题显然是规范辩论的实质。"①所以维护自然利益，无须也无法选举专门代表，正确的路径是通过普选产生代表、并由代表以民主辩论的方式进行利益维护。

自然利益的维护需要在代议而非直接民主路径下进行。而且此代议制下无须设置专门的自然代表，而只需依赖普通代表对自然利益进行维护。这便是所谓的集体生态管理路径，它与在公民中寻找个别人或团体担任代表的路径形成了鲜明对比。正因为依赖普通代表，所以集体生态管理路径生态功能的发挥，必须以普通代表的生态转变为前提。

（2）集体生态管理方式

集体生态管理依赖的是普通公民而非专门代表，这将问题的关注点从自然利益的代表形式转移到了代表是否具有生态关怀的议题上。在巴瑞看来，如果存在一种生态性的文化，其中环境利益已被公民纳入自身利益考量之中，那么便不再需要专门设置特别的代表来维护自然利益。自然利益得到代表的真正依靠不在于代表如何选择与代表制度如何运作，真正的关键在于使普通代表愿意考虑自然利益。对后代的代表便是显著的例子。在后代、外国人及自然这三类被排斥的主体中，由于普通代表更愿意考虑后代特别是其直系后代的利益，由此，利益在当下得到相对较多维护的主体是后代。巴瑞指出："人类确实关心他们的后代，特别是近亲后代。换言之，子孙后代的利益已经纳入当代人的广泛利益和考虑之中。如果是这样的话，还可能会通过一项程序规则来对影响今世后代的民主审议进行规定，该规则规定必须在考虑到未来利益的情况下做出决策。"②

---

① John Barry, *Rethinking Green Politics: Nature, Virtue and Progress*, London: Sage Publications Inc. Press, 1999, p.222.

② Ibid., p.221.

当代西方生态民主的兴起及其对传统民主的超越

集体生态管理是一种类似于协商民主的安排，具体而言是在代议民主决策机制下加入协商方式的设计，此种协商的目标聚焦于公共利益引导下的偏好转变而非聚集。巴瑞认为，公民偏好的形成依赖于一定的体制背景："偏好不是'既定的'或内源的，它具有不稳定性和可塑性。偏好的非内源性突出了偏好产生和形成的制度性和语境性。"①当前，公民偏好具备非环保性与消费性特性，由此，通过教育对其进行偏好转变实属必要。此外，环境产品的公益性属性更是提出了对个人非环保的、消费性的偏好进行纠正的必要性。

巴瑞认为，环境等公益性偏好的形成需要相应的制度加持，其中，在代议民主决策中加入协商成分便是较为合理的制度设计。他指出："如果人们接受偏好在一定程度上是由制度'创造'的观念，如果可以证明当下这些制度是在不考虑或不认真考虑生态的情况下发展起来的，那么就有理由认为，在背景条件发生了改变的情况下，这些制度便可能不再是合适的选择了。同样，人们可以问，目前的自由民主制度是否最适合处理社会环境问题？"②答案是：不完全是。此背景下，将协商形式加入自由民主决策程序是首选的路径，因为协商更有可能导致政治文化的绿色变革。具体而言，协商民主可以说服公民跳出自利逻辑，考虑包括自然在内的他者利益。"这正是协商民主的逻辑：鼓励个人考虑所有可能受到民主进程影响主体的利益，而不是只关心自己的利益。……我们认识到，我们在某种程度上是彼此的守护者，这种对民主的看法显然符合生态学的观点，即确定人类社会内的社会——环境关系所产生的影响是超越社会和物种的。"③也就是说，人类对社会与环境关系的认知与处理是会对人类之外的其他物种造成影响的，因此我们需要考

---

①② John Barry, *Rethinking Green Politics: Nature, Virtue and Progress*, London: Sage Publications Inc.Press, 1999, p.227.

③ Ibid., p.229.

虑除自己之外的他者、除人类之外的其他物种的利益。协商途径补充入自由民主决策程序的方式恰好有助于自然利益的表达与维护。

(3)集体生态管理的诉求

在生态政治视角下，自然利益的有效维护不仅需要对当代西方自由民主国家进行体制改革，还需要对其进行价值观层面的变革。也即，制度变革必须辅之以更广泛的文化层面的变革。在巴瑞看来，推动文化变革的首选方式是民主决策的协商形式。因为决策中的协商形式更有利于对公民进行生态教育，实现民主政治文化的绿化。

巴瑞将绿色公民权界定为一种公民学习与实践生态美德的活动。通过此活动可将不同个体连结为绿色政治实体的成员，同时将绿色美德践行于社会生活的各个领域。"公民权可以理解为一种将个人与社会的体制层面联系起来的中介实践，并构成一种共同的身份，将不同的个人作为一个共同的政治实体的成员联系在一起。在绿色民主理论中，公民权是一种实践，在这种实践中，可以学习和实践自力更生与自我约束等有益于生态的美德。虽然绿色公民权是以政治为基础的，但它所体现的活动、价值观及原则并不局限于传统上理解的政治领域。人们期望绿色公民权的美德同时成为人类其他活动领域的道德品质。"[1]这种学习与实践生态美德的活动，为绿色公民权的塑造及社会与环境关系的改进提供了基础。

巴瑞认为，协商形式是绿色公民权的教育路径。他指出，传统代议制要求公民将专家意见作为真理进行内化，而协商形式是民主地产生需要考虑与内化的意见，这将有助于产生关于可持续性的与自然共生的人类利益的意见，并进而生态化地塑造公民及社会与环境的关系。他指出，"绿色主张是

---

① John Barry, *Rethinking Green Politics：Nature，Virtue and Progress*，London：Sage Publications Inc. Press，1999，p.228.

当代西方生态民主的兴起及其对传统民主的超越

在原则性而非工具性地坚持着民主,'民主意志形成'的协商形式为用可持续及与自然共生的人类利益来推动社会——环境关系提供了可能性。从这个意义上讲,绿色民主的公民权可被理解为一种社会学习形式,而且在一定程度上是由民主协商担任公共教育的角色⋯⋯协商民主的教学效果是一个相互学习的过程,它将各种形式的知识(包括专家知识和大众知识)和辩论(道德和非道德)汇集到公民面前,以便使他们尽可能知情地进行协商"①。巴瑞认为, 协商民主培养生态公民权的方式是在决策参与过程中引入说服原则。他指出:"当面临社会环境问题时,良好的生态公民被激励着寻求使人类和非人类的利益尽可能兼容的解决方案。当然,满足尽可能多利益的目的需要公民具备妥协的意愿,并接纳与采用公开辩论方式。"②而"民主的协商形式可能是说服公民考虑受影响的非公民利益的最佳途径。通过说服可实现直接民主方式所无法实现的目的"③。这些目的体现为公民偏好的转移、公民美德的形成与负责任的决策等,因为协商可以让足够多的公民除关心个人利益外更多地考虑受影响的他者的利益,这是一个逐步将更大的外围世界的利益纳入自身考虑甚至内化的过程,也是公民文化生态化的过程。

巴瑞认为,除协商方式外,还需通过市民社会来培育绿色公民权。巴瑞认同戴维·霍尔德(David Held)的如下观点:"虽然证据肯定性地表明,我们是在通过参与来学习参与,而参与也确实有助于促成——如卢梭、沃尔斯顿克拉夫特和 J.S. 密尔都争夺的——积极和知识渊博的公民。但由此无法得出更多的参与本身将触发新的人类发展复兴的结论。"④巴瑞指出,正如民主的问

---

①③　John Barry, *Rethinking Green Politics: Nature, Virtue and Progress*, London: Sage Publications Inc. Press, 1999, p.229.

②　Ibid., p.232.

④　David Held, *Models of Democracy*, Cambridge: Polity Press, 1987, p.280.

题不能简单通过更多民主的方式来解决一样,负责任的公民权也不能只简化为民主参与的问题。也就是说,"仅仅增加公民对民主决策的参与并不能保证他们会出于对共同生态利益的关切而负责任地采取行动"①。所以与绿色公民权相关的问题,不能仅仅通过民主参与本身来解决。另一种可能的途径是市民社会,因为"绿色公民权与托克维尔所说的'结社精神'(spirit of association)有关,而绿色公民权所必需的美德正可以在公民社会的各种协会中习得"②。此外,巴瑞指出公共教育系统也可以作为绿色公民美德的培育基地。他认为如同通过公共教育机构来促进自由公民权观念一般,自由民主国家可通过公共教育机构进一步促进绿色公民权观念。此外,巴瑞认为还可借助国家发动的其他公共活动进行绿色公民权教育。例如,欧洲一些国家通过在以州为单位的公共服务中置入环境项目的做法来进行绿色公民社会化的教育。当然,巴瑞认为在自由而非共和主义背景下,公共教育的作用只能是鼓励而非强制性的,否则便会与自由主义精神相违背。可见,公共教育能否做到将公民权绿化是一个具有争论性的问题,其结果更多取决于经验性的观察。

绿色公民要对自然履行应尽的责任。而此责任的界定存在着生态中心主义与人类中心主义两极化的巨大差异。简言之,前者是将自然利益赋予特权地位,而后者是从人类利益视角维护自然。巴瑞的立场属于后者,具体是从弱的而非强的人类中心主义立场界定绿色公民义务。巴瑞将绿色公民权界定为实践生态美德的活动,公民有义务为自己的行为承担生态责任,并为可持续性事业做出贡献。他进一步指出,此种绿色公民权应是人类中心主义的,而且生态美德是一种针对自然的"使用道德",而不是生态中心主义立场下对自然不使用或全面保护的道德。首先,绿色公民权是对各种利益的权

①② John Barry, *Rethinking Green Politics: Nature, Virtue and Progress*, London: Sage Publications Inc. Press, 1999, p.232.

衡,而不是对自身利益的牺牲或非人类利益的偏重。"人们可以说,'好的'绿色公民是最接近'生态管家'(ecological steward)理想的人,其中的一个核心部分是考虑同胞、非人类、外国人及子孙后代的利益。例如,保护它们的栖息地可能是为了某个特定的非人类群体的利益,而开发它可能是为了公民的利益。做一个好的绿色公民并不意味着有义务积极地促进非人类或其他人的利益而不是自己的利益,而是根据他人的利益来证明和评估自己的利益。在实践中,这意味着负责任的绿色公民的美德是愿意在扩大的'生态共同利益'概念内照顾他人的利益,这是一种将自己的利益包含在内的共同利益。"①其次,采用"实用道德"。"实用道德"与强人类中心主义及生态中心主义相区别,因为前者仅参照人类偏好来定义人与自然的关系,后者要求人类放弃自身利益来尊重非人类利益。"实用道德"是将人作为社会与自然关系中的存在物,并同时权衡人类发展与自然保护的道德。其中,无论人类还是自然都不被赋予事先的优先性地位,谁优先的问题仅凭具体实践做出权衡。

巴瑞的集体生态管理理论在理论与实践环节都存在诸多有益价值:依赖于生态文化及每个公民的观点是对代表逻辑的突破,也有助于提醒每个公民担当起应尽的生态责任;其代议中加入协商方式的设计,是有益于环境保护的更切合实际的考虑;将生态责任界定为弱人类中心主义,也是权衡人类与自然利益的较为妥当、可行的做法。但若站在生态中心主义立场,这些都存在着缺乏激进性的弊端。而这些争论恰当地呈现了生态政治理论阵营下不同立场间的正常差异。

2.学校生态公民权教育

维护自然利益需要制度以外的文化变革。巴瑞主要认可的是协商方式

---

① John Barry, *Rethinking Green Politics: Nature, Virtue and Progress*, London: Sage Publications Inc. Press, 1999, p.231.

对转变公民偏好与塑造生态美德的作用，除此之外也认可公民社会中的协会及其他国家主导型活动所发挥的教育功能。而在多布森看来，生态公民权教育的主要途径是学校教育，原因在于：许多国家的学校已将相关教育纳入课程体系；对学校公民权教育可能性的分析，有助于探索公民权教育是否与自由主义中立原则相冲突的问题。具体而言，多布森的目的在于通过学校教育培养出绿色公民，途径是对学校教育的规范、要求及内容等进行相应的绿色变革。

（1）学校公民权教育的必要性

戴维·克尔（David Kerr）从公民文化缺失对英国社会的破坏性影响谈公民权教育的必要性。他论述道："首先，英国的社会、政治和道德结构似乎已被迅速的经济和社会变革的影响所侵蚀。这引发了许多方面的问题，如婚姻、家庭和对法律的尊重等传统上支撑社会、并为社会提供凝聚力与稳定性体制和价值观已明显崩溃；人们对公共生活的关心度日渐下滑，可靠的证据表明，无论在国家、地方还是欧洲层面，在选举中参与投票的人数正在日渐减少。其次，这些发展对当代英国社会产生了明显的破坏性影响。一些全国性和比较性研究的结论认为，与其他国家相比，英国社会的公民文化明显下降，公共生活中已明显缺乏政治和道德方面的讨论。"[①]也就是说，迅速的经济增长与社会变革对英国社会产生了侵蚀性的后果，支撑社会及制度运作的凝聚力与价值观日益削减，这些都急需用复兴的公民文化进行修复。

伯纳德·克里克（Bernard Crick）认为，人们对公共生活的冷漠、无知和愤世嫉俗的程度令人担忧。这些问题除非在各个层面得到解决，否则很可能会降低国家的凝聚力及人们对共同文化的信仰与坚守。他具体以青年人为突

---

① David Kerr, Citizenship Education and Educational Policy Making, In James Arthur, Ian Davies, Andrew Wrenn, Terry Haydn and David Kerr（eds.）, *Citizenship Through Secondary History*, London: Routledge Press, 2001, p.8.

破口,试图努力改变他们对公共生活的冷漠与无知,将他们打造成态度积极与能力胜任的公共生活参与者。他指出:"我们的目标是改变我国国家和地方的政治文化;使人们认为自己是积极的公民,愿意、可以和有能力在公共生活中产生影响,并具有在发言和行动前权衡证据的关键能力;以社区参与和公共服务的传统为基础,并从青年人中间寻找到新的参与形式和行动。"[①]克里克的此番论述,表达了以青年人为着力点带动公民对公共生活的热情与参与的渴望。

多布森同样认识到了公民文化衰落对国家产生的破坏性影响,也认同克里克从青年入手的观念。他最终选定学生为公民权教育的突破口,并以学校教育为媒介,试图通过学校公民权教育使青年人对政治与社会问题的理解及参与发生公益性转向,并通过绿色公民权教育将环境公益置入公民关怀及行动中,从而起到维护自然利益的效果。

(2)生态公民权的教育内容

多布森认为,生态公民权教育在课程中汇集了两个一直处于分开状态的主题:公民权教育与环境教育。而生态公民权所需的教育是将两者进行聚集,同时使每个主题都超越单纯教授知识的逻辑,加入价值观及规范性判断内容。而且多布森发现,从对英国实践的观察来看,两者在此方面都取得了各自相应的进展。

一是在环境教育方面。多布森认为,环境教育不只包括环境知识,还应包括环境责任等价值观。而这一要求早已在英国得到了实践。英国学校环境工程议会(Schools Council Project Environment)于 1974 年就提出:"我们对周围世界的大部分教学都与收集事实的资料有关。而目前环境教育的出现,在

---

①   Bernard Crick, Foreword, In James Arthur, Ian Davies, Andrew Wrenn, Terry Haydn and David Kerr(eds.), *Citizenship Through Secondary History*, London: Routledge Press, 2001, p.18.

很大程度上是因为需要发展一个了解环境、认可健康环境重要性的社会,还需发展一个认识到不负责任的行动对环境构成的威胁并承担起相应责任的社会。就学校而言,对学习环境的早期兴趣和对环境的研究必须指向对环境的责任。"①这是标志性的建议,因为它提出了在只注重知识传授的环境教育内容中加入对环境负责的价值判断的要求。

再如,英国政府承认了进行可持续发展相关教育的重要性,这本身便是环境价值开始得到重视的标志。可持续发展的难题是:我们想把什么样的世界传给后代? 这是一个同时关乎道德与价值判断的问题。英国政府于1999年在《可持续发展的教育方案》中指出:"可持续发展教育使人们能够发展知识、价值观和技能,可使我们在地方或全球层面参与到关于我们的单独和集体行动中,这将在不损害地球未来的情况下改善目前的生活质量。"②此外,政府的相关部门还针对性地就可持续发展课程提出了许多价值观方面的要求。教育、就业及资格与课程部(Department for Education and Employment and the Qualifications and Curriculum Authority)在第七条规章中提出,需要"通过帮助学生对社会中的是非、正义、公平、权利及义务等问题形成批判性的认识的方式来教授道德发展"。③在第八条规章中提出:"可持续发展教育的路径是,在关系到环境和社会的质量、结构及健康的民主与其他决策中,培养学生形成影响此决策过程的技能与观念,并培养他们的探索能力,以探索那些对人们在社会、经济和环境中的行动起决定作用的价值观念。"④多布森认为,英国政府上述规定是从关于环境的教育深化到为了环境的教育的体现。这些"对'知识、价值观与技能'的同时提及,是从一种以知识为基准的关于

---

① ②　Andrew Dobson, *Citizenship and the Environment*, Oxford: Oxford University Press, 2003, p.177.

③　Ibid., p.186.

④　Ibid., p.184.

当代西方生态民主的兴起及其对传统民主的超越

'环境'的教育,前行到了对带有价值意蕴的为了'可持续发展'的教育的承认"①。他认为这是在政府态度层面为生态公民权教育奠定了的基础。

二是在公民权教育方面。介于先前公民权教育偏向于知识传授的问题,多布森主要强调价值观的教授,如与公民权相关的权利与正义等原则。他指出,公民权涉及的价值问题包括如下内容:"第一,我们对环境保护的探索彰显了权利的重要性,因此任何不涉及这一问题的课程都将是不完整的。第二,正义是生态公民特质的重要组成部分,它明确地要求跨国和以责任为导向的成分。因此,公民权课程必须提出国际义务,也许还有代际义务,甚至物种间义务问题。"②也就是说,公民权课程最重要的是教授权利、正义、责任等价值,这些将促使公民形成对公共事务的规范性判断。他指出:"正如环境教育从获得知识到重视谈论价值观一样,公民教育不能再仅仅局限于学习议会如何运作的知识,它还与社会生活的道德及伦理层面相关。换句话说,正如环境教育现在包括但超越了'环境知识'(literacy)一般,公民教育也应包括并超越'政治知识'。"③

多布森发现现有"公民学"课程('civics' courses)存在偏向于知识而忽视价值教授的问题。他分析到,克里克指出的社会和道德责任、社区参与和政治知识等公民教育内容三要素④,在过去的公民学课程中很可能只出现了最后一项。"对于那些习惯于从'公民学'(civics)角度来思考公民教育的人来说,这些课程侧重于政治体系的机制、结构和过程,这份愿望清单(克里克的三要素)虽然简短,但已经是一个过火的要求。……公民学注重政治制度的

---

① Andrew Dobson, *Citizenship and the Environment*, Oxford: Oxford University Press, 2003, p.177.

② Ibid., p.183.

③ Ibid., p.178.

④ Bernard Crick, Foreword, In James Arthur, Ian Davies, Andrew Wrenn, Terry Haydn and David Kerr(eds.), *Citizenship Through Secondary History*, London: Routledge Press, 2001, p.14.

描述性机制，也倾向于排除对规范性问题及其协商的系统性关注。这使得这些课程完全不适合面对与生态公民权相关的规范性困境。"①这就带来了改革课程内容以使其更多面向道德责任与社会参与的任务。

虽然相对于知识的传授，价值观教育一直处于被忽视的地位。随着政府对公民文化衰落危害的认知，公民权价值观培育也初步得到了政府的认可。多布森发现，英国政府相关部门已经做出了对学生进行相关价值观培养的规定。如关于公民正义价值观的培育，英国的教育、就业及资格与课程管理部第十四条规章规定，学生要学习与了解"以社区为基础的、国家和国际志愿团体的工作……公平解决冲突的重要性……作为一个国际社区的世界性社会及它对政治、经济、环境和社会的影响，以及欧洲联盟与联合国的作用"②。同时还做出了要求学生将价值观付诸实践的规定，例如，此部门的第十五条规章规定，针对 15—16 岁学生的课程要向其提供"个人和志愿团体在当地、国家、欧洲和国际上实现社会变革的机会"③。多布森认为这些举措对生态公民权建设来说是令人鼓舞的，因为要求对陌生人尽义务的生态足迹恰恰需要国际责任的视野，他指出，"这是一项令人欢迎的行动，因为超越了自由派和公民共和党将公民权局限于特定领土的观念。这是向世界主义和后世界主义方略敞开了大门，也向具有非属地性的生态公民权敞开了大门"④。

三是在生态公民权教育方面。多布森认为，环境教育与公民权教育的上述进步，为生态公民权教育提供了更大的可能。他指出："令人高兴的是，从教授生态公民权的有效框架角度来看，这两个主题都取得了进展，这意味着已经创造了到达大本营的机会。我的意思是，这两个主题的规范性内容已经

---

① Andrew Dobson, *Citizenship and the Environment*, Oxford: Oxford University Press, 2003, p.183.

②④ Ibid., p.187.

③ Ibid., pp.187–188.

当代西方生态民主的兴起及其对传统民主的超越

得到承认,因此生态公民权教育及其有效教育成果的有效性获得了更大的可能性。"①多布森认为,生态公民权教育需将上述两项教育进行聚合。他指出,"公民权教育超越'政治知识'的同时,环境教育也超越了'环境知识'。当这两者以我想要的生态公民权的名义聚集在一起的时候,就形成了一个充满希望的机会全景"②。他认为,学校要通过充满环境价值观的方式进行生态公民权教育:以环境教育为媒介,培养公民形成关于人与自然关系的正确价值观,并形成与正义、尊重及责任等相关的生态道德,再加之环境保护的实践,从而起到共同培育生态公民的效果。正如史蒂夫·古德尔(Steve Goodall)所言:"关于环境的教育,即关于它的气候、地质、水、资源、生活系统和人类活动等具体内容的教育只能提供一个道德和价值辩论借以进行的共同框架。一个人如果不把价值观赋予某种环境的存在性和可取性,就不可能教授关于环境的内容。学生对有利于环境的资源利用方式的讨论、对可能的解决办法的讨论、对相互冲突的利益的调节的讨论,等等,无不掺杂着关于道德与政治的判断。"③这是除政治知识外的对道德及实践参与的要求,是生态公民权教育应有的内容。

(3)生态公民权教育的可行性

生态公民权教育的可行性讨论的是,生态公民权侧重于价值的教育与自由民主中立原则是否矛盾的问题。也就是说,自由民主国家提供公民权教育的学校能否在不违反中立原则的情况下培养生态公民的问题。就此,约翰·莫斯(John Moss)从公民权教育的争议性出发给出了否定的回答;詹姆斯·亚瑟(James Arthur)与赖特(Wright)陈述了自由主义对公民教育潜在政治操纵性的担忧;多布森则认为学校为教授生态公民提供了充分的机会,而这样做

---

①② Andrew Dobson, *Citizenship and the Environment*, Oxford: Oxford University Press, 2003, p.188.

③ Steve Goodall, Introduction—Environmental Education, in Steve Goodall(ed.), *Developing Environmental Education in the Curriculum*, London: David Fulton Publishers Press, 1994, pp.5–6.

并不会与自由民主的中立原则发生冲突。

有观点从公民权的历史轨迹得出公民权及其教育与自由民主相矛盾的结论。莫斯的相关论述较为典型。他指出："公民权与公民权教育是极具争议的概念。从历史上看,它们一直被政治家和教育工作者利用于政治领域的每一个方面,目的是促进地方、区域、国家、国际或全球议程,以及社会、文化、政治或商业利益。公民所发挥的作用能在多大程度上被建构为主动或被动、激进或保守、社区主义或个人主义,这是存在着诸多不同答案的问题。相应的,不同版本的公民权教育对公民权利和责任、对权威的遵守和挑战以及对社会主流实践的参与和批评等问题都给予了不同的权重。"①由此,正是公民权及公民教育界定的争议性,使其成为被随意利用来为非公民权培养目的服务的工具,激起了自由主义者的怀疑与不信任。

还有观点从公民权对自由民主中立立场的冲击来论述两者的矛盾性。如果生态公民权意味着一套对应有美好的生活的既定看法,那么相应的公民权教育能否纳入被要求保持价值中立的学校机构中? 也就是说,学校及老师能否有目的性地培养为生态目标而努力的人? 若从自由主义中立立场出发,答案是否定的。因为正如多布森所言,自由的个人与自由的机构是存在区别的。在自由主义立场下要求,"把自由的个人和自由的机构区分开来。在一个自由社会中,个人对美好生活持决定性的看法,并试图说服其他人相信其优点是完全恰当的,但自由机构的资源不能用来为这种美好生活的观念充当服务工具。换句话说,任何教师都可能遵循以生态为中心的环境可持续观点,但她/他不应将教育系统视为改变和具体化这种观点的工具"②。

---

① John Moss, Series Editor's Preface, In James Arthur, Ian Davies, Andrew Wrenn, Terry Haydn and David Kerr(eds.), *Citizenship Through Secondary History*, London: Routledge Press, 2001, p.xiii.

② Andrew Dobson, *Citizenship and the Environment*, Oxford: Oxford University Press, 2003, p.175.

当代西方生态民主的兴起及其对传统民主的超越

自由主义更严重的担忧是公民权教育可能对学生进行政治操纵与灌输。亚瑟与戴维·赖特(David Wright)对此进行了较具代表性的分析,结论是:既然政治操纵与灌输是无法避免的,那么此担忧也就无须成为担忧。他们指出:"中央政府支持进行公民权教育的命令让一些人担忧,他们认为这可能会让学校和他们的学生受到政治操纵和灌输。"①然而,"灌输是一个困难而复杂的领域,在文学中有着各种各样的含义。它本质上意味着教师毫无证据地将一些东西作为真理进行教授,而他们的学生则需毫不质疑地进行接受"②。但是,他们认为,教师是无法完全中立的,特别是当需要对一些非正当价值观进行纠正的时候,如"他们为了改变课堂上的某些人的态度——例如种族主义或性别歧视言论,此时,以坚定的方式进行教学也许是合法的"③。这时教师无须再忌惮对其可能发起的灌输的猜忌。而且从这个案例出发,同时可看出自由民主存在的灌输某些价值的需要,如摈弃种族主义及性别歧视等。由此,政治灌输与操纵似乎是无法避免的,因为包括自由民主在内的任何制度体系都有需要学校教育来推行的相对独特的价值体系。所以,这也无法成为拒绝生态公民权教育的合理理由。

多布森用生态公民权中关于环境可持续性的教育为例来反驳上述各种质疑。他具体以环境可持续性的建设性与多元性特性为依据,得出生态公民权教育与自由主义中立原则不相冲突、前者反而是后者得以完善的条件的结论。他指出,自由民主的中立原则总是忌惮既定性价值的置入,如果将环境可持续性的目标界定为是过一种确定的"美好生活"的话,那么两者便会矛盾。但环境可持续性是一种一直处于建设当中的非确定的观念。由此,多

---

① James Arthur and David Wright, *Teaching Citizenship in the Secondary School*, London: David Fulton Publishers, 2001, p.72.

②③ Ibid., p.76.

布森具体推崇内涵较具全面性的强可持续性观念，因为强可持续性认可自然的多元价值，由此会对美好生活形成多元化的理解。"弱可持续性将不同的自然物质都用它们最低的共同特性——经济福利来定位。而强可持续性坚持认为……每一类自然要素都可能成为激起人们对美好生活不同看法的精神和物质源泉。"①由此，环境强可持续性的多样性与自由主义中立原则是不矛盾的。

多布森认为，生态公民权教育应是全面的，自由教育系统应致力于教授一系列关于美好生活的观点。他指出："我认为环境和生态公民课程必须包含多样化生态公民权观点，哪怕有些观点的界定尚处于模糊状态，也哪怕这些观点间是有矛盾的。这里没有'真理'，也没有'不偏不倚'地为学生提供一系列信息的方式，而且也不存在所谓的'正确'的答案。"戴维·卡尔（David Carr）也认为全面性才是自由主义所必需的原则。他指出："这些新的自由教育家认为，教育的主要目的基本上是促进个人自主，对此，教育和学校教育应当使个人拥有合理的资源，以便能依靠自己对如何生活、应该成为谁、追求什么目标、生产什么与消费什么等问题做出决定。所有其他一切——任何在某一特定方向影响个人或预先决定其精神、社会或经济命运的企图——只能算作无法接受的灌输或胁迫。"②由此，公民权教育的全面性也完满回应并否定了莫斯、亚瑟与赖特对公民权教育存在灌输与政治胁迫倾向的质疑。

相较于巴瑞，多布森的论述相对集中于学校培育生态公民的主题。他对学校公民权教育的必要性、可行性甚至内容走向的规范性论证及对英国教育的相应分析都具有理论与实践性的参考价值。但公民权培养完全依赖于学

---

① Andrew Dobson, *Citizenship and the Environment*, Oxford：Oxford University Press, 2003, p.183.

② David Carr, Cross Questions and Crooked Answers, In J. Mark Halstead and Terence H. McLaughlin（eds.），*Education in Morality*, London：Routledge Press, 1999, p.232.

校教育的可行性是需要进一步分析的课题。

公民文化及公民权教育是区别于代表理论的又一自然利益维护路径。此路径试图通过生态公民教育及生态文化的培养，从更具根基性的源头为维护自然利益奠定基础。无论是巴瑞的集体生态管理思想，还是多布森的学校生态公民权教育方略，都表达了从文化入手，通过具备生态道德的公民实施生态负责行为来实现维护自然利益的愿望。文化路径开启了生态民主建设的另一条可循之路，并提供了诸多可资借鉴的经验。但同时可以发现相关论断几乎都尚处于宏观理论建构阶段，诸多细致的环节仍需进一步完善，例如，巴瑞理论中集体生态管理构想中集体的范围如何界定？代议加协商的路径如何布局？当前背景下集体生态转变的可能性在哪里？多布森理论中的学校生态公民权教育课程如何布局？教育以何种方式开展？全面性教育是否必然朝绿色方向前进？等等。此外，还存在着一个被忽略了的重大问题，那就是无视了教育路径本身的缺陷：在一个资本主义市场经济占主导地位、消费与享乐主义文化裹挟公民的时代，借助教育改变公民及社会与环境关系的信心及可能性有多大？这些都是需要继续完善与思考的课题，但作为从无到有的开拓，生态民主理论的相关构想同样散发着启迪性的智慧之光。

第三章
当代西方生态民主的权利延伸

对自由民主做最激进与最深层变革的结果是拓展非人类为民主主体，但这仅展示了生态民主一个层面的定位。除此之外，西方生态民主理论家对自由民主进行的相对温和与浅层的变革，在其民主权利内容环节，主要是指在现有基础上延伸人类的民主权利内容，将生态性或环境类的权利包括进来。所以，此层面的生态民主可被看作是人类享有生态性权利的民主。拓展人类的生态性权利，需对自由民主基本原则与价值做诸多突破性调整，生态民主理论家以权利话语及义务主导的公民身份观念为视角做出了尝试。

一、公民生态权利

在自由主义视角下，权利是公民个人的护身符。近代权利观的演进过程，可被视为公民经济、政治与社会权利逐步得到承认的过程，同时更是公民利益日渐得以充分保障的过程。还有没有更多的权利可被包容，或至少被考虑进来？这是追求公民权利保障的自由主义的题中应有之义，是其需要考虑及回应的议题。西方生态民主理论家构建的生态民主在一定程度上有效回应了此议题，因为对生态民主的解读之一便是扩展公民在生态或环境方面的权利。

(一)权利话语对民主与生态的联结

生态民主要求扩展公民在生态或环境方面的权利，那么接续产生的议题便是权利话语能否将生态与民主这两个主题进行联结，也就是说需要论证权利话语是否具备将生态与民主相联结的潜能。生态民主理论家对此给予了肯定的回答，而且指出用权利话语将民主与生态相联结，存在着工具与价值两个层面的路径，典型代表分别是萨沃德与埃克斯利。

1.民主与生态的工具性联结

萨沃德认同使用权利话语将民主与生态相联结的可行性，具体通过将环境权整合入民主权利中的方式进行。萨沃德以医疗保健权利为突破口，借助民主对医疗保健权的承认，通过将环境权内嵌入医疗保健权的做法，使环境权间接性地得到民主的承认，也实现了将民主与生态相联结的目的。埃克斯利等生态民主理论家认为这是一种工具层面的结合。

(1)民主是响应规则与价值的结合

萨沃德认为，民主不仅是程序性的规定，更是程序与价值的结合。他指出，民主首先是响应性规则。而若将民主定义为响应性规则，那么乍看起来，绿色要求与民主的兼容性是偶然的，兼容与否取决于公民对绿色结果的意愿。"就目前的情况而言，绿色要求和民主之间的兼容性可能仅仅是偶然的。如果民主被定义为是对需求进行响应的规则，那么(直截了当地说)多数人应该得到它想要的。而如果多数人想要的不是(投票赞成)绿色结果，那民主的结果便不会是绿色的。"①但萨沃德对民主的定位并不仅止于此,他指出,"对需要进行响应的规则并不意味着无条件的统治，也不意味着'多数人的暴政'"②，响应规则的前提是对如下各层面的基本民主权利进行宪法性保障,"基本自由层面,如言论、结社和信仰自由;参与层面,如选举权和被选举权等;管理层面,如信息自由、适当的上诉和补救机制;宣传层面,如有权充分了解具体政策程序和结果;社会供应层面,特别如充足教育和保健的权利"③。也即,"多数原则"的前提是遵循宪法保障的内在于民主的自由、参与和社保等各项权利。综合而言,民主的准确定位是响应性规则与作为民主基础的诸多价值的结合,而且后者更为根本。由此,若将绿色要求上升为民主权利的构成要素,那么响应原则也即多数原则便不会对绿色民主权利造成侵犯,这样绿色要求与民主的兼容便不再偶然。

(2)生态民主权利的可行性分析

将民主与生态进行结合而生的生态性民主权利是否具备合理性？这些权利能否被写入宪法并得到法院的监督与保障？萨沃德没有直接用环境权的构成、可行性等论证来回答,而是从公众认可度较高的医疗保健权利为突破口进行分析。萨沃德指出,医疗保健不仅包括治疗护理,也包括预防保健。从后者出发可能为"享有不退化的环境"这项权利找到根基,由此公民便拥有了不受可预防环境风险伤害的环境权利。赋予公民此项环境权利的作用是"瓦解民主是一种手段而环境主义是一种目的的观念;环境目标成了为达到民主目的而采取的民主手段的组成部分"④。同时,萨沃德要求将此种权利扩展至后代:"如果民主是正当的,那么就不能说它的正当性应停止在目前

---

①②③　Michael Saward,Must Democrats Be Environmentalists?,in Brian Doherty and Marius de Geus (eds.),*Democracy and Green Political Thought:Sustainability,Rights and Citizenship*,London and New York:Routledge Press,1996,p.81.

④　Ibid.,p.85.

的一代。如果民主对当代公民是有益的,那么对后代也将会是有益的,因为他们享有作为民主正当性基础的同样的人类属性。因此,对于民主主义者来说,对后代的可预防性伤害的聚集性和分布性进行强有力的关切是不可避免的。"①

为何避免可预防性环境风险能成为一种权利？萨沃德的解释是,并非每种风险都意味着对应一种规避它的人类权利,客观性、可预防性与伤害性是界定与权利相关的风险的三个标准,具体而言是指"风险是否具有外源性或环境根源(在某种意义上,它不是自我假设)?风险是否可以合理预防?如果风险发生,这种风险是否会显著降低公民的身体机能和／或成为消耗生命的因素？"②后者可能包括消耗时间、资源、注意力,甚至生命本身,在政治环节,此种消耗会影响到对政治问题的梳理、理解和偏好的形成等。可预防性环境风险具备了上述特征,由此避免此风险的伤害便有理由成为一种相应的民主权利要求。

(3)对生态民主权利的质疑及回应

避免可预防性环境风险这项环境权利的构想遭到诸多质疑,通过对质疑的逐一回应,萨沃德更牢固地夯实了生态民主权利理论的说服力。

反对者认为由于科学的不准确性,对不确定风险赋予避免性权利是愚蠢的。他们指出,关于风险是否存在及是否纳入危害医疗健康类别的判断,在许多情况下存在着科学不确定性,而且专家在证据的搜集及解释方面都存在着差异。由此认同针对不确定性风险的权利是愚蠢的做法。萨沃德用"预防原则"对此说法进行了反驳,他指出:"如果有确凿的初步证据表明存在相关风险,那么我们就应该采取行动以防止其有害影响。根本不会存在对风险的绝对确定的

①　Michael Saward, Must Democrats Be Environmentalists?, in Brian Doherty and Marius de Geus (eds.), *Democracy and Green Political Thought: Sustainability, Rights and Citizenship*, London and New York: Routledge Press, 1996, p.85.

②　Ibid., p.83.

把握;从民主价值中产生的绝对律令(imperatives)便是确权的充足的合理性证据。"①也就是说,环境权是从民主价值中生长出来的,那么不管风险确定性证据是否足够,也必须采取保护环境权的行动,因为此行动与民主相关联。

有反对意见声称环境权不适宜写入宪法。理由是:写入宪法的都是适应所有公民的普遍性权利,而环境权是因人而异的;环境权是一项具备不确定性特征的权利,而在不确定性面前法律只是迟钝的工具;环境权是一项积极的权利,而目前只对消极权利入宪存在着普遍共识。萨沃德用权利积极与消极划分的可变更性进行回应:"将广义的'公民'与'政治权利'解释为消极权利,同时将广义的'社会'权利解释为积极权利,这样的解读是随意的,这是一个修辞的而非实质性的问题。因此,可以提出一项绿色民主权利——'国家不得剥夺或不得允许剥夺公民享有不退化的环境'。我们还可以强调这一点,即所谓的消极权利也确实涉及国家采取积极行动,例如,规定警察和法院制度以落实言论和结社规定。"②

反对者指出环境权可能产生非民主的效果。他们认为即使权利赋予是合理的,但也可能产生非民主的效果。因为权利由法院而不是议会裁决,而法官未经选举产生,并且总发挥阻碍民主的作用。萨沃德认为法官的作用总是阻碍民主的观点是错误的,他指出:"不管法官做法如何产生,他们的中心作用是保护基本的民主权利。问题可能出现在宪法法院活动超出民主权利范围的情况下。但至少在上述方面,他们的作用是民主不可或缺的。"③由此,并不会因为原有民主权利清单里多了一项环境权利内容就会干扰法官原本发挥着的保护民主的作用。

---

①②③　Michael Saward,Must Democrats Be Environmentalists?,in Brian Doherty and Marius de Geus (eds.),*Democracy and Green Political Thought:Sustainability,Rights and Citizenship*,London and New York:Routledge Press,1996,p.86.

反对者认为医疗保健民主权利会给政府带来太多财政负担。路易斯 A. 雅各布斯(Louis A. Jacobs)指出：“个人拥有享有某些福利的道德权利的说法是否有效，取决于国家或其他代理人是否有可能实现这些权利。而且，鉴于许多国家面临的稀缺性问题，他们的政府根本都不可能实现一些最常见的福利权利诉求。”[1]也就是说，超于政府财政能力的环境权利要求是错误的。萨沃德的反驳是，在有限财政资金的使用上，狭隘的在政治上被视为重要的事项（如军备竞争）总会获得优先于道德义务的考虑；同时即便眼前财政不足，也应该肯定环境权利，并在有能力的时候给予满足。

2.民主与生态在价值层面的联结

埃克斯利认为萨沃德借医疗保健权使环境权利得到民主间接承认，只是在民主与生态间建立了工具层面的联结。她试图构建一种价值层面的联结，具体模仿自由民主用权利观念使自由主义与民主相联结的手法进行，在用环境权改造自由民主权利观念的基础上，通过绿色自主权观念将生态与民主做了价值层面的联结。

（1）绿色自主权与民主相关联

埃克斯利以自主权为突破口，通过绿色自主权的论证使环境权得到民主的承认，也使民主与生态发生了必然而非偶然、价值而非工具层面的关联。

自由民主认可人类的自主权，而埃克斯利构建的生态民主提倡的是绿色自主权。绿色自主权将人类及非人类一同作为权利主体，并肯定所有主体得以繁荣及以幸福方式进行生活的权利。同时，绿色自主权要求尊重包括自然在内的他者的自主权并对支配进行抵抗，这便将绿色政治的支柱性价值（生态责任、社会正义、基层民主与非暴力）与民主进行了内在与非偶然性的结

---

[1]　Louis A. Jacobs, *Rights and Deprivation*, Oxford: Clarendon Press, 1993, p.56.

合,同时也一并将权威等非民主处理方案排除在外。"专制主义必须在绿色原则(而不是纯粹的工具性理由)的层面上被排除在外,就像根据基本自由主义原则被排除掉一样:因为它从根本上侵犯了人类选择自己命运的权利。"①由此,借助民主对自主权的捍卫,生态民主思想通过拓展后的绿色自主权在生态与民主间建立起了价值层面的关联。

(2)绿色自主权与其他民主权利互为基础

绿色自主权与民主关联之后的议题是它与其他民主权利的关系问题。宽泛而言,绿色人士在两种维度上使用环境权,一是将环境权作为其他民主权利的前提,二是认为环境权与其他民主权利地位平等。埃克斯利认为第二种使用方法更有利于绿色价值与环境利益的维护。

赋予环境权优先性的理由之一是:环境是民主的先决条件,环境权利不能被交易。人类生存所必需的某些环境条件是维持其生命并实行民主的先决条件。从某种意义上说,环境权应被视为比构成民主基本规则的政治权利更为根本的权利,且不应在政治博弈中被占优势的多数讨价还价掉。赋予环境权优先性的第二个理由是:生态理性是比政治理性更为基本的理性。保罗·迪辛(Paul Diesing)认为:"政治理性是根本的理性,因为它涉及决策结构 decision structures 的维护和改进,而决策结构是所有决策的源泉。"②罗伯特·巴特利特(Robert Bartlett)则认为,"生态理性"是一种比政治理性更基本的理性,因为"在生态的生命支撑能力得到保持和维持的基础上,决策结构的维护和完善才会具备可能性,政治理性和所有其他形式的理性的存在也才会获得

---

① Robyn Eckersley,Greening Liberal Democracy:The Rights Discourse Revisited,In Brian Doherty and Marius de Geus(eds.),*Democracy and Green Political Thought:Sustainability,Rights and Citizenship*,London and New York:Routledge Press,1996,p.218.

② Paul Diesing,*Reason in Society:Five Types of Decisions and their Social Conditions*,Urbana,Ill.:University of Illinois Press,1962,p.88.

当代西方生态民主的兴起及其对传统民主的超越

可能性"①。德莱泽克认为,至少从长远来看,生态理性不能与其他形式的理性作交换。他指出:"自然系统的人类生命支持能力是最首要的普遍利益,它在逻辑上先于诸如效用最大化或权利保护等竞争性规范原则。"②

埃克斯利认为,应赋予环境权优先性论断的根基不稳,因为生态不仅是民主社会的根基,它同样是非民主社会的物质性基础。"所有社会秩序和一切形式的政府(从民主到法西斯),如果要长期维持下去,就必须具备最低程度的生态完整性。因此,关于生态先决条件的争论并不必然与民主关联。最好的是,我们可以说,起码的生态完整性是选择民主政治的必要而非充分理由。"③同时,并非所有人都认同生态价值应拥有重于自由的优先性地位,而这是现实层面对环境权优先性的反驳。由此,埃克斯利提倡摒弃绿色自主权的优先地位,将其置于与其他民主权利平等与不可分割的关联性中。本顿指出:"环境权利与政治权利是不可分割地相互关联着的,因此应该与言论自由等权利一起得到承认,并以言论自由等权利为前提。"④根据本顿的说法,任何对权利和需要的生态考虑都必须从"自然主义框架"开始,该框架要求将环境权与其他民主权利置于同样重要的地位,而且作为新成员的前者要遵循后者既有的自由主义运作框架及逻辑。

埃克斯利认为,虽然存在诸多理论争论及实践困难,但环境权是值得捍

① Robert Bartlett, Ecological Rationality: Reason and Environmental Policy, *Environmental Ethics*, vol.8, 1986, p.235.

② John S.Dryzek, *Rational Ecology: Environment and Political Economy*, Oxford: Blackwell Press, 1987, p.204.

③ Robyn Eckersley, Greening Liberal Democracy: The Rights Discourse Revisited, In Brian Doherty and Marius de Geus(eds.), *Democracy and Green Political Thought: Sustainability, Rights and Citizenship*, London and New York: Routledge Press, 1996, p.219.

④ Ted Benton, Natural Relations: Animal Rights and Social Relations, In Andrew Dobson and Paul Lucardie(eds.), *The Politics of Nature: Explorations in Green Political Theory*, London and New York: Routledge Press, 1993, p.175.

卫的。因为虽然它并非绿色运动或民主的灵丹妙药,但却是帮助自由民主应对生态挑战的有力工具。"它有助于更有系统性地考虑生态问题,同时也是对自由民主进行内在生态批判和革新的基础。这甚至可能有助于就'绿色宪政民主'(green constitutional democracy)的基础和制度设计展开新的辩论。"①

(二)现有权利话语环保潜能分析

萨沃德与埃克斯利证明了用权利话语将民主与生态相联结的可行性。在此基础上,还需考虑获得了理论合法性的权利话语在自由民主环保实践中的潜能问题, 也就是说需要考虑权利话语是否可服务于自由民主的环保实践。生态民主理论家具体从发挥现有人权与程序性权利环保潜能及构建实质性环境权利等三个视角进行了肯定性论证。

1.现有人权的环保潜能

挖掘权利话语环保潜能的第一条路径是利用现有人权来实现环境权益保障目标。诸多学者认可此路径的可行性。谢尔顿认为,现有的诸多人权可为此目标服务,如"生命权、人身安全权、健康权和食物权等……在这方面,人身安全和健康的环境可被视为是行使现有其他权利的先决条件"②。波义尔认为,现有的公民、政治、社会与经济权利都可以用来服务于环境权益保障目标。具体而言,公民与政治权利可创造无害于环境的政治秩序,并对反对环境破坏的斗争给予支持;社会与经济权利可制定包括环境在内的人类福祉目标

① Robyn Eckersley, Greening Liberal Democracy: The Rights Discourse Revisited, In Brian Doherty and Marius de Geus(eds.), *Democracy and Green Political Thought: Sustainability, Rights and Citizenship*, London and New York: Routledge Press, 1996, p.227.

② Dinah Shelton, Human Rights, Environmental Rights, and the Right to Environment, *Stanford Journal of International Law*, vol.28, No.1, 1991, p.105.

以促进环境保护。①安德森指出,除调动现有人权外,还可重新解释这些人权以加强其环境意蕴。例如,"生命权原则上可被视为在国家未能减少向饮用水供应中排放剧毒产品的情况下受到了侵犯"②。由此,为了不使公民此项权利受到侵犯,国家需积极行动提供健康的环境以保障公民的生命权。

除在规范层面对其可能性进行论证外,此命题更多是一个经验性课题。海沃德在宏观层面对欧盟的相关分析较成系统,也较具代表性。他得出的结论是,现有的人类权利具备一定的环境效果,但潜力有限。他具体以生命权、健康权及私生活权为典型进行分析。

首先,生命权环境保护潜力是有限的。海沃德认为,理论层面对用生命权保障环境权益的效果相对表示认可,但实践中尚未出现成功援引的案例。按传统意义将生命权理解为防止国家(任意)剥夺生命的消极性权利,那么似乎可以顺理成章地认为国家负有责任防止环境危害可能对生命的剥夺。而在是否可将此权利理解为国家保护或促进生命期望的积极义务上存在着争议。因为这同样会遇到积极权利界定的诸多问题并同时加大执行困难。在实践中,"虽然生命权可能在环境领域有一些潜在的应用,但尚未被成功援引。此外,它似乎只适用于严重的和发生在当下的伤害,或者只适用于对生命造成的直接威胁,而不包括其他类型的严重的环境问题"③。《欧洲人权公约》虽然已在第二条(Article 2 of European Convention on Human Rigths)中对生命权做了相关规定,但实践中尚未出现被成功援引的案例。而且,即便援引

---

① Alan E.Boyle,The Role of International Human Rights Law in the Protection of the Environment,In Alan E.Boyle and Micheal Anderson(eds),*Human Rights Approaches to Environmental Protection*,Oxford:Clarendon Press,1996,pp.43–69.

② Micheal Anderson,Human Rights Approaches to Environmental Protection:An Overview,In Alan E.Boyle and M.Anderson(eds),*Human Rights Approaches to Environmental Protection*,Oxford:Clarendon Press,1996,p.7.

③ Tim Hayward,Constitutional Environmental Rights:a Case for Political Analysis,*Political Studies*,vol.48,No.3,2000,p.562.

成功,也只会关涉部分直接威胁生命的环境问题,而无助于暂时不与生命威胁发生关联的环境问题的考虑与解决。

其次,健康权的环保影响也是有限的。海沃德指出,健康权似乎比生命权涵盖更广,也得到了欧盟的认可,但在国家层面的影响似乎不大。"尽管《欧洲社会宪章》第一部分第十一条规定的健康权似乎涵盖了生命权未涵盖的许多关切,认可人类有权享受可达到的最高的健康标准。专家委员会认为,这项规定要求各国采取措施防止空气、水污染和放射性物质污染、减少噪音、加强食品控制和环境卫生。然而,这一权利的措辞和效力似乎都不足以实现环境保护的许多目标。《欧洲社会宪章》第三条也有类似的享有安全和健康工作条件权利的规定,但此项权利在国家层面似乎没有产生多大影响。"①

最后,尊重个人私生活和家庭生活及房屋的权利发挥了一定的环保效应。海沃德指出,这是一项被现实案例援引过的权利,为防止对其造成侵犯,噪音及烟雾危害已相继被制止,而且还有适应于所有污染源判决的趋势,"一个特别重要的先例是1994年洛佩斯－奥斯特拉诉西班牙案。申诉人因制革厂废物处理厂的烟雾飘至家中而遭受严重的健康问题,她试图从西班牙法院获得赔偿的努力完全失败。欧洲人权法院认为西班牙法院的判断无效"②。海沃德指出,此判决打开了几乎所有污染源都可被诉讼与判决的大门,前提是只要其影响到家庭生活,因为这是继噪声污染可诉之外向烟雾伤害的扩展,而且有继续扩展的趋势。但"尽管如此,这一权利最终仍然将环境福祉的书面陈述与私人和家庭生活(private and family life)而非个人相关联"③。也就是说,权利陈述的主体单位是私人与家庭生活,而不是个人,哪怕对他的伤害是发生在私人空间。所以,这与对个体环境权利的维护还存在一定落差。

---

①②③　Tim Hayward, *Constitutional Environmental Rights: a Case for Political Analysis*, Political Studies, vol.48, No.3, 2000, p.562.

2.现有程序性权利的环保潜能

挖掘权利话语环保潜能的第二条路径是通过现有程序性权利来保护环境。

(1)程序性权利的合理性论证

埃克斯利、海沃德与史密斯等生态政治思想家都认同知情权、法律补救权与参与权是与环境保护关系较紧密的三大程序性权利。例如,埃克斯利指出,与环境保护相关的程序性权利具体包括:"知情权(即获得环境信息的权利,包括获得与生态福利有关的政府记录和生态与健康研究数据的权利,了解发展建议的权利);参与环境标准确定的权利;反对部级和机构环境决定的权利;对未能依法履职的部门、机构、公司及个人提起诉讼的权利。"①这些程序性权利可发挥保障实质性环境权、纠正环境执法赤字及促进公民环保实践等积极作用。

程序性环境权是实质性环境权的保障。在经验环节,实质性环境权需要程序性环境权为其提供保障。海沃德指出,实质性环境权存在着固有的界定欠精确性难题,这导致环境权在法学领域的使用会存在诸多执行性困难,而这些都需要通过知情、参与等程序性环境权进行考虑与确定。例如,若将享有"充足的环境"(adequate environment)作为实质性环境权会引发一系列问题,"在当代宪法中很难找到对充足环境的法律上适用的界定。在执行和裁决方面也存在相关问题——此项权利强制执行的对象很难确定。另一个问题是,与具有竞争力的非环境主张相比,如何才能就其不可侵犯性获得足够有力与持久的共识。因此, 虽然一部分实质性权利或许可以逐步得到落实

---

① Robyn Eckersley, Greening Liberal Democracy: The Rights Discourse Revisited, In Brian Doherty and Marius de Geus(eds.), *Democracy and Green Political Thought: Sustainability, Rights and Citizenship*, London and New York: Routledge Press, 1996, p.230.

（伴随着健康、住房和教育权利的保障进行），但将其与程序性主张联系起来推行才有望在现实中获得更大成功”①。埃克斯利也认可程序性权利的重要性，她提醒绿色理论家同时注重实质性权利与程序性权利，因为后者是前者的保障②。规范层面，程序性权利确实为实质性环境权作用的发挥提供了保障。除了可解决实质性环境权的现实困难外，还存在支持程序性权利的原则性论点，即规范层面对什么是值得考虑的环境问题及问题该如何解决等议题的确定都需要经过程序性权利来完成。海沃德指出：“环境保护从来不是纯粹的技术性事务，特别是在加强民主参与环境决策方面：它涉及对关于什么是需考虑的问题的思考、涉及问题如何解决的政治决策，而且决策的结果也关乎分配正义。”③由此，程序性权利是实质性权利确定与运作的必须。

　　程序性环境权可纠正环境法和行政管理中存在的执行赤字问题。埃克斯利指出：“这样一套相互关联的实质性权利和程序性权利不会要求司法机构通过决定‘多少’或‘什么是合理的’（这些毕竟是道德、美学和科学问题，而不是法律问题）等问题来对案情做出环境裁决。相反，它们寻求加强法院的监督作用，以确保国家更负责于其公民的生态福利和新的环境选民的福利。这些程序保障措施不但有助于纠正环境利益代表性不足的问题，而且还能为依法做出环境决策提供更坚实的保障，从而纠正环境法和行政管理中

---

　　①③　Tim Hayward,Constitutional Environmental Rights and Liberal Democracy,In John Barry and Marcel Wissenburg（eds.）,*Sustaining Liberal Democracy:Ecological Challenges and Opportunities*,New York:Palgrave Publishers Ltd. Press,2001,p.120.

　　②　Robyn Eckersley,Greening Liberal Democracy:The Rights Discourse Revisited,In Brian Doherty and Marius de Geus（eds.）,*Democracy and Green Political Thought:Sustainability,Rights and Citizenship*,London and New York:Routledge Press,1996,pp.230-232.

普遍存在的'执行赤字'。"①

程序性权利还可促进公民开展环保实践。相对而言，实质性环境权利会更直观地就公民享有的环境权利做出直接或间接的描述性规定，有利于公民依照规定形成环境权利观念并开展环保实践，特别是当自身权益受到侵害时。但程序性权利的作用也不容小觑。正如埃克斯利所言，程序性权利本身便包含着允许公民去知情、去监督及去参与决策的意蕴；同时程序性权利为实质性权利的落地提供了前提条件与技术保障，如只有获得了获取政府环境信息记录、了解政府发展规划等环境知情权，进一步的环境参与才会成为可能。

程序性环境权利有助于开展针对环境保护事宜的民主协商活动。史密斯分析道："如果没有足够的环境信息，民主协商就无法有效地取得进展，其中许多信息是私人或当局掌握的。法律补救为反对公共和私人机构违反环境权利和法律的决策与行动提供了机会……同时，在参与权利得以确保的前提下，环境政策、标准和法律内容本身就合法性地成为民主协商的课题。"②

（2）程序性权利应用效果分析

海沃德对程序性权利的应用效果进行了分析。他的结论是：若缺乏对实质性环境权利的规定性，知情权、法律补救权与参与权等程序性权利的单独使用便无法达到环境保护的预期。

知情权环节如果离开后续可操作性权利的辅助终究会流于形式。海沃德发现很多国家甚至国际组织都做出了知情权规定，如 1990 年欧洲共同体

---

① Robyn Eckersley, Greening Liberal Democracy: The Rights Discourse Revisited, In Brian Doherty and Marius de Geus(eds.), *Democracy and Green Political Thought: Sustainability, Rights and Citizenship*, London and New York: Routledge Press, 1996, p.224.

② Graham Smith, *Deliberative Democracy and the Environment*, London and New York: Routledge Press, 2003, p.108.

理事会通过的《关于自由获取环境信息的指令》，要求当局可应要求将持有的环境信息提供给任何人。但此项指令在实践的应用很少，原因在于没有配备后续的其他可操作性权利。"虽然获得环境信息的权利得到充分落实为有效和民主的环保措施的出台提供了先决条件，但这显然是不够的，因为还必须为信息的有效利用提供后续保障。"[①]也即，知情权需配以其他后续可操作性的权利，这样它才能发挥出应有的环保效能。

法律补救权利遇到的诸多限制性因素也影响了其实践应用率。海沃德指出："虽然这些权利明显是有用处的，但它们却是一种使用起来颇为麻烦的资源：鉴于时间、专业知识，特别是寻求民事补救或司法审查所需费用的限制，这些权利往往很少被行使，而且大多时候是被资金充足的组织行使的。"[②]也就是说，法律补救权本质上是用途较大的权利，但由于其行使所需配套的条件较高，导致了权利行使不充分或只片面为部分人所使用的结果。

参与权下的政治与法律辩论的结果可能会是赞成与反对意见的并存。首先，海沃德认为参与权并不是平等的，"尽管民主可以通过参与决策这项程序性权利得到加强，但有效的参与机会可能并未平等地开放于所有公民。事实上，这些权利最有效的行使者通常是特定的利益集团，而这些利益集团却声称是'公共利益'的代表者"[③]。结果是，"程序性权利的作用可能是双刃的。因为反对者有权质疑国家的环保决策。此外，无论过去还是当今，个人提出环保主张有时会被认可为'公共利益'而获得普遍支持，有时又会被否定"[④]。由此，海沃德认为需要实质性环境权这样结果指向的定性的权利来阻止上述问题的发生。

---

①②　Tim Hayward, Constitutional Environmental Rights: a Case for Political Analysis, *Political Studies*, vol.48, No.3, 2000, p.563.

③④　Ibid., pp.563–564.

现有人权及程序性权利在规范及实践中都有促进环境保护的相应作用，但也存在局限，由此便引发出实质性环境权利的必要。在环境保护领域，现有人权、程序性环境权与实质性环境权利的结合才是更好发挥权利路径环保潜能的做法。

（三）实质性环境权可行性分析

挖掘权利话语环保潜能的第三条路径是建立新的环境权利，继而通过这些权利规定更有针对性地保护环境。

1.环境权人类中心主义定位

生态政治理论家达成的基本共识是权利话语有助于推动生态民主建设，但在权利主体认定环节出现了人类中心主义与生态中心主义的视角分歧。前者认定只有人类才是唯一的权利主体，反对非人类进入权利话语与实践领域；而后者要求将权利主体扩展至非人类，极力揭露前者狭隘的、甚至类似种族歧视的立场及其导致的灾难性生态后果。这也引出了存在巨大差异的两种生态民主概念，即人类享有的生态性民主与生态享有类人权利的民主。以下先就第一种界定进行分析。

多布森、萨沃德与海沃德等生态政治理论家都坚持人类担当唯一权利主体的立场，反对将非人类上升为权利主体，认为非人类利益需从权利外的其他路径进行维护。

多布森将正义原则作为拒绝赋予非人类权利主体身份的理由。他认为尝试将民主主体扩展至非人类的做法是不可取的，人与自然的恰当关系应该是人道主义的，而不是公民间关系。简言之，多布森将正义原则作为生态公民应具备的第一美德，此原则要求公民根据自身生态足迹（也即自身活动对生态系统带来的影响）的大小来履行应尽的生态义务，还要求公民主动并非互惠性地进行正义的环保举动。①明显的是,非人类主体因不具备上述属性而无法担当生态公民角色。所以,正如多布森所言,"公民权利是一个关于正义的问题,而赋予非人类公民身份及相应权利的预言只会引发关于正义的巨大争议"②。同时多布森认为,人与非人类实体间的关系是道德性而非政治性的,"非人类实体可被视为道德病人,被视为道德共同体中的成员。我们与他们是人道主义的关系,而不是公民间的关系,因此把公民权利扩大到非人类实体身上的尝试是一个错误"③。这里的意蕴还在于,非人类利益的维护可从赋予其道德身份的路径进行。

　　萨沃德反对生态中心主义通过各种理由使自然获得民主权利的要求,坚持权利主体界定的人类中心主义立场。萨沃德认为,非人类实体利益并不会因为赋权而得到更好的维护,因为对它们而言这根本就是一种不恰当的利益维护工具。在这里,权利工具带来的麻烦可能比其所能解决的问题更多也更复杂,结果是许多固有问题依旧存在,同时还增加了不少生态中心主义立场下的新问题。最终,"我们仍然需要询问我们想要什么样的社会、权利保障的断点在哪里等问题。……将环境主义与人类中心主义民主理论进行协调的主要困难不会仅仅通过激进扩展民众范围而被轻易地解决掉"④。

　　海沃德从现实功用角度拒绝赋予非人类以权利主体身份。他首先在人类中心主义立场上定位环境权,具体沿用布伦特兰报告的界定,"所有人都有获得足以保障其健康和福祉的环境的基本权利",并加上了"免受各种污

---

① Andrew Dobson, *Citizenship and the Environment*, Oxford: Oxford University Press, 2003, p.132.

② Andrew Dobson, *Justice and the Environment: Conceptions of Environmental Sustainability and Dimensions of Social Justice*, Oxford: Oxford University Press, 1998, pp.166–183.

③ Andrew Dobson, *Citizenship and the Environment*, Oxford: Oxford University Press, 2003, p.88.

④ Michael Saward, Must Democrats Be Environmentalists?, in Brian Doherty and Marius de Geus (eds.), *Democracy and Green Political Thought: Sustainability, Rights and Citizenship*, London and New York: Routledge Press, 1996, pp.88–89.

染侵害"的权利。海沃德认为无需对宪法环境权的人类中心主义立场进行苛责,因为宪法规定的环境权只是解决人与自然关系问题的方法之一,所以不需要对其提出万能的要求, 而且人类中心立场的环境权也可发挥出维护自然利益的作用。"第一,宪法规定的(人类的)环境权并不是解决我们与非人类自然相互作用所产生的所有问题的灵丹妙药:这些权利只是提供了一种意义重大的解决这些问题的方法。……毕竟,即使环境议题关注的焦点是非人的利益,它的成功也取决于推动议题的人可以获得的政治、经济和法律资源:我认为,这些资源总体上更有可能得到人类环境权利的加强而不是阻碍。此外,有理由相信,一旦一项基本权利确立,切实可行的法理学和更广泛的社会规范将逐步发展,这些都可对更宏伟的目标形成支撑。"①总体而言,这些都是对人类中心主义环境权的证明,更同时是对非人类环境权的直接否定。

2.实质性环境权的现实动向

发端于 20 世纪 60 年代的环保实践已运作了半个多世纪, 此历程中环境权的相关实践也在不断演进, 虽然至今未取得世界各国及区域或国际组织的一致采纳,但已获得了相当程度的认可。

在道德层面确定健康环境为一项真正的人权似乎是不成问题的, 因为很难有理由否认人类有权享有健康环境的说法。海沃德指出,人权清单可以扩大到适当环境的权利,"自 1972 年《斯德哥尔摩宣言》和 1987 年《布伦特兰报告》进一步推动以来,关于人类享有适当环境基本权利的观点已得到越来越多的接受。如果人们接受从公民与政治权利向社会与经济权利演进的内在逻辑,也许就可以看到它进一步发展的方向是环境权利。因为如果某些社会和经济权利是有效享有公民和政治权利的物质先决条件, 那么适当的

---

① Tim Hayward, Constitutional Environmental Rights: a Case for Political Analysis, *Political Studies*, vol.48, No.3, 2000, pp.559–560.

环境似乎也同样是享有任何这些权利的先决条件"①。作为对此道德共识的保障,国家有义务在政治、法律等领域有所作为。国家层面对人类享有环境权进行肯定与保障的最高体现是将此权利写入宪法。经过实证研究,海沃德指出现实中在最高的宪法级别肯定人类环境权的做法也已十分普遍,已成为大多数国家的实践。他具体分析道:"在最高政治级别肯定环保条款的重要性现在已得到广泛承认。全球 70 多个国家都有某种形式的宪法环境条款,至少有 30 个国家采取了环境权的形式。最近颁布的宪法没有一部遗漏了环境原则,而且许多旧的宪法正在被修改以包括这些原则。"②

　　环境权的实践发展也可从联合国实践中得到综合性说明。几届世界性的环境大会可作为里程碑式的节点。作为讨论当代环境问题的第一次国际会议,1972 年的联合国人类环境会议已经开始讨论环境权能否成为人权的话题,并且得到了相当比例的肯定性答案;15 年后的世界环境与发展大会在《布伦特兰报告》中提出:"所有人都有获得足以保障其健康和福祉的环境的基本权利",由此环境权被列入了基本权利的清单中;1992 年的联合国环境与发展大会在《关于环境与发展的里约宣言》原则Ⅰ中强调:透明、公众参与和诉诸司法是实现可持续发展的先决条件;1998 年联合国欧洲经济委员会(欧洲经委会)各成员国签署《奥胡斯公约》,其中规定了信息透明度、公众参与、司法、寻求援助等程序性环境权利,也规定了公民"有权生活在一个充分满足其健康和福祉的环境中"的实质性环境权利,并指出程序性权利是实质性环境权利得以保障的基础。至此,从程序到实质环节的环境权都得到了国家层面的认可。

---

① Tim Hayward,Constitutional Environmental Rights and Liberal Democracy,In John Barry and Marcel Wissenburg(eds.),*Sustaining Liberal Democracy:Ecological Challenges and Opportunities*,New York: Palgrave Publishers Ltd. Press,2001,p.120.

② Tim Hayward,Constitutional Environmental Rights:a Case for Political Analysis,*Political Studies*,vol.48,No.3,2000,p.558.

3.实质性环境权的合理性论证

(1)合理性论证

一部分生态民主理论家认为,环境权是一种本位价值,其合理性是毋庸置疑与不证自明的。以海沃德为代表的一些理论家认为,同人类的生命、健康等权利相类似,赋予人类拥有良好环境权利的理由是无需论证的,因为在道义上似乎无法提出任何合理的反对性意见,"要考虑的第一个关键问题是,环境是否是那种可恰当地成为基本人权内容(substance of human right)的权利。答案是:作为一个普遍的道德命题,很难否认人类有权享有充足环境的说法"①。由此,在生态民主理论家看来,环境权是迟到了的、本该为人类所有的基本权利,拥有与生命权与财产权等权利一样的正当性。这是对人类环境权进行的最高级别的肯定。

诸多理论家还以环境权特有的外在功用为其正当性证明。

德莱泽克从生态系统对民主政体的普遍价值出发论述环境权的重要性。首先,他认可生态系统对人类社会的支撑性作用,指出"自然系统的生命支持能力是最卓越与最具全面性的普遍利益,它在逻辑上优先于诸如效用最大化或权利保护等规范性原则"②。其次,他指出生态系统对民主政体运作的价值,"可确保生态系统正常运行的环境权是民主政体运作的必要条件(尽管还不够)"③,此外,他认为环境权应获得比其他民主权利更根本的地位,"人类生存所必需的某些基本生态条件不应被政治上的多数讨价还价掉,因为这种条件为今世及后代实行民主提供了必要的先决条件(以生命维持的形式)。从某种意义上说,它们比构成民主基本规则的其他人类政治权利具有更为根

---

① Tim Hayward,Constitutional Environmental Rights:a Case for Political Analysis,*Political Studies*,vol.48,No.3,2000,p.560.

②③ John S. Dryzek,*Rational Ecology:Environment and Political Economy*,Oxford:Blackwell Press,1987,p.204.

本的价值"①。

本顿认为,环境权是人类有机福利(organic well-being)得以确保的基础,他认为使人类有机福利得以保障的生态条件本身就应该是一种权利。他指出,"作为活的有机体,人类的有机福利取决于自身(以社会为中介的)与所依赖生态条件的关系。如果这些有机福利能够成为权利要求……那么继而我们就会假定保障有机福利的生态条件本身也是一项权利,并应与前者同时得到考虑"②。

埃克斯利认为环境权是自主权的保障。她认为自主权在自由主义者那里具备了道德优先性,而自主权的行使必须以特定的物质条件为基础,其中便包括生态系统提供的物质支撑。脱离生态系统物质支撑的自主权根本无法存在,由此她具体指出"我们必须赋予物质条件(包括身体和生态条件)同样的道德优先性,以使自主权能得以行使"③。

许多学者从环境权的环保作用论证其正当性。

海沃德认为环境权存在诸多环保优势,"人们很容易理解与人类权利相关联对于环保事业的潜在优势:权利话语恰恰满足了环境立法对地位不可商榷价值观的需求;上升为权利便标志着环境关切获得了重要的也即'压倒一切'的地位;也可使环境关切在一个拥有既定执行机制的制度化讨论中得以表达"④。可见,上升为权利话语为环境问题带来了地位、表达及运作等诸多层

---

① John S. Dryzek, *Rational Ecology:Environment and Political Economy*, Oxford:Blackwell Press, 1987, p.218.

② Ted Benton, *Nature Relation:Ecology, Animal Rights and Social Justice*, London:Verso Press, 1993, p.223.

③ Robyn Eckersley, Greening Liberal Democracy:The Rights Discourse Revisited, In Brian Doherty and Marius de Geus(eds.), *Democracy and Green Political Thought:Sustainability, Rights and Citizenship*, London and New York:Routledge Press, 1996, p.223.

④ TIm Hayward, Constitutional Environmental Rights:a Case for Political Analysis, *Political Studies*, vol.48, No.3, 2000, p.560.

面的潜在优势。

环境权利观念的一个关键背景是国家宪法。海沃德进一步提倡将环境权写入宪法,理由是,"现今的状况是这样的,解决各种环境问题需要在政体内部和政体间进行大规模的合作;而要确保这种合作就必须在广泛商定基础上形成一般原则;而要使这些原则在一个政体范围内具有约束力和合法性,它们就必须凌驾于日常政治因权宜之计而生的不断变化之上……通过宪法权利方式追求环境目标的好处之一在于可从关于基本人权的既定论述中获得规范和实际的支持……权利标志着环境关切的重要性与'压倒性'地位"①。多布森评价道:"对于海沃德来说,宪法提供了就基本原则达成协议的背景。重要的是,这些原则也是不可谈判的并具有'王牌'(trumping)的性质,可使对环境的关切脱离偶然性。"②也就是说,写入宪法可使环境关切获得类似于其他人类权利般的稳固地位,并且可利用权利话语已有的规范与实践性支持更好地保护环境。

埃克斯利也清晰表达了此种优势,认为将环境上升为权利可使其获得类似于其他权利的不容商榷的地位,并可由此摆脱在竞争性政治中被轻易博弈掉的命运。她指出:"将环境作为权利的目的在于使环境主张获取不可商榷——或至少,比目前更少商榷性的地位。正如斯通所言:'我们不会在有人要求享有言论自由权利时进行成本效益分析。'这是因为言论自由权利被认为是神圣不可侵犯的,而无论付出怎样的代价都必须给予支持。如果环境权利的引入有可能从根本上改变既定的决策框架并使之朝有利于'环境'的方

① Tim Hayward, Constitutional Environmental Rights and Liberal Democracy, In John Barry and Marcel Wissenburg (eds.), *Sustaining Liberal Democracy:Ecological Challenges and Opportunities*, New York:Palgrave Publishers Ltd. Press,2001,pp.118-119.

② Andrew Dobson, *Citizenship and the Environment*, Oxford:Oxford University Press,2003,p.93.

向改进……那么,环境权便能'压倒'具有竞争性优势的效用最大化的主张。"①

（2）质疑与回应

对环境权发起的第一个质疑是积极环境权不适应写入宪法。质疑具体聚焦于积极环境权的差异性与不确定性两个层面。

反对将环境权写入宪法的首要理由在于积极环境权的差异性。通常认为是消极权利而非积极权利更适合被写入宪法,理由是如言论自由等消极权利可以直接而平等地适用于每一个人,但积极权利的要求却因人而异,而在不确定性面前法律只是迟钝的工具。由此,积极的因人而异的环境权利的不确定性使其不适合写入宪法。生态政治理论家一般从积极与消极权利二分法的非合理性入手来反驳上述论点。

萨沃德认为,权利的积极与消极划分是个可以挑战的言辞性命题。他指出:"将广义的'公民'与'政治权利'解释为消极权利,同时将广义的'社会'权利解释为积极权利,这样的解读是随意的,这是一个言辞的而非实质的问题。由此,同样可以提出一项这样的绿色民主权利:'国家不得剥夺或不得允许剥夺公民享有不退化环境的权利'('不退化环境'在这里可以轻松地用'言论自由'所取代)。我们还可以强调这一点,即所谓的消极权利确实也涉及国家采取积极行动,例如,制定警察和法院制度以落实言论与结社规定。"②所以,积极与消极权利的划分不仅是可换位的言辞性命题,同时在实践中也是相互关联的命题。而且一项权利能被有效执行的关键不在于对其进行的是积极的还

---

① Robyn Eckersley, Greening Liberal Democracy: The Rights Discourse Revisited, In Brian Doherty and Marius de Geus(eds.), *Democracy and Green Political Thought: Sustainability, Rights and Citizenship*, London and New York: Routledge Press, 1996, pp.210–211.

② Michael Saward, Must Democrats Be Environmentalists?, in Brian Doherty and Marius de Geus (eds.), *Democracy and Green Political Thought: Sustainability*, Rights and Citizenship, London and New York: Routledge Press, 1996, p.86.

当代西方生态民主的兴起及其对传统民主的超越

是消极的分类,而是获得政治优先性①,而为环境权争取到政治优先性的关键在于将其写入宪法。

反对将环境权写入宪法的另一个理由在于积极性环境权的不确定性及欠精确性。

1987年的《布伦特兰报告》将环境权界定为"所有人都有获得足以保障其健康和福祉的环境的基本权利",1998年的《奥胡斯公约》也规定了公民"有权生活在一个充分满足其健康和福祉的环境中"的实质性环境权利。那么,满足"健康"与"福祉"的环境是怎样的?这里的"充足"及有些学者谈到的"体面"甚或"平等"的环境标准又如何界定? 同时,对这些问题的界定在国际甚至民族国家是否会涉及文化差异并与经济、社会发展等因素发生关联? 等等,这些都是质疑者发出的疑问与警示。

海沃德认可针对环境权的上述质疑确实存在于理论与实践环节,但同时也指出存在着相应的解决方法。他认为,积极性环境权精确界定的难题可效仿其他人权的方式来解决,那就是首先写入宪法,然后再用立法、司法和行政机构等途径对规范性标准做进一步解释。他指出:"对于像'体面(decent)'或'充足'的环境这样的问题,本身是很难得出清晰与明确的解释。然而这也可能不是回应反对意见的充分理由。"②他认可詹姆斯 W.尼克尔(James W. Nickel)用其他路径做进一步详细的补充性解释的观点,"人权设定通常是很宽广的规范性标准,需进一步由国家通过适当的立法、司法或行政机构进行解释和适用。……拟议的'充足的健康和福祉'标准……只为各国应提供的环境水平提供了一般性的笼统描述。应以当前的科学知识水平和财政现状

---

① TIm Hayward,Constitutional Environmental Rights:a Case for Political Analysis,*Political Studies*,vol.48,No.3,2000,p.565.

② Ibid.,p.564.

为依据,通过民主的立法和监管程序在国家层面进一步明确环境的标准"①。

埃克斯利认可环境权精确界定的困难,但认为这并不是否认此权利的理由,可以通过进一步确定环境标准的方式摆脱抽象界定的模糊性。她指出,欠精确度"这个问题的存在不应该成为结束这一(环境权)关切的理由。相反,它表明在权利要求的选择和拟订方面需要一定程度的现实主义……一项环境权利法案(无论是在普通立法或宪法中体现)可以宣布,公民有权确保环境质量符合现行环境法所规定的具体标准(将定期接受公众审查的标准),而不是仅符合类似'清洁空气和水权'等抽象的、模棱两可的规定。换言之,人们熟悉的可诉性和可执行性问题可以通过以下方式解决,实质性环境权利要根据公共环境法确立的具体标准来制定"②。具体而言,就是要摒弃类似"拥有清洁的空气与水"等模糊抽象的权利规定,用写于宪法或普通立法中的权利法案来确保公民的环境权,而公民有权要求环境质量符合当下环境法规的规定。

对环境权发起的第二个质疑是环境权的民主赤字问题。有观点认为,即使认可环境权利的合理性,它也无法逃脱非民主的质疑。杰里米·沃尔德龙(Jeremy Waldron)对宪法规定的权利的民主合法性提出疑问,他指出,"当有人提议将关于基本权利界定和修订的权力从立法机关转移到法庭时,民主权利应得到的尊重性便受到了严重质疑"③。他认为将权利的相关认定置于宪法层面便是赋予了它们免受民主修订的可能性,这也意味着赋予了法院除强制执行外的

---

① James W.Nickel,The Human Right to a Safe Environment:Philosophical Perspective on Its Scope and Justification, *Yale Journal of International Law*, vol.18,1993,p.285.

② Robyn Eckersley,Greening Liberal Democracy:The Rights Discourse Revisited,In Brian Doherty and Marius de Geus(eds.), *Democracy and Green Political Thought:Sustainability, Rights and Citizenship*,London and New York:Routledge Press,1996,p.223.

③ Jeremy Waldron,A Rights-Based Critique of Constitutional Rights, *Oxford Journal of Legal Studies*,vol.13,No.1,1993,p.20.

法律解释权,最终的结果可能会是过多权利从民选立法机关转入司法机构。

海沃德认为这是一种夸大了的担忧。民主社会设立法院的事实本身便说明了民主对法治的需要,而且司法影响立法机构的能力远非担心的那么强大。他指出:"尽管一定程度的谨慎肯定是恰当的,但在这里担忧可能被真正地夸大了。法院在民主社会中具有合法的职能:引用一个古老的经典,由司法机关执行成文宪法的蕴含是,'如果立法机构在其章程中宣布的意愿与宪法中宣布的人民意愿相反,那么法官应由后者而不是前者来管理'。如果民主需要法治,那么司法权就不能被视为直接违法了民主原则。"①公民诉诸司法机构是所有宪政民主的一个重要特征,而且它们影响立法机构的有效能力可能远不如沃尔德龙质疑的那么大,所以法院裁定环境权的做法并不能被定性为非民主的。

有的质疑认为法官的作用总是阻碍民主,将环境权写入宪法会加重法官对民主的阻碍作用。因为,将环境权写入宪法的结果是成为由法院而非议会裁决的事项, 裁决事项的加载会加大非经选举产生的法官阻碍民主的砝码。生态民主学者认为这样的观点完全是错误的。从根本上而言,法官与法院一样在民主社会是具有合法性的,他们是民主所需法治的组成部分。萨沃德指出,对于法官而言,"不管他们做什么,他们的中心作用是保护基本的民主权利。只有在宪法法院活动超出民主权利范围的情况下才会出现(非民主的)问题。但至少在保护基本民主权利方面,它们所发挥的作用是民主不可或缺的"②。所以,将公民环境权写入宪法后,法官同样发挥着保护基本民主

---

① Tim Hayward, Constitutional Environmental Rights: a Case for Political Analysis, *Political Studies*, vol.48, No.3, 2000, pp.566-567.

② Michael Saward, Must Democrats Be Environmentalists?, in Brian Doherty and Marius de Geus (eds.), *Democracy and Green Political Thought: Sustainability, Rights and Citizenship*, London and New York: Routledge Press, 1996, p.86.

权利的作用,认为由此他们会发挥反民主的作用是夸大其词的质疑。

沃尔德龙还质疑将环境权衍生至后代的非民主后果。他担心将权利清单延伸至将来会对后代施加不恰当的约束,因为这些清单是各种历史经验的积攒,并不都适合强制应用于情况有变的将来。在他看来,基本民主权利是必需衍生至后代的,因为这是民主制度得到尊重的根本与保障。而包括环境权在内的第二阶、第三阶权利的衍生与否应交由民主来取舍。但海沃德认为这种论断并不适用于环境权,因为此种做法可能会产生威胁民主生存环境及破坏民主原则的结果。首先,如果将环境权看作是可取舍的,那么可能同时得到保护和不保护环境两种截然相反的结果:"如果我们关注个体有基本的'选择权'这一观点,我们就会认识到,破坏环境的活动会限制一些个体做出选择的客观可能性。然而……对环境和资源控制过于严格又可能会损害后代的有效生产发展能力。"[1]由此,有些人会出于防止环境破坏的考虑做出支持环境权的选择,而有些人则会基于防止对资源过度控制的考虑而做出反对环境权的选择。其次,上述尊重个体选择权的做法虽遵循了民主程序,但结果未必平等,因为"多数情况下,民主进程所选择的风险会特别严重地落在某些群体或个人身上,这种情况可能而且确实经常发生。虽然这些群体或个人有时可能会'同意'风险的增加,但允许穷人出于物质需要被迫接受环境损害以换取某种利益的情况既不正义也不真正民主"[2]。由此,"如果民主意味着(参与者)对参与决策过程及其产出发挥平等作用的可能性,那么这意味着某些不利条件必须被事先去除"[3]。也就是说,民主决策前要先有所筛选以确保不利于民主生存的条件被剔除。由此,环境层面要保障的基本原则或条件便可能是约

---

[1][2]　Tim Hayward, Constitutional Environmental Rights: a Case for Political Analysis, *Political Studies*, vol.48, No.3, 2000, p.567.

[3]　Ibid., pp.567–568.

当代西方生态民主的兴起及其对传统民主的超越

瑟夫 L. 萨克斯(Joseph L. Sax)所言的,"最弱势的个人在自己的社会中不受低于某个最低门槛的风险的影响"①。萨克斯进一步指出,"应该承认享有实质性权利的基本权利,这种权利指明了最低标准"②。由此,实质性环境权上升为基本权利在一定程度上发挥着确保民主生存及民主产出的功能,并不能因其限制后代选择权而被简单冠以非民主的定性。

对环境权发起的第三个质疑是将各项环境权纳入民主权利清单可能为更广泛的社会和经济等领域的权利打开了要求入宪的闸门。萨沃德承认这种后果的可能性,也承认入宪权利断点划分天然存在着不可避免的武断性,他指出:"我承认,任何明确的断点都不能以一种完全非武断的方式加以规定。这一让步意味着,当我们接近(不可能的)'全面民主'地带的时候,我们便进入了一个灰色领地。如果将一系列社会、经济和环境权利要求充分地纳入宪法,那么由民主多数人决定的情况很可能就不多了。"③也就是说,环境权入宪确实可能带来更多权利要求入宪的应对性难题,但这个界限该划在哪里本身就是一个难题,并不完全是由环境权入宪引发的。

质疑者同时指出,如果拟议的宪法权利完全可由法院审理,这将打开对法院提出不可行要求的"诉讼的闸门"④。海沃德比较性地分析了限制各类诉讼比例方案的可行性,"一是首先不授予权利:但是鉴于权利的道德理由,此做法的合理性是站不住脚的。二是限制有权在法庭上施压的权利:然而,这也

---

① Joseph L.Sax,The Search for Environmental Rights,*Journal of Land Use and Environmental Law*,vol.6,No.1,1990,p.101.

② Tim Hayward,Constitutional Environmental Rights:a Case for Political Analysis,*Political Studies*,vol.48,No.3,2000,p.100.

③ Michael Saward,Must Democrats Be Environmentalists?,in Brian Doherty and Marius de Geus(eds.),*Democracy and Green Political Thought:Sustainability,Rights and Citizenship*,London and New York:Routledge Press,1996,p.86.

④ J. B. Ruhl,An Environmental Rights Amendment:Good Message,Bad Idea,*Natural Resources and Environment*,vol.11,No.3,1992,pp.46–49.

违反了道德原则……第三种可能性是，从保持潜在诉讼量与竞争性社会价值观量比例相称的角度出发，具体规定什么是可由法院审理的案件，这代表了一种不太激烈的原则妥协，但却没有失去合法性。事实上，宪法或欧洲层面的大多数'社会权利'已经被这种适当的授权所限制"①。这便是用限制特定诉讼量的做法解决法院面临的诉讼泛滥的问题。

对环境权发起的第四个质疑是积极环境权会遭遇执行困难问题。批评者指出，除内容界定难题外，环境权在执行中也会因权利内容界定不清而产生诸多难题。

首先，环境权界定的不精确无法恰当对个人或集体分配环境义务。海沃德给出的解决方法是，放弃要求个人履行具体义务的做法，将国家作为环境义务的履行主体，在环境质量低于公民该享有的标准时，在无需提供像法律审理所需那样精确度的证据的前提下，国家便需采取行动来提高环境质量。海沃德指出，"不确定性问题不仅仅是概念性的：由于受环境问题的性质所影响，对它们起因界定的精确度往往难以或不可能达到指控特定污染方所需的法律材料要求的精准度；相应地，也很难将与充足环境权直接相关的具体职责分配给个人或公司。……相反，如果这项权利可以由国家强制执行（纵向效果）……那么要求此义务时就不会出现这种困难：也就是说，如果环境质量已经低于公民有权保有的门槛，那么主管当局就有义务采取适当的行动（如实施新法规或更好地执行现有法规）。这确实也会涉及到对因果关系的一些假设，但不需要像民事或刑事案件中所要求的那样精确。事实上，权利方法的优势在于，它将支持法院运用预防原则和相应原则的权利和义务，由此，缺

---

① Tim Hayward, Constitutional Environmental Rights: a Case for Political Analysis, *Political Studies*, vol.48, No.3, 2000, pp.564-565.

乏伤害证据不会自动等同于没有伤害证据"①。也就是说,将国家作为环境义务履行方,不但可以应对环境义务分配的难题,还可以产生有利于环境保护的效果。

除环境问题起因界定精确度无法满足起诉要求外,质疑者认为法院在裁决时也会面临由环境知识不确定引发的执行性困难。但海沃德对这些质疑的最终回答是求助于知识,通过常规的借助专家意见或建立新的专门环境法院的方式来解决。"当然,不确定因素也意味着法院可能面临知识方面的可怕问题;但是法院通常必须处理专家的证词才能做出判决;如果某些环境案件确实太复杂,解决办法可能是设立一个专门的环境法院。"②

最后,反对者认为环境权执行中法律制度会倾向于在资金、权力和受教育等层面占据优势的人群。埃克斯利认可此担心的重要性,但她指出:"这些批评不应被视为拒绝环境权的理由,因为法律制度中的阶级偏见至少可以通过环境法律援助和建立一个资源充足和独立的环境辩护人办公室(Environ-mental Defender's Office)等机制得到部分纠正,该办公室有权代表公民提供咨询和行动。"③总之,因权利的法律保护措施不完美而将其放弃是愚蠢的做法,而且这是几乎所有权利执行中都会遇到的问题,并不能片面地将责任全部归咎于环境权身上。

此外,生态民主理论家还建议通过宪法确立预防原则的方式来确保实质性环境权利的执行。《里约宣言》(1992 年)原则十五提出:"如果存在发生严重的或不可逆转的损害的威胁,不应该以缺乏充分的科学确定性为由推迟采

---

① Tim Hayward,Constitutional Environmental Rights:a Case for Political Analysis,*Political Studies*,vol.48,No.3,2000,p.564.

② Ibid.,p.564.

③ Robyn Eckersley,Greening Liberal Democracy:The Rights Discourse Revisited,In Brian Doherty and Marius de Geus(eds.),*Democracy and Green Political Thought:Sustainability,Rights and Citizenship*,London and New York:Routledge Press,1996,p.225.

取符合成本有效性(cost-effective)的措施以防止环境退化。"埃克斯利认为，宪法规定的预防原则"将提供一种非常有效和简明扼要的手段，迫使更系统地考虑对处于不同境遇的他者的潜在环境影响，包括对后代和非人类物种的影响"①，最终发挥保障实质性环境权利的作用。萨沃德也认为，"鉴于许多环境干预措施的不确定性和风险，关于潜在损害的合理证据，而不是绝对的科学证据，就足以要求对环境权利进行保障"②。史密斯认为，预防性原则将成为决策过程的规范程序，并有利于公民针对产生严重潜在环境风险的决策寻求法律补救(另一项程序原则)，因为此原则将举证责任转移到被告身上，被告需要提供为何没有必要采取预防行动的理由。③

二、生态公民身份

权利话语论证了公民享有生态性权利的合法性，也证成了自身的环保潜能。从权利与义务相互伴生的视角出发，生态民主的内容还应包括公民生态义务。然而，生态民主理论家发现，自由民主思想中关于生态义务的论述很少，而生态政治运动自兴起以来却从未间断与公民义务发生关联，如"公共领域的振兴、对政治参与的承诺以及对个人政治上有所作为的认可"④。针

---

①　Robyn Eckersley, Deliberative Democracy, Ecological Representation and Risk: Towards a Democracy of the Affected, In Michael Saward (ed.), *Democratic Innovation: Deliberation, Representation and Association*, London and New York: Routledge Press, 2000, p.129.

②　Michael Saward, Must Democrats Be Environmentalists?, in Brian Doherty and Marius de Geus (eds.), *Democracy and Green Political Thought: Sustainability, Rights and Citizenship*, London and New York: Routledge Press, 1996, p.88.

③　Graham Smith, *Deliberative Democracy and the Environment*, London and New York: Routledge Press, 2003, p.111.

④　Andrew Dobson, Ecological Citizenship: a Disruptive Influence? In Chris Pierson and Simon Tormey(eds.), *Politics at the Edge: The PSA Yearbook 1999*, London: Macmillan Press Ltd.Press, 2000, p.40.

对缺乏系统性研究的现象,加之生态民主对公民义务的需要,许多生态民主理论家进行了相应探索。其中,多布森的生态公民身份(citizenship)理论相对比较成熟。

(一)生态公民身份主体界定

公民身份理论首先涉及公民主体鉴定问题,多布森认为,拥有生态公民身份的主体只能是人,反对将公民主体扩展至非人类的思想。生态公民身份虽会涉及与非人类的关系,但"存在着关系"完全不是将非人类上升为公民主体的充分理由。他指出:"虽然生态公民身份显然涉及人类与自然世界之间的关系,以及人类个体之间的关系,但无论是在政治领域还是在认识层面,都没有必要用生态中心的术语来表达这种关系。"①具体而言,多布森将非人类定性为道德病人(moral patient),认为人类与非人类之间的关系只能是道德性的,无法上升到公民间关系的层面。他指出:"我确实认为,这些实体可被视为道德病人,因此它们必须被视为道德共同体的成员。但是,我们与它们是人道主义的、而非公民间的关系,因此把生态公民身份视为可扩大到非人类身上的想法是错误的。"②

多布森认为,赋予非人类公民主体地位会引发诸多问题,而其中最致命的是会引发关于正义的巨大争论,而相对确定的正义观念恰是生态公民身份相关责任履行的基础。③"我相信与公民身份相关的权利是一个关乎正义的问题,而赋予非人类实体公民身份的预言只会引发关于正义的巨大争议。"①

---

① Andrew Dobson, *Citizenship and the Environment*, Oxford: Oxford University Press, 2003, p.111.

② Ibid., p.88.

③ Andrew Dobson, *Justice and the Environment: Conceptions of Environmental Sustainability and Dimensions of Social Justice*, Oxford: Oxford University Press, 1998, pp.166–183.

赋予非人类公民身份也招致很多其他学者的反对。例如,弗雷德·斯托沃尔(Fred Steward)写道:"公民身份这个概念是为了处理人类社会中个人与社区之间的关系,但绿色政治所处理的根本问题是自然独立并区别于人类社会的地位。如果说自然有权利,它们又如何能在关于社会公民身份的相关讨论中得到阐明和表达呢? "[②]可见以多布森为代表的部分生态政治学者从根本上将生态公民身份界定为了一种只能是以人类为中心的观念。

(二)生态公民身份的特性

生态公民身份对传统公民身份理论发起了多重挑战。多布森认为,后现代理论习惯用"二元对立"的划分方式对公民身份相关问题进行描述,如公民权利和义务、公共和私人领域、积极和消极权利、独立与同情美德等,他指出应再加入"属地化"(territorialized)和"非属地"(deterritorialized)这样一组新的二元关系。他指出,生态公民身份理论对上述各组二元对立发起了挑战,他描述道:"生态公民身份观念扰乱了这样的对立状态,并产生了一种具有重大当代政治意义的新型结构。"[②]

1.非地域性

多布森的生态公民身份是非地域性的,这便推翻了传统公民身份与特定地域的关联。多布森认为,自由主义、共和主义甚至世界主义的公民身份观念都是地域性的,即实践公民身份的空间是毗邻的地域,而无论是在民主国家、城邦或同一个世界。与此不同的是,生态公民身份以义务为出发点,义务

---

① Andrew Dobson, *Citizenship and the Environment*, Oxford: Oxford University Press, 2003, p.88.

② Fred Steward, Citizens of Planet Earth, in G.Andrews (ed.), *Citizenship*, London: Lawrence and Wishart Press, 1991, p.73.

③ Andrew Dobson, Ecological Citizenship: a Disruptive Influence? In Chris Pierson and Simon Tormey (eds.), *Politics at the Edge: The PSA Yearbook 1999*, London: Macmillan Press Ltd.Press, 2000, p.41.

空间才是公民身份的实践空间。义务空间以生态足迹为基础,展现出非地域性的特性。多布森具体将生态足迹界定为"个人和集体在日常生活的生产和再生产中活动对远近陌生人的环境所产生的影响"[①]。若对环境造成了不良的影响,也即发生了不良的生态足迹,那么个人与集体便"对这些陌生人欠下了生态公民应承担的义务"[②]。多布森指出,随着贸易全球化的发展,此空间分散存在于全球各地的可能性。由此,"生态公民身份的'空间'并不局限于既定的民族国家或超国家组织(如欧洲联盟)边界,甚至不是想象中的国际大都市的领土范围,而是由个人与环境的代谢与物质关系所决定"[③]。继而,"生态公民应尽的义务属于任何拥有生态空间的人。这些人可能居住在同一个政治空间,也可能没有。就像环境问题跨越政治界限一样,生态公民的义务也是如此"[④]。因此,生态公民间是陌生人关系,就如同大部分公民间是陌生人关系一样。此外,"生态公民的另外一个特点是,我们不仅是彼此的陌生人,而且是彼此所属空间的陌生人,甚至是彼此所属时间段上的陌生人。生态公民的义务随着时间的推移而延伸,延伸到尚未出生的世代。由此,生态公民知道,今天的行为将对明天的人类产生影响,并会论证说,如同种族主义或性别歧视一样,'世代主义'也是站不住脚的"[⑤]。

2.义务导向性

(1)非互惠性义务观

多布森的生态公民身份是非互惠性的,这便割裂了传统公民身份中权利

---

① ② Andrew Dobson, *Citizenship and the Environment*, Oxford: Oxford University Press, 2003, p.119.

③ Ibid., p.105.

④ Ibid., p.120.

⑤ Andrew Dobson, Ecological Citizenship: a Disruptive Influence? In Chris Pierson and Simon Tormey (eds.), *Politics at the Edge: The PSA Yearbook 1999*, London: Macmillan Press Ltd. Press, 2000, p.52.

与义务的联系。在此前提下,多布森又对生态公民身份进行了更偏重于义务的设计。多布森看到二战后公民身份理论偏重公民权利的状况,认为福利国家遵从的以权利为基础、相对免责的公民身份观念存在着缺陷。基于生态危机产生的物质根源,多布森提倡以义务而非权利为主导的生态公民身份,而且尤其强调履行对后代的生态义务。这是对以互惠与契约为基础的公民身份观念发起的基础性挑战。在自由主义公民身份理论那里,契约对权利与义务做出的是对等性规定。也就是说,权利的享受与义务的承担以互惠性为基础。而生态公民身份相对侧重义务,多布森指出:"生态的贡献在于它切断了权利与义务之间的联系。生态公民义务的来源不在于互惠或互利,而在于非互惠性的正义感或同情心。生态公民对子孙后代和其他物种所承担的义务不能以互惠为基础,因为生态公民不能指望后代和其他物种对他们履行责任。"①

生态公民的义务是非平均分配的,原因在于个人生态足迹的差异,"正是由于生态足迹影响系统性的不对等性质,导致了它们所产生的义务的非对等性"②。这与传统公民身份理论要求人人承担义务的观念形成了差异,"生态公民的义务并非平衡分配,只有那些阻碍了当代及后代进行重要选择的能力的人才负有承担义务的责任。……生态足迹超标的公民需要去减少它,而赤字的则无需这样去做"③。也就是说,多布森认为生态公民要根据个人所欠下的生态债务的多少来履行责任,公民生态义务会因债务量不同而呈现差异。

此种非互惠及非对等性质的义务设计受到诸多批评。巴瑞便认为它的理想色彩太过浓重,"这种同情心作用下的非互惠性无疑值得称赞,但多布森

①　Andrew Dobson,Ecological Citizenship:a Disruptive Influence? In Chris Pierson and Simon Tormey(eds.),*Politics at the Edge:The PSA Yearbook 1999*,London:Macmillan Press Ltd. Press,2000,p. 43.

②　Andrew Dobson,*Citizenship and the Environment*,Oxford: Oxford University Press,2003,p.127.

③　Ibid.,p.120.

的生态公民更像是生态天使,他们无私地关心子孙后代、非人类世界以及世界其他地方的陌生人。多布森的生态公民身份观念还需要很多论证,尤其是缺失对如何在合法的'自我利益'和对他人的关注之间取得平衡的方式的讨论"①。而多布森用生态义务的有限性进行回应,他指出"虽然生态公民的义务具有非互惠和不对等的性质,但它们并不是无限的。它们是基于生态足迹的环境破坏后果产生的,当这种后果被消除时,它们就结束了"②。也就是说,当生态公民将自身不良的生态足迹有效解决了的时候,其生态义务也便了结了。

(2)历史义务观

多布森指出,生态公民遵循的是"历史的"而非"道德的"义务观。关于两种义务观的区别,朱迪丝·利希滕贝格(Judith Lichtenberg)做出了经典的阐释,道德义务观认为,"a 应该对 b 有积极的义务……不是因为他在 b 的境遇中或任何先前的关系或协议中所起的任何因果作用,而只是因为,他能够使 b 受益或减轻 b 的困境"。③相反,历史义务观认为,"a 对 b 的亏欠是由于某些先行的行为、承诺、协议、关系等引起的"④。多布森赞同的是历史义务观,"生态公民共同体是由人类自身的物质活动创造的。生态公民拒绝'我们在道德上属于一个人类世界共同体'的理想主义观点,也拒绝有争议的本体论观点,即我们在某种程度上既是'自然秩序的一部分,也是自然秩序之外的部分'……相反,我对生态公民的后世界主义理解要求我们接受的唯一基本思想是,人

---

① John Barry, Vulnerability and Virtue: Democracy, Dependency, an Ecological Stewardship, In Ben A. Minteer and Bob Pepperman Taylor(eds.), *Democracy and the Claims of Nature*, Lanham, Boulder, New York, Oxford: Rowman and Littlefield Press, 2002, p.146.

② Andrew Dobson, *Citizenship and the Environment*, Oxford: Oxford University Press, 2003, p.121.

③ Judith Lichtenberg, National Boundaries and Moral Boundaries: A Cosmopolitan View, In Peter Brown and Henry Shue(eds.), *Boundaries: National Autonomy and its Limits*, New Jersey: Rowman and Littlefield Press, 1981, p.80.

④ Ibid., p.81.

类在日常生活的生产和再生产过程中对环境产生影响。这是让生态公民权共同体脱离理想的话语情境或宏大的本体论转变的更现实的手段,也似乎是使其不那么有争议的手段"①。也就是说,多布森认为是客观的物质活动对环境产生了影响,因此,我们只需简单回归历史,用物质的理由及方法履行生态义务。

(3)陌生人间的义务观

生态公民的义务观将义务对象界定为时空上的陌生人。多布森首先将生态公民的义务界定为生态足迹的可持续性转向。"生态公民最重要的义务是确保生态足迹产生可持续性的影响,而不是相反。"②由此,他将布伦特兰委员会可持续发展概念修改为"生态公民将希望确保其生态足迹,不损害或取消今世与后代中的其他人进行他们重要选择的能力"③。在此基础上,多布森将义务履行对象界定为陌生人,可能涉及到在空间与时间上都非常遥远的陌生人。"生态足迹是个人和集体日常生活的生产和再生产对远近陌生人影响的表现。正是对这些陌生人欠下了应承担了生态公民的义务。……这种义务观与自由派和公民共和党的立场形成鲜明对比,在后两者的立场中,义务的范围是由政体的领土边界(通常是国家)决定的。……生态公民的义务属于任何拥有生态空间的人。这些人可能居住在同一个政治构成的空间,也可能没有。就像环境问题跨越政治界限一样,生态公民的义务也是如此。"④也就是说,生态公民的义务对象在时间与空间上都是不确定的,这需根据生态足迹而非政治边界来确定。

---

①　Andrew Dobson, *Citizenship and the Environment*, Oxford: Oxford University Press, 2003, pp. 110-111.

②　Ibid., p.118.

③　Ibid., p.119.

④　Ibid., pp.119-120.

当代西方生态民主的兴起及其对传统民主的超越

多布森指出,时间与空间都不具体的生态公民义务会对传统公民身份观念产生颠覆性影响。"一旦对遥远陌生人进行关心和同情的义务进入了框架,历史上和当代的大多数的公民身份观念便开始显得不完整了,因为它们都以权利与民族国家为导向。"①莫里斯·罗氏(Maurice Roche)也指出:"这突出了主导范式中主要以社会权利为基础的社会公民权的不足。……为子孙后代的社会权利而争论,必然要求当代人接受相当多的新的社会义务和限制,而且还不可能拥有要求后代做出补偿或回报的权利。这将需要在整个政治领域进行重大的政治反思与更新,以消化发展新的社会权利所产生的这一特殊影响。"②也就是说,此生态公民义务突破了传统义务观以民族国家为疆界、并只对当代人负责的观念。

3.重视私人领域

多布森的公民身份理论重视私人领域,这与传统的更多重视公共领域的公民身份观念形成了区别。在公民身份理论中,公民一直与公共领域相连,亚里士多德"人是天生的政治动物"论断正建立在公共与私人领域分离的基础上,此公民观首先将公民视为城邦公共事务的积极参与者。而且一般认为公共领域重于私人领域。但多布森强调,私人领域是后世界主义公民活动的重要场所,作为后世界主义公民的典型代表,生态公民也应将私人领域作为实践公民权的重要场所。多布森认为,重视私人领域的原因首先源于私人领域的生态影响。因为私人领域是确实存在的物理空间,此空间内的各种家庭活动都会产生生态影响。多布森认为,生态公民实际上在社会的许多不同层

---

① Andrew Dobson, Ecological Citizenship: a Disruptive Influence? In Chris Pierson and Simon Tormey(eds.), *Politics at the Edge: The PSA Yearbook 1999*, London: Macmillan Press Ltd. Press, 2000, p.53.

② Maurice Roche, *Rethinking Citizenship: Welfare, Ideology and Change in Modem Society*, Cambridge: Polity Press, 1992, p.243.

次上运作,"生态公民的特征之一是它把地方和全球联系在一起,也就是说生态公民的活动可以在任何地方进行"①,但私人领域是极具重要性的一环。此外,私人领域也是习得生态公民美德的重要场所。他指出:"在这些不同的活动场所中,私人领域也是习得生态公民美德的重要场所。而且,家庭的私人领域并不比公共领域小,而事实上更是生态公民活动的重要场所。"②

私人关系领域中的美德具有非对等的特性,这恰是生态公民所需要的。"通常被称为'私人'的关系领域包括友谊和家庭内部的关系。……这种关系具备理想的无条件性和不对等性。我们不会因为考虑可能得不到孩子的回报而不爱他们,也不会因为得不到回报性的礼物而停止给朋友买礼物。……生态公民义务的一个特征是它们之间的非对等性。……所以生态公民与私人领域之间的关系是紧密的。这不仅仅是一个类比的问题,因为它延伸到了美德的领域。"③多布森认为生态公民的首要美德是正义,但私人领域的上述美德也是实践公民权、履行公民义务所必须的。

多布森认为,私人领域也是践行积极公民身份的领域。传统的公民身份存在消极与积极之分,具体而言,"积极的公民身份与履行对政治团体及其成员的义务和责任有关,而消极的公民身份则对此坐视不理,要求个人享有作为公民应有的权利"④。战后诸多政治理论几乎多遵从此二分法,主要从权利角度界定公民身份,认为私人领域是宣称权利与实践消极公民身份的场所,而公共领域则被看作是履行社会责任、推动社会良性进步的活动领域。但多

---

① Andrew Dobson,Ecological Citizenship:a Disruptive Influence? In Chris Pierson and Simon Tormey (eds.),*Politics at the Edge:The PSA Yearbook 1999*,London:Macmillan Press Ltd. Press,2000,p.57.

② Ibid.,p.48.

③ Andrew Dobson,*Citizenship and the Environment*,Oxford:Oxford University Press,2003,p.137.

④ Andrew Dobson,Ecological Citizenship:a Disruptive Influence? In Chris Pierson and Simon Tormey (eds.),Politics at the Edge:The PSA Yearbook 1999,London:Macmillan Press Ltd. Press,2000,p.49.

布森指出,生态公民身份不遵从此二分主题,私人领域与公共领域一样,也是积极公民身份也即公共责任实践的重要领地。他指出:"公民身份中的'积极'和'消极'之分都是政治范畴,而不是分析范畴。其背后的意图是将它们与公共和私人领域联系起来,具体将积极性与公共领域(良好和进步)相关联,消极性与(坏的与保守的)私人领域联系起来。"①而事实上,生态公民身份打破了它们被分领域进行使用的情况,指出在私人领域践行积极的公民身份是完全可能的,"积极的生态公民身份可以在私人的舞台上进行。家庭也是政治生态学家进行政治活动的重要场所,将积极主义的观念局限于公共领域,是生态政治活动的盲点,因而不必要地限制了公民的职权范围"②。

4.重视同情的美德

多布森认为,履行非互惠及非对等性的公民义务需要生态美德的支撑。生态美德是分层次的,多布森将正义作为其中的第一美德。因为正是正义原则对公民发出了承担生态义务,并使生态足迹朝可持续方向转向的要求。此外,虽然关键性美德是正义,但也需要同情、爱护和怜悯等某些第二阶层的美德。一般情况下,公民身份要求的美德是独立,而不是对特殊需要及利益给予关怀与同情。艾莉丝·马里恩·杨做了关于独立美德的经典阐释:"在现代民主共和国中,独立是一种重要的公民美德,因为它能使公民相对自由与平等地在公共领域中团结在一起。如果每个公民都能通过自己的财产满足自己及其受抚养人的需要,那么公民就不会受到他们赖之生存的他人的威胁或特殊影响。有了这种意义上的独立,他们就可以在平等的条件下进行协商,并

---

① Andrew Dobson, Ecological Citizenship: a Disruptive Influence? In Chris Pierson and Simon Tormey (eds.), *Politics at the Edge: The PSA Yearbook 1999*, London: Macmillan Press Ltd.Press, 2000, p.49.

② Ibid., p.50.

从一般利益的角度考虑问题的是非曲直。"①由此,关心和同情的美德要么与公民身份无关,要么便是对积极实践公民身份的阻碍。但多布森认为,生态公民恰恰需要关怀与同情作为美德,因为这是由其义务的特殊性决定的。具体而言,"生态公民对遥远的陌生人承担着责任,虽然我们对这些遥远陌生人的责任可能从正义的角度来表达,但众所周知,在这种情况下,从正义的角度来论证是很困难的"②。而同时,因为"生态公民身份是对其他人的关爱,是对陌生的人的关怀。所以,关怀非但不是阻碍公民行使公民权的障碍,而且还是公民意识的组成部分,可以被恰当地看作是一种重要的生态公民美德"③。

(三)对生态公民身份的评价

生态公民身份的非地域性、义务导向性、对私人领域及同情美德的偏重等特性,使其与惯常公民身份观念形成了相对立的态势。正如多布森所言,他构建的生态公民身份观念是对传统公民身份理论发起的破坏性挑战。具体而言,生态公民身份"强调责任而不是权利,并将这些责任视为非互惠与非契约性的,这与自由主义和公民共和主义对公民义务的理解形成了对比;强调将美德作为公民身份的核心,而且这些美德需要可以同时从私人与公共两个领域中汲取,这又一次与自由派和公民共和党的表述有着明显区别"④。这些无不是对自由主义、共和民主甚至世界主义公民权的巨大挑战。

生态公民身份理论对自由主义公民身份观念发出了警示。这几乎体现在

---

① Iris Marion Young,Mothers,Citizenship,and Independence:A Critique of Pure Family Values,*Ethics*,vol.105,No.3,1995,p.546.

② Andrew Dobson,Ecological Citizenship:a Disruptive Influence? In Chris Pierson and Simon Tormey(eds.),*Politics at the Edge:The PSA Yearbook 1999*,London:Macmillan Press Ltd. Press,2000,p.55.

③ Ibid.,p.56.

④ Andrew Dobson,*Citizenship and the Environment*,Oxford:Oxford University Press,2003,p.139.

生态公民身份构建的各个环节。如,将义务对象定位为陌生人。由于将生态公民义务界定为对遥远的、在时间和空间上都不确定的陌生人的关心与同情,使得自由主义以地域性为导向的公民义务显得吝啬与残缺。再如,重视私人领域。私人领域的政治化也是对自由主义的一种警告,因为这与其传统奉行的在私人领域与美好生活选择中保持中立的立场相反,而现在它却需要寻找途径以实现私人领域的公民权。

生态公民身份理论也面临着诸多质疑与批判,如对其变革力及可行性的质疑。威尔逊质疑多布森主要依赖个人及私人领域践行公民责任的做法,认为不应忽视公共领域的变革力。他认为多布森生态公民身份存在的政治不足是"忽略公共领域,并脱离国家。……在国家之内或之外,多布森的公民身份都没有给予公共的、政治的行动优先于私人和自愿活动的地位"①。"而公共领域恰是要求独立于国家、甚至反对国家并寻求改变的民主社会运动可能产生的领域。……公共领域同时也是公民积极倡导和商谈他们认为的更公正的环境建议的场所。"②此外,威尔逊对多布森生态公民义务的可行性发出了疑问,他指出:"多布森也没有指出在一个强大的政治和经济权力聚合的背景下,怎样的民主行动才是可能的。虽然他承认权力不平等。"③

海沃德质疑多布森正义原则对物质关系的纯粹依赖,认为社会关系才是维持正义原则的根本。他指出:"多布森声称正义是建立在物质关系基础之上的……然而,纯粹的物质关系不是社会关系,它们本身不能产生任何正义原则。"④海沃德认为社会关系才能滋生并维持正义原则,他针对多布森的

---

①② Harlan Wilson, Environmental Democracy and the Green State, *Polity*, vol.38, No.2, 2006, p.280.

③ Ibid., p.281.

④ Tim Hayward, Ecological Citizenship: a Rejoinder, *Environmental Politics*, vol.15, No.3, 2006, p.452.

"因果的物质关系可创造政治共同体"的观点发问："怎样才能透过因果的物质关系产生一个社会？一个共同体的存在需要的不仅仅是物质，在最低限度上，它需要一个可以称之为'交往'的关系。因为没有这些，就不可能有任何共享的正义概念。"①也就是说，只有在相互交往的社会关系中才能衍生出共享的正义观念，离开社会关系，任何物质关系都无法产生出正义原则。

　　生态民主是将人类民主权利向生态方向的延伸，是对自由民主进行最温和与最浅层变革的产物。生态民主理论家以权利与义务导向的生态公民身份话语为工具，对自由民主相关权利及公民身份理论进行了颠覆性的调整，使其与生态主题更具契合性。理论家的相关论述虽然都是对崭新课题所做的开拓性阐释，但论证已具备了相当的系统性，特别是在权利话语环节。引发的诸多质疑与争论，除展现了理论本身可能存在的疏漏外，也为其继续完善提供了指导。此外，公民民主权利向生态方向的扩展，也对自由民主发出了警示——对公民的权利与义务做生态方向的变革，这是应对生态危机的必需，也是完善自身原则与制度合法性的必需。

---

　　① Tim Hayward, Ecological Citizenship: a Rejoinder, *Environmental Politics*, vol.15, No.3, 2006, p. 453.

第四章
当代西方生态民主的模式创新

　　生态民主的兴起建立在对自由民主的批判和变革的基础之上，这种批判和变革存在激进和温和两种倾向，前者主张生态主体享有民主权利，后者主张公民享有生态性民主权利。虽然两种倾向泾渭分明，但二者都聚焦于生态民主的模式架构和实践路线。如果将生态民主对自由民主的批判和变革视为一个连续体，那么对西方生态民主理论家构建的几种代表性生态民主模式按激进性从弱到强次序排列的结果是：绿色自由民主、生态协商民主与生态基层民主。其中，绿色自由民主模式是对传统自由民主做了最温和程度的变革，生态协商民主是进一步将协商民主引入自由民主的尝试，而生态基层民主尤其是生态无政府主义则试图完全抛弃自由民主。

一、绿色自由民主

　　绿色自由民主探讨的是自由民主的绿色前景问题。它对自由民主采取内在批判而非完全拒绝的态度，是绿色话语从对自由民主的纯粹批判转向变革立场的成果。也正是在绿色政治思想变革性转向的背景下，才出现了对绿色自由民主也即自由民主绿化的前景探讨的可能。

(一)绿色自由民主的历史背景

20世纪70年代,绿色政治思想首先以权威主义的面貌出现。生态权威主义对自由民主采取纯粹批判与几乎全盘否定的态度, 提倡用权威主义而非民主路径应对岌岌可危的生态前景。随着"世界末日"预言的式微,及对自由民主仍将长期存在、权威主义路径不完美表现等现实的认识,绿色政治思想于20世纪80年代发生了从权威主义到民主主义的转向。巴瑞从三个方面分析了此转向的具体表现:"第一, 这种转向聚焦于绿色分子提倡的对现代性和自由民主社会的'内在批判'而不是'乌托邦式'批判。……第二,相对于'激进/废除主义'的体制变革,有一种明显的向'变革性'转变的趋势。第三,从文明威胁(或物种威胁)'生态危机'的'世界末日'论调转变为一种不那么危言耸听的感觉,即人类社会所面临的是一系列与物质、经济、社会、政治及道德层面的社会关系有关的资源和污染问题。"①同时,巴瑞也指出,正是这样的转型开启了关于绿色自由民主前景的探讨,"这些发展使'绿色'与'自由'政治观点之间的和解成为可能,同时也开启了以自由民主的方式应对生态可持续性挑战的相关讨论"②。

(二)绿色自由民主的可行性分析

生态权威主义对自由民主应对生态问题的能力持否定态度, 转型后的生态政治思想对自由民主采取吸纳和改造的立场, 希望通过对自由民主的

---

①②　John Barry, Greening Liberal Democracy: Practice, Theory and Political Economy, In John Barry and Marcel Wissenburg (eds.), *Sustaining Liberal Democracy: Ecological Challenges and Opportunities*, New York: Palgrave Publishers Ltd Press, 2001, p.60.

变革使其与绿色政治思想相容并推动环境保护实践。在这种背景下,绿色自由民主是否具备可行性便成为其理论架构首先需要解决的问题。

1.自由主义思想与环境诉求的相容性分析

生态政治思想家发现,自由民主政治理论较少提及绿色政治思想。这究竟是偶然巧合还是与其基本原则相关? 回答大概分为两类,一类认为原因在于自由民主基本原则与绿色政治思想在根本上是不相容的, 另一类认为自由民主基本原则可以容纳绿色政治诉求,只是思想家疏忽了整合与探索。对这一问题的澄清首先需要回到自由主义的源头——洛克与密尔。

(1)洛克自由主义思想:冲突性

一般认为自由民主与绿色政治思想的相容性较小,甚至是相互冲突的,特别是在生态权威主义与激进生态政治理论那里更为明显。此种自由民主的理论根源可追溯至洛克的自由主义思想。洛克的自由主义提倡个人主义观念、提倡国家对个人权利的保障、将自然作为人类社会的丰富资源来源并对自然采取统治地位等,这些都与绿色政治思想提倡环境公益、尊重自然与保护生态等观念存在鲜明反差。

第一,自由主义导致对社会公益的漠视。自由主义是一个差异纷呈的概念,但无论具体界定存在多少差异,个人主义作为自由主义的理论基石都决定了以个人为目的这一首要原则。德盖斯将其概括为"自由主义假定人相对以自我为中心,专注于自己的利益,遵循自己的意愿,并希望实现自己的生活计划"[①]。克劳福德·布拉·麦克弗森(Crawford Brough Macpherson)指出:"从根本上讲,它包括使个人成为他自己的人与能力的自然所有者,而他们对社

---

① Marius de Geus, Sustainability, Liberal Democracy, Liberals, In John Barry and Marcel Wissenburg (eds.), *Sustaining Liberal Democracy:Ecological Challenges and Opportunities*, New York:Palgrave Publishers Ltd. Press, 2001, p.28.

会无所亏欠。"①此种自由主义的理论物质可从洛克的个人主义观念中寻找到根基。

德盖斯认为,洛克以对个人财产权的捍卫为宗旨,社会整体目的不在个人主义的考虑范围之内,因此环境利益遭受被忽视的冷遇。"洛克认为私人占有是自然的,并认为(在发明了'不可贬值'的货币之后)有超过消费限度积累的倾向是完全可以接受的。这意味着,在自由社会中,公民主要通过积累财产、购买消费品和追随自己的愿望来维护自己的个性,而不接受对其自由的限制。根据洛克的信条,自由主义主要是捍卫个人在财产上的不平等、扩大财产和人类欲望的权利,而不是以捍卫整个社会的目的为宗旨,例如,清洁的环境和自然保护。"②这种对财富积累、消费品购买和按个人意愿行事的自由的推崇,与维护社会公益的要求似乎格格不入。

第二,自由主义使人类对自然的统治合法化。在洛克那里,劳动是人类改造甚至驯服自然的力量,是人类将自然之物作为财产的合法性来源,也为人类统治自然的合法性提供辩护。洛克在《政府论》中写道:"上帝将世界给予全人类所共有时,也命令人们要从事劳动,而人的贫乏处境也需要他从事劳动。上帝和人的理性指示他垦殖土地,这就是说,为了生活需要而改良土地,从而把属于他的东西、即劳动施加于土地之上。谁服从了上帝的命令对土地的任何部分加以开拓、耕耘和播种,他就在上面增加了原来属于他所有的某种东西,这种所有物是旁人无权要求的,如果加以夺取,就一定会造成损害。"③由此,

---

① Crawford Brough Macpherson, *The Theory of Possessive Individualism*, Oxford: Oxford University Press, 1975, p.253.

② Marius de Geus, Sustainability, Liberal Democracy, Liberals, In John Barry and Marcel Wissenburg（eds.）, *Sustaining Liberal Democracy: Ecological Challenges and Opportunities*, New York: Palgrave Publishers Ltd. Press, 2001, p.29.

③ ［英］洛克:《政府论》(下篇),叶启芳、瞿菊农译,商务印书馆,2004年,第22页。

财产权来源于驯服自然的劳动,而且在财产与自然之间,前者是洛克理论的核心要素,后者处于为其服务和被其统治的地位。

　　然而在生态政治思想家看来,以洛克为代表的自由主义观念过于偏激与傲慢,充满了强烈的人类中心主义色彩,是将自然与人类地位进行了本末倒置的处理。而事实上自然不是为了人类的占有与统治而存在的,无论从产生时间还是存在意义而言,自然都拥有其自身的价值与意义,需要得到人类的尊重与看护,这并非只是道义上的要求,毋宁说自然是人类生存的根基,自然系统的保有与良性运作才是人类生命、人类劳动、人类财产等个人需要得以满足的前提和源泉。如果自由主义要倡导可持续的话,那么这将是消除自然工具性地位,取消对自然的工具性立场并尊重与保护自然的社会。正如德盖斯所言,在人类形成尊重、平等对待和关心自然的态度之前,一个可持续发展的社会只会是遥远的愿景。①

　　第三,自由主义倾向于对幸福与美好生活定位进行物质化的定位。西方自由主义思想中的一个基本共识是,经济发展是第一重要的,有选择的经济增长或缩减增长的想法是异端的。对经济发展无限推崇的西方自由主义观念可从洛克的自由主义思想中寻找到根源。因为在洛克看来,自然是无限丰富的资源,而且通过劳动,资源可不断转化为财产。洛克将自然比作泉水,而且是流动着的、丰富的泉水,是地球提供给人类的丰富资源。人类通过劳动使资源转变为财产,而且由于资源的丰富性,财产也具备了不断增加与积累的可能性。②这种将自然物化为不断累积的财产的观念,与绿色政治思想主张限制人类发展和自然利用的观念有所龃龉。

---

① Marius de Geus, Sustainability, Liberal Democracy, Liberals, In John Barry and Marcel Wissenburg (eds.), *Sustaining Liberal Democracy: Ecological Challenges and Opportunities*, New York: Palgrave Publishers Ltd. Press, 2001, p.29.

② [英]洛克:《政府论》(下篇),叶启芳、瞿菊农译,商务印书馆,2004 年,第 18–33 页。

在将自然资源不断转化为财产的观念下,物质进步、财产积累及更多消费选择似乎是洛克自由主义思想关于美好生活定位的题中应有之义。如德盖斯所言:"在洛克的自由主义政治理论中,有一个关于幸福和美好生活的隐含概念。……美好生活的目标似乎被降为物质进步及财产和消费者选择的扩大。地位与福利主要是通过人们拥有的财产与消费品的数量来衡量的。其结果是社会朝着不断扩大需求和不断满足消费者欲望的方向发展。"①事实上在许多方面,经济增长已成为现代福利国家蓬勃发展的必要条件,而消费也成为衡量公民幸福生活的标准。德盖斯指出,现在西方自由民主社会的问题在于消费已经过度,而且将美好生活与消费相连的观念本身是受质疑的。"问题在于,在现代西方社会,消费已变得过度并已成为一种生态'恶习'(vice)(部分原因是它与生态背景相分离)。因此,可持续性哲学家强烈质疑美好生活与物质满足之间的关系。一般而言,对于'硬'可持续性的拥护者来说,幸福与美好生活的理念包括追求创造性的和智力的活动:有意义的人际关系;在大自然中体验满足感和快乐;享受健康、和平和生活美好的生活及拥有充足的自由时间,而这样的幸福与美好生活的理念才是一个生态平衡社会的基础。"②由此,生态平衡社会中美好与幸福生活的理念绝非仅是物质需要的满足,它包括精神需要满足及健康生活需要满足等多种要素在内,仅提倡物质需要的满足是片面的观念。

(2)密尔自由主义思想:相容性

由上可知,洛克的自由主义基本假设与绿色政治思想并不完全相容,但密尔的自由主义思想却表达了对绿色价值观的尊重及对长期的环境目标的

---

① Marius de Geus,Sustainability,Liberal Democracy,Liberals,In John Barry and Marcel Wissenburg(eds.),*Sustaining Liberal Democracy:Ecological Challenges and Opportunities*,New York:Palgrave Publishers Ltd. Press,2001,p.30.

② Ibid.,pp.30–31.

追求。其具体体现为以下三个方面。

第一，对个性与国家干预的推崇。与洛克的"自由是指在任何事情上都遵循我自己的意愿"①的界定和对个人主义的推崇不同，密尔对自由的定义是："唯一名符其实的自由，乃是按照我们自己的道路去追求我们自己的好处的自由，只要我们不试图剥夺他人的这种自由，不试图阻碍他们取得这种自由的努力。"②这里对自由附加了不能剥夺和妨碍他人同样权利的限制，而这里的他者就可能是包括自然在内的主体。一旦他者包括自然，那么人类自由的行使便需要考虑以不剥夺及妨碍自然的自由为前提。这样一来，将自然当作丰富资源并进行支配的观念与行为便完全失去了合法性，并沦为了一种剥夺与妨碍他者自由的非自由行为。

密尔认为个人幸福的基本前提之一不在于自我中心与个人主义，而是个性的自由发展。③密尔自由主义思想中的主要原则是个性，提倡保护思想、言论和行动的自由，并倡导要履行与自然和谐相处的道德义务，以及享有人类进步与发展的普遍权利。这都与洛克思想形成了比较鲜明的对比，具有超越个人主义的更宽广的、义务性的、整体性的甚至利他性考虑的视角，为生态利益的提出奠定了基础。

洛克的自由主义极力限制国家作用以确保其不对个人自由造成危害，密尔却认为个人权利不能完全不受限制。舒适的生活、便利与奢侈在必然导致对他人自由或自然环境造成破坏的情况下是不合法的。密尔在《自由论》中分析了社会可对个人合法行使权力的限度。他认为可以有充分理由反对社会暴政，也有充分理由主张自由与个性的形成，但这些都不是毫无限制

---

① ［英］洛克：《政府论》（下篇），叶启芳、瞿菊农译，商务印书馆，2004 年，第 16 页。

② ［英］约翰·密尔：《论自由》，许宝骙译，商务印书馆，2008 年，第 14 页。

③ 同上，第 66 页。

的。具体而言,密尔认为,个人的行动自由需要受制于所谓的"伤害原则",即"事情一到对个人或公众有了确定的损害或者有了确定的损害之虞的时候,它就被提到自由的范围之外而被放进道德或法律的范围之内了"①。由此,人类如若以行使自由之名,对他者造成了明显的伤害或带来了伤害风险,这便不再是自由领域的问题,而是需要通过伦理甚至法律规范进行解决的课题,也就是说已经是属于违背道德或法律的行为,并需要受到道德与法律制裁。

第二,对支配自然的警告。密尔反对如洛克般的支配自然的观念,他在《政治经济学原理》中警告道,没有任何余地留给自然进行自发活动的世界是可怕的:"每一英尺能够为人类生长食物的土地都被耕种了；每一处花卉的肥料之地或天然草场都被犁为平地,所有没有被驯化以供人类使用的四足动物或鸟类都会被作为人类食物的争抢对手而被消灭,很少有地方被空留下来供树篱或花朵生长,多余的树都会被拔掉,几乎没有一个地方能长出野生灌木或花朵了,因为它们会在改良农业的名义下被作为杂草根除掉。"②密尔通过对人类为维护自身的眼前利益而进行的排除异己式的粗暴实践的描述,指出了人类统治自然的危害所在。功利视角下的农耕文明,剥夺了花朵、草原、树木与掠食动物存在的机会,世界成为只剩下粮食作物的人为世界,而这种破坏多样性的做法终究又会对粮食作物的生长产生消极的反作用。这正是密尔对人类通过劳动满足自身需求的自利行为的担忧,也是对人类极端利己的个人主义的批评。

第三,对美好生活的非物质化界定。与洛克增加财富和实现无限经济增长的主张不同,密尔认为人类世界经济发展的"静止状态"(stationary state)也

---

① ［英］约翰·密尔:《论自由》,许宝骙译,商务印书馆,2008 年,第 97 页。

② John Stuart Mill, *Principles of Political Economy*, New York: Longmans, Green & Co. Press, 1848/1900, 1911, book IV, chapter 5.

当代西方生态民主的兴起及其对传统民主的超越

同样具有积极作用。"资本与人口的静止状态并不意味着人类进步的静止状态。各种精神文化、道德和社会进步的空间将一如既往；当心灵不再被前进的艺术所吸引时，改善生活艺术的空间会更大，而改善生活艺术的可能性也会大得多。即使是工业艺术，也可能被同样认真和成功地培育，因这唯一的不同，工业进步将会生产出其合法性，那就是节约劳动力而非仅服务于财富的增加。"①在密尔看来，与增长相对的静止的经济状态并不可怕，它反而有助于生活及工业艺术的真正发展，由此应得到极力推崇。也就是说，密尔将人类美好生活的界定标准从物质生活转向了文化、道德等非物质形态，从根本上规避了将自然从属于物质生产的经济动因。正如德盖斯所言："也许这就是'洛克'自由派政治思想可以从更具绿色性的'密尔'自由主义中吸取的最重要的教训。"②

总之，居于主流地位的洛克式自由主义理论与绿色政治思想的诉求不相容，这与传统的洛克式自由主义理论的基本原则与假设相关，如对个人主义、自然统治主义和增长主义等传统的遵从。而密尔自由主义思想对自由、个性及幸福生活更广泛的界定，及对自然支配与经济无限增长的反对等，使其更有可能产生与绿色政治思想相一致的诉求。

2.自由民主制度与生态利益的相容性分析

（1）自由民主的生态劣势

自由民主是利益聚合的政治，而生态政治要求生态利益在政治中得到特别重视，至少不应在博弈中处于劣势或完全被忽视的地位。从生态政治视

---

① John Stuart Mill, *Principles of Political Economy*, New York: Longmans, Green & Co. Press, 1848/1900, 1911, book IV, chapter 5.

② Marius de Geus, Sustainability, Liberal Democracy, Liberals, In John Barry and Marcel Wissenburg（eds.）, *Sustaining Liberal Democracy: Ecological Challenges and Opportunities*, New York: Palgrave Publishers Ltd. Press, 2001, p.34.

角出发,受利益聚合的影响,自由民主制度生态危机应对现状及潜能都不容乐观。具体制约因素多体现于自由民主的规范与制度运作层面,例如:民主主体界定的人类中心主义;短期选举周期对长远公共利益的忽视;经济增长律令裹挟下偏向于商业利益的政治格局;民主决策私人利益的聚合特性;官僚制架构及常规治理程序对环境问题的耽误及分解,等等。在此背景下,自由民主制度对生态利益的考虑以及对生态问题的有效应对现状并不令人满意。

第一,从生态批判视角出发,自由民主的主要问题在于欠缺对生态主体利益的代表。正如埃克斯利所言:"自由民主国家的核心问题在于它对生态关切的系统性的欠代表性。"[①]在传统政治定位中,人是唯一的政治主体,虽然在主体人群的具体界定上存在历史与阶段性差异,但主体资格的底线从未超越人类范畴。在理论建构与实际运作中,自由民主未将自然主体地位及本体论的自然利益进行系统性的吸纳,原因在于,它"只代表有领土界限的政治共同体内的现有公民,因此有强烈的动机将生态成本在空间和时间上外化。在这方面,它系统地对'非公民'利益存在偏见,非公民即所谓的'新的环境选民',他们包括所有可能受政体内部环境决定严重影响但却不能投票或无法参与政治讨论与政治决定的主体(这里指的是非本国公民、非人类物种与后代)"[②]。这种只对当代人进行代表的民主是顺应传统政治逻辑对人类政治主体所做的最大也最宽泛的扩展,但仍然无法满足生态民主的要求。

在生态民主理论视阈中,人类中心主义立场是自然沦为工具性的被奴役地位并引发严重生态后果的根本原因。因此在根本上解决生态问题首先需要从突破人类中心主义入手,改变与提升自然的从属地位,在政治领域中便

---

①②　Robyn Eckersley, Greening Liberal Democracy: The Rights Discourse Revisited, In Brian Doherty and Marius de Geus（eds.）, *Democracy and Green Political Thought: Sustainability, Rights and Citizenship*, London and New York: Routledge Press, 1996, p.209.

体现为赋予自然民主主体资格。埃克斯利用"受风险潜在影响者"做出了最经典的民主主体界定，此界定出于我们并不陌生的原则"所有受到某种风险潜在影响的主体，都应该有一些有意义的机会参与或被代表地参与到产生这种风险的决策中。这一构想的产生主要基于以下道德观点，即未经个人和群体在自由与知情前提下的事先同意，不应使他们遭受可避免的风险"①。若自然界的民主主体资格得到认可，其被代表以参与决策的权利也得到承认，那么，自然及人类后代等无法在场的主体的利益便会得到相应代表与考虑。但从目前看来，这一要求完全超越了只对当代人类利益进行代表的自由民主制度底线，为自由民主带来了前所未有的认识论与制度等层面的挑战。

第二，除缺乏对生态利益的系统性代表外，自由民主对生态利益的现有考虑也带有功利特征，即考虑生态的根本目的在于保护人类利益，同时纳入考虑的环境公益被置于可商榷的而非不可辩驳的地位。自由民主政治的性质是个人利益聚合，在此制度中，环保组织被视为一种游说组织，其目的也被视为单纯追求成员或组织既得利益而并非代表环境公益，结果是，"环境保护方面长期的公共利益被系统性地与对资本和劳动力的更直接需求进行权衡"②。而环境公益在此种讨价还价政治格局下并不会占据任何优势。埃克斯利指出："实际上，环境'公益'在自由民主制度典型社团主义政治的讨价还价过程中表现不佳。环保主要依赖于对公共利益的宣称，即宣称有能力对长远的、普遍的（如后代）及非人类物种利益进行代言。虽然扩展的环境选民

---

① Robyn Eckersley, Deliberative Democracy, Ecological Representation and Risk: Towards a Democracy of the Affected, In Michael Saward（ed.）, *Democratic Innovation: Deliberation, Representation and Association*, London and New York: Routledge Press, 2000, p.118.

② Robyn Eckersley, Greening Liberal Democracy: The Rights Discourse Revisited, In Brian Doherty and Marius de Geus(eds.), *Democracy and Green Political Thought: Sustainability, Rights and Citizenship*, London and New York: Routledge Press, 1996, p.210.

的福利会受到社团决策的直接影响，但他们很明显无法在现有的任何政治团体中进行选举，也无法影响政治决策的制定。"①

在利益聚合政治格局下，环保公益不仅未被赋予区别于普通利益的地位，而且还面临着权力偏向于商业集团的不利处境。自由民主制度下的权力分配有利于拥有更多经济资源的商业界，因为不论政府还是普通公民都会对投资减少、经济衰退与失业等问题表示担忧，其中，商业集团更顺利的发展是规避上述问题的主要途径。而商业利益在经济增长绝对律令支配下将环境成本外化的惯性，必然会将环境公益置于权衡交易之中。正如埃克斯利所言："自由民主制度下的政治竞争以利己主义为前提假设，并围绕'谁得到什么、何时得到及怎样得到'主题展开。这样的'得到的政治'使拥有优厚资源（在金钱和信息方面）、组织良好和战略明确（如容易接近政治家和官僚）的团体和组织，拥有相较于资源贫乏、组织不当和分散性组织的相当明显的优势，而环保组织属于后者。面对着讨价还价的政治局限，面对现代国家的结构性限制——特别是对私人资本积累的持续性财政依赖，不难理解为何长期的环保公益（包括后代和非人类物种的利益）会被当下对资本和劳动的依赖系统性或组织性地击溃。"②从生态政治视角出发，这是无法调和的价值性冲突。

第三，自由民主还存在着生态问题处理低效性问题。生态问题具有紧急性、高度复杂性、不确定性与跨越政治边界等天然特征，需要相应政治机制的有效应对，而自由民主制度交出的答卷不那么令人满意，总体表现出低效的效果。其具体原因在于自由民主短期政治周期对长远公共利益的忽视，官僚等级制处理问题的常规化及分解化对紧急及系统环境问题的延误，现有政治边界的行政分割化处理流动性环境问题的无力等因素的制约。

---

①②　Robyn Eckersley, Liberal Democracy and the Rights of Nature: The Struggle for Inclusion, *Environmental Politics*, vol.4, No.4, 1995, p.170.

当代西方生态民主的兴起及其对传统民主的超越

具体而言,自由民主短期政治周期对长远公共利益的考虑较为欠缺。以选举及任期为坐标的政治周期带有明显的短期性,这影响着当选者生成考虑长远公益的倾向。正如埃克斯利所言:"自由民主制一般的操作基础是短期时间段(最多,与当选期相对应)。……决策者拥有在'等等看'基础上推迟行动的内在倾向,而不是采取先行和预防性的行动。"①埃里克·海辛(Erik Hysing)也指出:"民主选举制度的短视使政客不愿(或不能)采取必要的步骤来创建一个长期的可持续发展的社会。在地方和国家层面,代议制民主都阻止政客形成足以带来一个'绿色'社会的远见,因为他们依靠民意取得政治生存,特别是在公众要求福利不断增加并可对无法满足此需求的政客进行惩罚的背景下。……至今,公民对增加物质福利的偏好仍是超越于生态可持续性的,这也并不奇怪,因为负面的环境后果依然大部分地分布于世界其他地区或未来。代议民主制本质上是个人偏好的聚集,只要大多数公民对环境价值感受迟钝,代议民主生成生态可持续性的可能依然是成问题的。"②

此外,自由民主还存在生态问题应对能力不佳的问题。生态问题往往具有高度复杂性、不确定性与累积爆发性等特征,处理系统需具备针对生态不平衡的矫正机制、针对公地悲剧的部门协调机制,应对环境问题的稳健性及对环境破坏的复原力,等等。而由于自由民主下多元利益特别是商业利益的裹挟与制度按常规运作等特性的影响,这些能力被形式化与弱化了。德莱泽克认为,生态理性是有效应对环境问题的必须,而政治机制整合消极反馈与进行协调的能力是生态理性的必要条件,但对生态系统消极反馈不敏感、部门协调机制缺乏、制度执行灵活性和弹性不足的自由民主根本不具备生态

---

① Robyn Eckersley, Liberal Democracy and the Rights of Nature: The Struggle for Inclusion, *Environmental Politics*, vol.4, No.4, 1995, p.170.

② Erik Hysing, Representative Democracy, Empowered Experts, and Citizen Participation: Visions of Green Governing, *Environmental Politics*, vol.22, No.6, 2013, pp.957-958.

理性,因而也无法有效应对生态问题。①

（2）自由民主的生态优势

除对自由民主制度生态劣势进行分析外,生态民主理论家也在积极寻找其生态优势,因为毕竟在相当大程度上自由民主是其进行新的生态民主建设的基点甚至是依托。这里一般用自由民主相较于威权政体的优势进行论证。

温斯洛指出,民主政体比威权政体更倾向于保护环境质量,环境质量与民主在现实中呈正相关关系。其中的主要原因在于,权力共享的民主政体使多数人能够对少数人从环境退化中牟利的行为进行制约。同时,民主还在领导问责、公共参与、信息自由、非政府组织、民事诉讼及国际合作等多个层面存在优势,即:对领导者的问责使得他们很难从环境退化中为个人牟利;参与决策的公众增加了环境议题被确认和解决的可能性;信息自由使人们更了解环境问题的情况;非政府组织的存在有助于将环境问题告知公众,也能够充当公共机构的监视者,而且还可以直接对政府成员进行游说;民事诉讼可作为环境保护的强制执行方式;民主的国际因素,如民主国家间可在环境问题和规制技术分享中存在较好互动,并可共同制定解决全球环境问题的国际条约。②

罗杰拉·佩恩（Rodger A. Payne）系统分析了民主与环境保护的积极关系,认为民主在尊重个人权利、对公民负责、政治开放、国际合作及自由市场经济五方面存在着有利于环保的优势。具体而言,首先,与威权国家不同,民主国家尊重个人权利,因此环境专家能够自由地宣传他们的思想,并将其转化为环境立法。其次,民主政府天然地对公民更负责任。被选举(或再选举)

---

① John S. Dryzek, *Rational Ecology: Environment and Political Economy*, Oxford: Blackwell Press, 1987, p.54.

② Margrethe Winslow, Is Democracy Good for the Environment?, *Journal of Environmental Planning and Management*, vol.48, No.5, 2005, p.772.

的必要性至少确保了对公众意见最低程度的考虑。再次,民主国家自由流动的信息允许某种形式的政治学习。开放的政治制度比专制国家使公民更容易向科学家和其他相关的公民学习。同时,民主国家相互认同的倾向增加了包括环境在内的政策模仿的可能性。复次,民主国家倾向于在国际环境机构内进行相互合作。此外,跨国集团在影响民主国家的政策制定方面往往比在非民主政体中成功得多。最后,因为所有民主国家都有自由市场经济,市场中的企业既可以受到环境的激励,也会遭受其制裁。如果活跃的环保组织对企业环境实践满意,便会用更大的市场份额对其进行激励;若不满意,环保团体将试图直接减少企业的市场份额,或进行环境立法的院外游说,这对企业来说意味着昂贵的代价。[①]

虽然存在关于自由民主不能有效进行生态保护的质疑,但生态民主理论家一致肯定的认识是,自由民主的规范及制度设计使其至少拥有了优越于权威政体的环保潜能与绩效。而关于其生态保护劣势的质疑,一般生态民主理论家认为自由民主极具弹性,可从对其制度进行绿色变革环节入手塑造其生态性。

3.自由民主实践对绿色诉求的弱化——以生态可持续性为例

除从理论层面对自由民主与生态关系进行探讨外,两者关系的考察也是一个实践命题。此命题涵盖范围较广,而作为环境诉求在自由民主体系内生长的现实典型,生态可持续性一般被理论家当作分析的对象。

(1)自由民主对激进环境议题的弱化

20世纪七八十年代,环境运动势头高涨并有较高的关注度,而进入20世纪末却遭遇了环保公众关注度、绿色组织及绿党支持率都同时下降的窘境,生态政治学者认为这种巨大的反差是环境主义激进性在自由民主国家中

[①]　Rodger A. Payne, Freedom and the Environment, *Journal of Democracy*, vol.6, No.3, 1995, pp. 41–55.

被弱化的结果。

除环境主义激进性被弱化外，环保主义者也受到了诸多的质疑与诟病。就此，弗雷德里克·贝尔（Frederick Buell）进行了较精辟的描述，他指出："20世纪70年代，环境危机的不可避免性似乎是不证自明的。但发生的一些事情让对手们将环保主义者污蔑为制造不稳定的危言耸听者与不诚实的先知，并称他们的警告充其量是歇斯底里的，最糟糕的是还将他们称作谎言编造者。而且，发生的事情甚至让一些人对环境保护者是环境最好的管理者这一最为明显的常识性假设发出质疑。"①与此同时，环境危机舆论及绿色批评的威力也受到了自由民主的削弱。贝尔指出，环境危机本来就是一场需要解决的难题，但自由民主国家特别是市场机制与强有力的行动者却成功将其转化为"公开辩论"，并且还认为这是帮助环境危机走上了正常化轨迹，最终的结果是将环境危机问题制度化并削弱了绿色批评的效果。

巴瑞将环境主义定位为激进的绿色政治。他对当下自由民主国家环境政治进行观察的结论是：环境问题已被温和地整合入市场与自由民主国家的逻辑和应对策略中。从而似乎"环境主义已经实现了其主要目标，以至任何代表绿色运动的激进主义都只会破坏来之不易的收益或让步。面对'关于环境的政治'（politics of the environment）就不再需要曾经的'环境政治'（environmental politics）了"②。也就是说，产生了要求环境主义要么屈从于自由民主现实，要么便承担破坏团结罪名的道德性绑架。

同时，自由民主国家似乎又展现出一种环境友好、积极应对环境危机的

---

① Frederick Buell, *From Apocalypse to Way of Life: Four Decades of Environmental Crisis in the US*, New York: Routledge Press, 2003, p.3.

② John Barry, From Environmental Politics to the Politics of the Environment: The Pacification and normalization of Environmentalism? In Marcel Wissenburg and Yoram Levy (eds.), *Liberal Democracy and Environmentalism: he End of Environmentalism?*, London and New York: Routledge Press, 2004, p.179.

政治图景。从地方到国家再到国际等各层次中的环境机构、立法与政策都在增加的现实,似乎就是较好的证明。巴瑞指出:"监管制度、法规、最佳实践、环境审计、环境管理体系(EMS)与 ISO 认证等共同构成了自由主义国家对'环境治理'的公众承诺,也通过环境'作为'的展示减轻了公民的忧虑并且回应了政治压力。所以,从对环境问题的粗略观察来看,自由国家似乎对来自绿色运动和绿色政党的环境政治压力做出了回应。"①

但是,这又带来了一系列问题,如绿色运动激进与变革的目标是否仍然有可能实现? 是否仍然能够作为绿色政治的一个持续可行的核心? 巴瑞认为,从国家角度看,普遍的选举,赢得选票的欲望,与国家管理机构及代理人开放的联系、内部的意识形态辩论,等等,都有通过环境政策网络将环境压力组织从外部压力集团转化为内部压力组织的潜力。从环境组织来看,"参与各种决策、议程设置与立法等过程的代价是自身激进诉求的被淡化甚至被侵蚀,同时,绿色政治要求被转化为自由民主国家经济与技术语言的可能"②。结果,自由民主国家对激进的绿色运动与绿色政治进行了安抚,就如同其整合与安抚社会主义为福利国家一般。"简言之,假定的(人们几乎试图解读为'进化')'绿色 / 生态国家'(连同商业的绿色化)的出现侵蚀了绿色政治的激进性。"③

德盖斯认为,环境问题的无害化是被西方自由民主国家规划与政策总体框架吸收的结果。④他认为自由民主国家主要采取以下三种方式缓和环境议

---

① John Barry, From Environmental Politics to the Politics of the Environment: The Pacification and normalization of Environmentalism? In Marcel Wissenburg and Yoram Levy(eds.), *Liberal Democracy and Environmentalism: he End of Environmentalism?*, London and New York : Routledge Press, 2004, p.179.

②③ Ibid., p.180.

④ Marius de Geus, The Environment Versus Individual Freedom and Convenience, In Marcel Wissenburg and Yoram Levy (eds.), *Liberal Democracy and Environmentalism: The End of Environmentalism?*, London and New York: Routledge Press, 2004, p.88.

题。第一种方式是制定新的政策与法律来应对最极端的污染与自然退化问题。此做法的效果是将带有规范性与道德判断性的环境议题转化为了技术与政策命题。"自此,环境问题开始更少地开放于公众审查和基本的规范性辩论。在许多西方国家,环境问题已成为日常政治斗争的一部分,并被纳入了社会决策框架。这些进程的结果是,现在对环境危机基本规范和道德问题的关注很少。西方国家的政府正是通过把环境问题纳入可以由官僚管理方法解决的日常技术政策问题的方式,在很大程度上成功地缓和了生态批判。"[①]第二种方式是自称选择有利于所有相关者的环境策略。"生态现代化"策略便是如此,它总体宣称能达到经济与环境的双赢,宣称可在不对经济与社会进行根本改变、不造成资源枯竭、不增加工业污染或导致自然退化的前提下,实现有利于公民、商业、工业、自然及环境等所有主体的无限制的经济、就业及竞争力的增长。第三种方式是将大多数激进环境利益群体吸纳入一般决策框架以缓和批评。德盖斯指出,大多数绿色运动不再遵循直接行动及对抗道路而选择参与和协商路径的现实便是对此方式效果的最好证明。以荷兰为例,环境保护协会(Vereniging Milieudefensie)、自然与环境基金会(Stichting Natuuren Milieu)与自然古迹(Natuurmonumenten)等环境组织激进性都发生了退化,这些也是绿色运动被政府无害化与软化处理的典型案例。[②]

(2)自由民主对生态可持续性的制约与支持

关于自由民主与生态可持续是否相容的问题,一般是将自由民主作为较强势的一方,研究其对生态可持续的态度及应对手段等,因为自由民主是生态可持续议题生发的现实土壤,而且也是其继续发展的主要制度依赖。生态

---

①② Marius de Geus, The Environment Versus Individual Freedom and Convenience, In Marcel Wissenburg and Yoram Levy(eds.), *Liberal Democracy and Environmentalism: The End of Environmentalism?*, London and New York: Routledge Press, 2004, p.88.

当代西方生态民主的兴起及其对传统民主的超越

政治学者的研究表明,自由民主对生态可持续性采取制约与支持并存的策略。

海沃德认为,自由民主在诸多环节制约了生态可持续性。例如,忽视包括环境在内的长远性普遍利益,封锁环境利益的表达渠道,环境成本外化,非公民环境利益代表不足等。他分析道:"自由民主国家以资本主义经济为前提,其可持续目标应以无限持续的经济增长为前提,而从生态学角度来看,这一假设似乎是需要被严重质疑的。此外,强调增长本身而不是增长目的,加之市场价值的支配,其结果意味着系统性地封锁了人们对某些其他重要利益的有效表达。在自由民主国家内部,政策问题往往是根据利益代表的主导模式加以界定与分类的。自由民主国家在空间和时间上几乎不存在任何将生态成本外部化的障碍;它们也只为非公民利益的间接代表提供了非常有限的机会——实际上,对本国公民的生态利益同样如此。与短期党派利益相比,长期与更具普遍性利益对政治的影响不会那么有效。此外,即使那些由非政府组织(如环境组织)承担和倡导的公共利益也很容易受到自由民主'框架结构'的影响。"①

海沃德对自由民主的态度并非全面批判,他认为自由民主是灵活与有弹性的,而且其中还隐含着可持续社会的规范理想。他分析道:"对自由民主体制的适当态度应该是内在批判。因为我们可以发现可持续社会的规范理想的某些方面已经隐含在了现代宪政民主制度中。宪政民主由有适应性的、多元的和变化的利益集合群建立并推动,而且此利益集合群会随着充满活力的经济增长及由此而来的加速的社会变革而发展,可见,现代宪政民主的政治稳定不是以静止的社会关系或生产力为前提的。同时,自由民主在许多

---

① Tim Hayward, Constitutional Environmental Rights and Liberal Democracy, In John Barry and Marcel Wissenburg (eds.), *Sustaining Liberal Democracy: Ecological Challenges and Opportunities*, New York: Palgrave Publishers Ltd. Press, 2001, p.128.

方面是一种灵活和有弹性的政治形式：其宪法安排通常允许公民与经济行为者享有一系列自由，而只对他们施以最低限度的政治监管，目的是有利于社会与经济力量的平衡。这样的结果是提高了自由民主的反馈能力，即它对来自社会各部门的生态破坏信号的反应能力。"①海沃德试图从宪政民主对社会利益群体活力的确保及对公民与经济行为者自由的保障，来证明自由民主能够确保可持续社会的理想，因为可持续社会需要整个政治体系来保障包括生态在内的利益群体的活力及自由。

多布森也论证了自由民主存在生态可持续性的可能。由于自由主义主导性的价值观念似乎无法接纳生态可持续性，所以自由民主从表面上看来与可持续存在一种对立关系。"自由主义的个人主义、对私人攫取（acquisition）的认可、对有限政府的支持、对市场作为高效和公平的资源分配者的赞扬，以及反对国家对'美好生活'最终版本的支持，这些都受到环保人士议程的质疑。自由主义者自负地以自主权价值的名义抵制环保主义者改变个人品位或偏好的企图，而在康德和洛克的传统中，他们将坚持人类与其他动物之间的那种严格的价值划分，而这恰是环境保护主义者试图破坏的。"②尽管如此，多布森认为自由民主也存在包含生态可持续性的可能，这需要挖掘其丰富的智力资源。自由主义的中立原则允许环境价值的表达，"自由主义具有极大的弹性，而且它拥有可以以一种环境友好方式加以利用的大量的智力资源。例如，自由环保主义者会辩称，虽然政治制度在何为善的界定层面确实应该保持中立，但公民本身完全有权以环保主义者所希望的方式来论

---

① Tim Hayward, Constitutional Environmental Rights and Liberal Democracy, In John Barry and Marcel Wissenburg（eds.）, *Sustaining Liberal Democracy: Ecological Challenges and Opportunities*, New York: Palgrave Publishers Ltd. Press, 2001, p.127.

② Andrew Dobson, Foreword, In John Barry and Marcel Wissenburg(eds.), *Sustaining Liberal Democracy: Ecological Challenges and Opportunities*, New York: Palgrave Publishers Ltd. Press, 2001, p.Vii.

证道德偏好。事实上，自由主义者可能会建议，只有在宽容的自由主义政体中，环保主义者才能得到他们所渴望的空间"①。此外，边沁与密尔而非康德与洛克自由主义思想遗产也包含有利于环境的因素，如对后代环境权利的认可。"也许，更重要的是为子孙后代争取权利的想法，因为这把环境和自由议程紧密地联系在一起。这可能不会立即实现，但一旦我们意识到'环境'是我们留给后代的事物之一，如果我们承认后代有权享有一个可持续和令人满意的环境，那么后代的权利和环境的可持续性就可以被认为是密切相关的。"②多布森揭示了密尔自由主义思想与环境诉求融合的可能性，也看到了自由主义中立性可为环保主义者提供思想资源的可能。

（3）自由民主对生态可持续性的定位

第一，自由主义主张一种消极和预防性的生态可持续性。对生态可持续性进行规定的目的是避免不可持续发展的途径，而不是规定一条特定的发展道路。自由主义认为对生态可持续性的积极解释，也即对生态社会该有状态的定位存在着威胁自由的可能性，因为这对社会变革进行了确定性与指令性的描述。巴瑞认为自由民主的生态可持续性是一种排除而非规定相关发展道路的问题，此视角认为，"从防御或消极的角度看待生态可持续性似乎更有实际意义：即试图排除特定类型的发展或现代化道路，而不是规定某种特定的可持续发展路径。问题是，社会中若没有一条可持续的发展道路，也就不会存在组建'可持续社会'的一套社会、经济或政治制度，这与生态主义的意识形态主张背道而驰。科学和形而上学都无法权威地决定一条特定的可持续发展道路或如何最好地将其制度化，因此这是一个政治判断问题，

---

①② Andrew Dobson, Foreword, In John Barry and Marcel Wissenburg（eds.）, *Sustaining Liberal Democracy: Ecological Challenges and Opportunities*, New York: Palgrave Publishers Ltd. Press, 2001, pp. Vii–Viii.

而不是关于什么是生态可持续性的专家知识或宗教／精神启示命题。因此，这种对'生态可持续性'的消极解释与自由主义对社会变革的怀疑如出一辙，因为它担心后者确定性、指令性的规定会对自由造成潜在威胁。①将生态可持续性问题定性为政治判断命题的结果不是规避了规划激进绿色道路的难题，而是将其转化为需要不断进行政治判断的民主协商性问题。

第二，自由民主将生态可持续性作为诸多价值之一。自由民主采纳生态可持续性的目的在于控制对自然的破坏性，而不是要将保护自然置于优先于利用自然的地位。"如生态现代化模式一般，自由主义的生态可持续性试图通过国家管理的'绿色生产'过程（手段）来维持（或许还可能扩大）多样的善（目的）。自由主义视角下（例如，与深度生态或以生态为中心）可持续性的目的不是使自然保护优先于人类对其进行的生产性利用，而是'控制进步所需的破坏性'，同时也志在淡化将破坏自然视为进步的观念。进步的观念。"②可见，自由主义只将生态可持续性视为诸善之一，并没有赋予其任何价值优先性。这是自由主义中立性立场下的必然结果，也使环境从不被考虑的处境上升到了被考虑的地位，当然这仍然远未达到环保主义者的预期。

第三，主张生态可持续性的自由民主需要对经济进行政治管制。这一立场意味着更加社会民主立场的自由主义，并意味着要将先前政治自由主义与经济自由主义的结合相分离，进而用前者管制后者。"可持续性不仅与生态资源（能源、物质和同化能力）投入量有限的'供应'问题有关，但也与'过度需求'这一更为困难的政治问题有关，自由民主国家似乎无法解决这一问题，除了在战时等特殊情况下。由于缺乏强烈的集体目标意识，现代自由民

---

① John Barry, Greening Liberal Democracy: Practice, Theory and Political Economy, In John Barry and Marcel Wissenburg（eds.）, *Sustaining Liberal Democracy: Ecological Challenges and Opportunities*, New York: Palgrave Publishers Ltd Press, 2001, p.65.

② Ibid., p.78.

当代西方生态民主的兴起及其对传统民主的超越

主政治在很大程度上是由对经济增长、繁荣和大众消费的共同承诺结合在一起的。如果向更可持续的自由民主过渡需要对消费和生产进行政治管制，这并不意味着放弃自由民主，但它似乎确实表明出现了一种更加社会民主的自由主义，其核心似乎是政治自由主义与经济自由主义的分离。"[1]这从更深刻层面表达了一种政治自由主义与经济自由主义相结合无助于生态可持续性的主张，与密尔提倡国家干预的自由主义观念是相契合的。

总之，在自由民主对激进环境议题弱化，并对生态可持续性进行了无害于自由民主原则及实践的定位与处理的背景下，学术界对生态可持续性甚至激进环境议题仍然保持着乐观态度，他们认为，生态可持续性价值依旧存在大的活力及继续改造自由民主的可能性。正如巴瑞指出的那样，"毫无疑问，被理解为激进的绿色环境政治确实面临着严峻的挑战，特别是在以'普通与平凡'的身份进入自由民主政治领域并对其表示服从的背景下，再加之企业造成的反环境压力及经济界相对的权力与知识优势。然而，关于它死亡的消息确实是一种夸大了的谣言。因为从反全球化与反战运动等实践性政治斗争可见，环境运动（包括绿党）还存在着持续的活力，而且学界和积极分子对民主和公民权等议题绿色意蕴的思考与理论成果从未间断。同时，所有激进环境主义现有的状况是活跃的并且状态较好，而且正着手使自身与21世纪政治态势的塑造变得更加相关"[2]。这是一种继续改革自由主义的前景展望，因为环境诉求、甚至激进环境主义诉求依然活跃着，并已得到自由民主的初步考虑与接纳，阶段性地被弱化并不能摒除掉其固有的进步意义。

---

① John Barry, Greening Liberal Democracy: Practice, Theory and Political Economy, In John Barry and Marcel Wissenburg（eds.）, *Sustaining Liberal Democracy: Ecological Challenges and Opportunities*, New York: Palgrave Publishers Ltd Press, 2001, pp.78-79.

② John Barry, From Environmental Politics to the Politics of the Environment: The Pacification and normalization of Environmentalism? In Marcel Wissenburg and Yoram Levy(eds.), *Liberal Democracy and Environmentalism: The End of Environmentalism?*, London and New York: Routledge Press, 2004, p.191.

(三)绿色自由民主的实践方案

绿色自由民主是在承认自由民主基本制度及原则规范基础上将绿色诉求融入其中的做法。自由民主的绿色转向也体现为在自由民主既定原则与框架下对绿色议题的整合、包容甚至同化。此背景下,自由民主推出了生态现代化、多用途原则与预防原则等应对环境议题的实践方案,虽然在生态政治理论家看来,这些是人类中心主义立场下的绿化程度较弱的环境治理方略,但不能否认,这些努力是在当前及今后较长一段时期内,自由民主仍将占主导地位的政治背景下所做出的实用主义考虑。

1.生态现代化

生态现代化是自由民主绿色化的典型现实范例,其设计的污染者付费、强制性环境影响评估和排污权交易等核心制度,已成为西方各国普遍推行的实践策略。生态政治思想家将生态现代化视为自由民主整合绿色命题的现实方略,其基本原则、宏观规划方向、国家职能定位等都在自由民主规范及框架内展开。

第　,生态现代化的基本原则是经济发展与环境保护可以双赢。早期的环境观念认为经济增长与环境保护不可兼容,倡导为保护环境牺牲一定程度经济增长。相反,生态现代化不仅认为经济增长与环境保护并不矛盾,甚至认为后者是前者的促进因素。生态现代化鼓励而不是抑制消费(但具体关注的是绿色消费),提倡提高而不是降低生活质量。可见,生态现代化对自由民主采取的是改革而非革命的态度,是承认既定制度背景下的政策创新。在巴瑞看来,生态现代化"可以被视为自由民主国家现有机构内的一种新的环境政策讨论和一种制度性的学习形式"①。

① John Barry,Greening Liberal Democracy:Practice,Theory and Political Economy,In John Barry and Marcel Wissenburg (eds.),*Sustaining Liberal Democracy:Ecological Challenges and Opportunities*,New York:Palgrave Publishers Ltd Press,2001,pp.61–62.

第二,西方民主学者将生态现代化定位为一种政治方案,而且是自由主义国家管理经济体系的政治方案。具体而言,生态现代化首先提倡的是对经济与生态进行宏观管理。生态现代化质疑自由市场对经济规模的迷恋,认为自由市场下生态问题的根源在于单纯追求经济规模的扩大而未将生态成本考虑在内,由此提倡的是生态上可持续的增长形式,以及对经济与生态关系的宏观管理。巴瑞认为,"生态现代化模式所设想的调控、规划和其他形式的国家干预,首先涉及人类经济与其所依赖的生态过程及投入之间新陈代谢的规模, 即它涉及的是经济 – 生态代谢的宏观管理, 而不是微观经济活动本身"①。其次,生态现代化要对企业及其经济活动进行生态维度的规制。巴瑞指出:"生态现代化被理解为一种在政治上管制生产的企图(尽管不一定通过中央国家规划和管制),以应对由于'市场失灵'而产生的(环境)生产成本的社会化。……生态现代化可以被看作是现代自由主义国家危机管理功能的一个生态维度。简言之,生态现代化在很大程度上是国家'管理''引导'或'塑造'(但不是从根本上挑战或寻求扭转,因此它是'现实主义'或'实用主义'的)日益全球化的资本主义经济体系经济动态和趋势的政治方案。"②这些都是在自由民主在对经济目标的既定追求中加入了生态可持续性的考虑。

第三,生态现代化需由国家担当推行者。生态现代化是居于生态权威与生态民主之间的状态,是反对权威、承认民主,但又无法完全按激进生态民主要求对自由民主进行彻底革命状态下的抉择。具体而言,改革状态下的生态现代化是较宏观的战略,需要国家担当推行者角色。首先,国家进行生态现代化规划是为环境问题提供生态政治解决方案的必需。德莱泽克指出,应

---

① John Barry, Greening Liberal Democracy: Practice, Theory and Political Economy, In John Barry and Marcel Wissenburg (eds.), *Sustaining Liberal Democracy: Ecological Challenges and Opportunities*, New York: Palgrave Publishers Ltd Press, 2001, pp.63–64.

② Ibid., p.62.

对环境问题的纯粹的政治、经济等解决方案存在很大不足,"从纯粹政治或经济方式解决环境问题的结果是问题的简单转移而非解决"①。这都是出于狭隘维度利益考虑的结果,如污染跨媒介、跨时空、跨部门甚至跨部门内不同处室间的转移,原因在于没有对环境问题的解决进行宏观把握。巴瑞认为,生态问题的解决方法与生态的解决方法存在着差异,前者可能是政治的、经济的甚至生态的维度,而后者只包括生态的维度,也即以生态理性为基础的解决方法。例如,"短期内污染水平超过了环境的吸纳能力,虽然这在经济或政治上可能是合理的,但很显然是不符合生态理性的,因为后者要求保持人类(和非人类)环境福利或福祉水平不下降"②。由此,生态政治学家需要国家将生态现代化规划为管理环境的生态政治方案,着眼于环境问题的解决而非转移。同时,国家对生态现代化进行规划是环境问题有效规避的必需。除对期望的环境结果的追求外,环境治理也包括对所不希望的环境结果的规避,由此,环境治理需要国家事先规划以规避相应后果。

此外,由于将经济增长与环境保护整合为双赢目标,生态现代化方案也遭到了较大质疑。经济发展是生态现代化的必然追求,那么能否同时履行对可持续的承诺? 对这一问题的回答存在争议。批评者认为,"生态现代化是自由主义国家为克服昂贵的生态外部性而采取的官僚式的'危机管理'办法,不能解决经济增长这一生态退化的根源性问题"③。也就是说,批评者认为生态退化的部分根源在于经济增长,生态现代化只是应对生态危机的权宜之

---

① John S. Dryzek, *Rational Ecology: Environment and Political Economy*, Oxford: Blackwell Press, 1987, pp.10–11.

② John Barry, Greening Liberal Democracy: Practice, Theory and Political Economy, In John Barry and Marcel Wissenburg (eds.), *Sustaining Liberal Democracy: Ecological Challenges and Opportunities*, New York: Palgrave Publishers Ltd Press, 2001, pp.62–63.

③ Ibid., pp.65–66.

计,因为它不可能舍弃对经济增长的必然追求。赞同者则认为,"将可持续目标与物质进步的减弱、消费和现代生活方式水平的降低及激进的社会和文化变革联系在一起,结果反而会对可持续产生消极负担。而生态现代化标志着自由民主积极的新发展,那就是,它寻求在没有(绿色)意识形态及消极负担的情况下追求可持续的目标"[1]。也就是说,将可持续发展纯粹定位为经济与生态协调下的发展,可使其脱离意识形态及附带目标(如降低消费标准)等负担以谋求更有效的发展,所以生态现代化恰恰可被视为自由民主的进步。不难发现,生态现代化是否有助于可持续目标的答案取决于对可持续概念的理解。[2]事实是,生态现代化可能与强可持续目标相矛盾,却可能促进弱可持续目标的发展。这些争论也从另一个侧面提出一种启示,也许生态现代化和生态可持续性与经济增长能否兼容是个经验性问题,有待于实践的检验。

2.多用途原则

在绿色自由民主的实践方案中,追求经济增长与环保双赢目标的生态现代化仍是偏向于自由民主而非绿色价值的策略,而多用途(multiple-use)原则是自称为不偏向于任何一方的策略,但生态民主理论家同样揭示了其偏向于自由民主而非绿色价值的特性。

(1)多用途原则的缘起

多用途原则是指对环境资源按个人需求进行多用途使用的原则,与对

---

[1] John Barry, Greening Liberal Democracy: Practice, Theory and Political Economy, In John Barry and Marcel Wissenburg (eds.), *Sustaining Liberal Democracy: Ecological Challenges and Opportunities*, New York: Palgrave Publishers Ltd Press, 2001, p.66.

[2] 斯特凡·沃斯特关于弱可持续性与强可持续性的界定较具代表性。他指出,弱可持续性是指可通过技术治理可实现的可持续目标,具体包括可再生能源在总能源消耗的比例、特定自然保护区的数量和一国能量效率这三个指标;而强可持续性是指只有通过彻底生产生活方式改变才能实现的可持续目标,具体包括二氧化碳的排放量、废物产生量和能源消耗量三个指标。See Stefan Wurster, Comparing Ecological Sustainability in Autocracies and Democracies, *Contemporary Politics*, vol.19, No.1, 2013.

资源使用的限制管制形成区别。在生态政治理论家、特别是生态中心主义色彩较浓的理论家看来，生态利益的维护需要改变将自然仅当作供人类所使用的资源的态度，并对人类发展必需的对自然资源的利用进行限制与管制，这是对人类肆无忌惮剥夺自然的抗议，也是维持人类生存的生态根基的必需。在此基调下的生态民主思想要求环境政策对资源使用进行管制。而这正是多用途原则的缘起之处，它产生于许多思想家对环境政策可能会破坏自由主义中立原则及干预个人自由的担忧。卡里·科利亚尼斯(Cary Coglianese)的担忧很具代表性，她认为环境政策会破坏自由中立原则，同时环境管制会过度干涉公民个人生活。她指出："环境政策可能而且有时确实会影响生活的重要方面，并限制个人追求有意义生活计划的能力。环境法规不仅会影响个人可能购买的产品的价格，而且还可以限制个人可能享受的食品、饮料、药品及其他物品的种类，也可以限制个人对私人财产的使用。"[1]但巴瑞认为，准确地说，环境政策干扰的是经济部门而非个人的自由与福祉。他认为上述分析"没有考虑环境政策对自由和福祉的增进效果，也没有认识到，受到干扰的'私人领域'与其说是'私人个体'(private individual)或公民，不如说是宏观经济的'私人领域'及经济行为者、工业部门、公司等的运作"[2]。

（2）多用途原则的规定性

鉴于对国家干预可能损害自由后果的担忧及规避，阿瓦·德－沙利特(Avnur de-Shalit)提出环境资源的多用途使用原则。他认为，"对中立的承诺要求环境政策着眼于维持支持个体生活多样性所需的各种资源……中立性

---

① Cary Coglianese, Implications of Liberal Neutrality for Environmental Policy, *Environmental Ethics*, vol.20, No.1, 1998, p.42.

② John Barry, Greening Liberal Democracy: Practice, Theory and Political Economy, In John Barry and Marcel Wissenburg（eds.）, *Sustaining Liberal Democracy: Ecological Challenges and Opportunities*, New York: Palgrave Publishers Ltd Press, 2001, p.68.

下最终的环境政策应尊重个人并保存资源使用的多样性"①。这是在维护自由主义中立原则前提下对国家环境政策制定与监管做出的规范要求，要求其以自然资源的多用途使用为前提而不是只对单一或较少用途表示肯定。科利亚尼斯也认为，"多用途管理方法似乎是一种自由中立的环境政策的范例"②。

巴瑞认为，"多用途可能被视为自由中立立场下的首选，与为了或反对'发展'或'保护'环境的先验或原则性倾向相反"。他认为此原则成为自由主义环境治理首选的根本原因在于，通过对资源使用及善的多样性追求而对自由进行确保，"就像生态现代化模式一样，一项多用途的国家政策会寻求尽可能多的善(经济增长、发展、环境质量和保护的成果)，或更确切地说，不必然偏向或赞同一些善的观点而否定其他"③。由此可见，多用途原则从缘起到目的都是基于自由民主中立原则的维护，同时也是为了维护人类使用环境资源的自由，这些都与以追求自然利益为目的的环境主义形成了明显差别。因此，多用途原则自称的在自由民主与环境价值间不偏向于任何一方的立场是站不住脚的。

(3)多用途原则的局限性

作为自由主义与环境保护相结合及相互妥协的产物，多用途原则也具有较为明显的局限性。尽管它在关于普通而非关键性自然资源决策领域的应用是较有效的，然而在遭遇大规模环境问题，或关于自然应否被当作资源的根本性争论时是无用的。巴瑞指出，"这种自由主义环境管理的'多用途'原则

---

① Avner de-Shalit,Is Liberalism Environment-Friendly?,Social Theory and Practice,vol.21,No.2, Special Issue:The Environmental Challenge to Social and Political Philosophy,1995,pp.287-314.

② Cary Coglianese,Implications of Liberal Neutrality for Environmental Policy,*Environmental Ethics*,vol.20,No.1,1998,p.51.

③ John Barry,Greening Liberal Democracy:Practice,Theory and Political Economy,In John Barry and Marcel Wissenburg（eds.）,*Sustaining Liberal Democracy:Ecological Challenges and Opportunities*, New York:Palgrave Publishers Ltd Press,2001,pp.69-70.

不会在所有情况下都奏效,特别是在不可逆转的环境变化和大规模环境退化严重的情况下,以及在可能的环境风险或代价相当严重的情况下。关于环境政治中普遍存在的规范性分歧,在根本的道德问题是'自然资源'是否被使用(或者是关于是否将某种自然实体或过程首先视为一种'资源'的道德冲突)而不是该如何使用的情况下,多用途办法将行不通"①。因此,多用途原则是在自由主义中立原则的规定下运作并以确保多元性及自由为目的。而这明显与激进生态政治学者提倡的对环境价值的特别遵从形成了强烈对比与反差。

3.预防原则

预防原则主要是用来预防许多环境问题中涉及的科学复杂性与不确定性,从20世90年代开始已陆续出现在地方、国家及国际各层次的立法、条约与声明中。《里约宣言》(1992年)第15条原则对预防原则进行了权威的阐释,即"为了保护环境,各国应按照本国的能力,广泛适用预防措施。遇有严重或不可逆转伤害时,不得以缺乏科学充分确定证据为理由,延迟采取符合成本效益的措施防止环境恶化"。

(1)预防原则重要性证明

埃克斯利推崇通过宪法确立预防原则,虽然其目的在于对后代及非人类利益进行保护(如她建议在《里约宣言》的预防原则"不可逆转损害"的论述之前加上"对目前与未来的人类及非人类群体"一语),但其理论对自由主义针对当代人的环境保护也存在借鉴意义。埃克斯利设立预防原则这一程序性宪法原则的目标是确保实质性环境权利得以执行,因为它可以抑制代表的非环保动机。埃克斯利指出,"通过写入宪法之后,预防原则可在所有涉及潜在

① John Barry, Greening Liberal Democracy: Practice, Theory and Political Economy, In John Barry and Marcel Wissenburg (eds.), *Sustaining Liberal Democracy: Ecological Challenges and Opportunities*, New York: Palgrave Publishers Ltd Press, 2001, p.70.

生态风险的决策和政策中成为强制规定,这将提供一种高度有效和简约的手段,迫使决策者压制非环保动机并更系统地考虑决策对不同状况的他者造成的潜在环境影响"①。如此便会从决策层面达到实现实质性环境权及保护环境的效果。

首先,预防原则可产生举证责任从受害方转向污染方的效果。基于对正统科学和技术的信仰,许多自由主义学者强调只有当科学牢固确立了环境退化与人类伤害之间的因果关系时,才可以考虑国家干预性政策的合理性及要求环境赔偿判决的正当性。但绿色人士普遍认为,需要证明伤害而非证明无害的推定与要求是成问题的。与萨沃德的认识一致,埃克斯利认为,由于知识的有限性及科学家解释的立场差异等因素的制约,这种对因果关系进行牢固与准确界定的可能性是不存在的,因此恰需要预防原则发挥作用。若成为裁决原则,"该裁决规则还作为证据规则将举证责任置于环境破坏方的支持者身上,他们需证明其行为对目前和将来人类和非人类社区不会造成危害"②。而且,"在任何针对公共当局玩忽职守的行动中,生态公民只要确定严重或不可逆转的环境损害的表面证据,就可以将责任转移到被告身上,被告需就不应采取预防行动的理由进行说明"③。巴瑞也指出,"在后果不确定的情况下,举证的责任方在于风险创造者,即那些提出发展建议的人,而不是那些反对发展的人"④。责任转移不仅转移了受害者的举证负担,而且还使

---

① Robyn Eckersley, Deliberative Democracy, Ecological Representation and Risk: Towards a Democracy of the Affected, In Michael Saward (ed.), *Democratic Innovation: Deliberation, Representation and Association*, London and New York: Routledge Press, 2000, p.129.

② Ibid., p.130.

③ Robyn Eckersley, Greening Liberal Democracy: The Rights Discourse Revisited, In Brian Doherty and Marius de Geus(eds.), *Democracy and Green Political Thought: Sustainability, Rights and Citizenship*, London and New York: Routledge Press, 1996, p.225.

④ John Barry, *Rethinking Green Politics: Nature, Virtue and Progress*, London: Sage Publications Inc. Press, 1999, p.225.

环境破坏者承担了证明危害不存在的任务,同时此任务的困难性可使判决的天平倾向于受害者并进而使环境救济权得以维护。

其次,预防原则将审慎与谦卑引入人与自然关系的处理方式中。巴瑞认为,"预防原则可以被视为审慎美德的现代版本,是处理人类社会与生态间动态的、不断变化和不可预测关系的'应对机制'……有效和审慎的生态管理需要预防原则之类的事前政策原则,其目的是防止环境问题的产生,而不是仅仅在事后进行补偿"[①]。同时,预防原则能够起到使环境问题防患于未然的重要效果。"审慎和预防是在不确定条件下做出决策时应采取的合理程序。将预防原则应用于民主决策的方法之一是禁止一系列不允许的结果,即禁止那些今后无法改变或逆转的结果。"[②]也就是说,承认预防原则可使民主决策将导致无法逆转生态后果的建议列为禁止项目,这便在源头上起到了制止严重生态危害的效果。

此外,萨沃德在风险规避与人类医疗健康类权利的论述中阐释了预防原则的重要性。萨沃德认为,对于风险而言,专家在什么能成为相关证据及证据如何解释等环节存在着巨大差异,反对权利赋予的观点由此宣称,确立针对不确定性风险的权利是愚蠢的。对此,萨沃德用预防原则进行了反驳,"如果有确凿的初步证据表明存在相关风险,那么我们就应该采取行动以防止其有害影响。对风险的绝对确定性是不存在的。因此,基于民主价值而生的合理的证据可能已经足够"[③]。萨沃德认为,鉴于许多环境干预措施的不确

---

①　John Barry,Greening Liberal Democracy:Practice,Theory and Political Economy,In John Barry and Marcel Wissenburg (eds.),*Sustaining Liberal Democracy:Ecological Challenges and Opportunities*,New York:Palgrave Publishers Ltd Press,2001,p.71.

②　John Barry,*Rethinking Green Politics:Nature,Virtue and Progress*,London:Sage Publications Inc. Press,1999,p.225.

③　Michael Saward,Must Democrats Be Environmentalists?,in Brian Doherty and Marius de Geus (eds.),*Democracy and Green Political Thought:Sustainability,Rights and Citizenship*,London and New York:Routledge Press,1996,p.86.

定性与风险,关于潜在损害的合理证据,而不是绝对的科学证据,就足以要求对环境权利的保护。

(2)预防原则的人类与非人类立场之争

埃克斯利对预防原则的定位是非人类中心主义的。她建议对《里约宣言》作出补充,以克服其人类中心主义的狭隘性。她指出,"在'不可逆转损害'之前加上'对目前和未来的人类和非人类群体'一语,将避免对这一决定规则做出狭隘的、以人类为中心的解释,该规则有效地提供了一种反对具有严重或不可逆转的环境风险(如物种灭绝、气候变化、核泄漏等)决策的推定"①。同时,宪法规定的预防原则的目的应是"迫使更系统地考虑对不同状况的他者造成的潜在环境影响,包括对后代和非人类物种利益的影响"②。

巴瑞认为,预防原则不排斥人类中心主义,它要求的是人类中心主义立场的收敛,具体要认识到人类"知识的局限性"。他指出,"预防原则纳入自由理论和实践的做法可将谦卑原则引入人类社会与生态系统的关系中,由此便可抑制人类对自然的'傲慢'或'狂妄自大'等生态恶习,而这无须排斥人类中心主义。预防原则可使人们认识到,在分析社会 – 环境相互作用和制定适当原则(制度)以应对与这种相互作用有关的困难、变化和问题时,承认'知识的限制'与认识到'增长的限度'是一样重要的"③。

(3)预防原则的中立与非中立性之争

政治思想家在预防原则的性质是否中立, 也即预防原则是否与自由主

---

① Robyn Eckersley,Deliberative Democracy,Ecological Representation and Risk:Towards a Democracy of the Affected,In Michael Saward (ed.),*Democratic Innovation:Deliberation*,*Representation and Association*,London and New York:Routledge Press,2000,p.130.

② Ibid.,p.129.

③ John Barry,Greening Liberal Democracy:Practice,Theory and Political Economy,In John Barry and Marcel Wissenburg (eds.),*Sustaining Liberal Democracy:Ecological Challenges and Opportunities*,New York:Palgrave Publishers Ltd Press,2001,pp.71–72.

义精神相吻合的问题上存在着争论。在埃克斯利看来,预防原则无疑是非中立的,因为其根本目的在于使"对目前与未来的人类及非人类群体"免受"不可逆转损害"。而无论是建议将预防原则写入宪法,还是建议法院裁决中将证明伤害的责任转移为证明无害,都带有明显的亲环境特性。萨沃德更是强调通过将环境权维护纳入人类医疗权利的方式避免潜在损害的发生,并提倡只需为潜在损害提供合理证明而无须绝对的科学证据。而以德－沙利特为代表的许多自由主义学者对预防原则采取的是中立立场,他们怀着信仰科技的乐观主义精神,强调预防原则使用的前提是存在着证明环境退化与对人类伤害因果关系的确定性科学证据,如若不然,国家必须保持中立与非干预立场。

关于预防原则的中立性问题,许多理论家自身存在着矛盾的理解,巴瑞就是典型的代表。他一方面认为预防原则是对中立原则的突破,因为它正是为了避免中立原则可能造成的环境损害而设计的,也因此在"环境"与"发展"发生冲突时会采取更偏向于环境的立场,"在这方面,预防原则是一项潜在的强有力的环境保护原则。它发生了反转,从需要'环保主义者'证明生态危害转向要求正统的'发展'利益方提供反驳环境损害的证据。在一些'发展'和'环境'利益发生冲突的(但不是全部)案件中国家也没能再保持中立。更确切地说,预防原则是为了公众利益而对自由主义表面的上公正／中立性加以限定,目的是为了立即避免'生态损害'或是在考虑某些'共同利益'(或代际公正的考虑,以及避免未来的损害)的基础上进行决策"[1]。以上对"公共利益"及"共同利益"的考虑及"国家不能保持中立"的论断充分代表了预防原则的非自由主义立场。

---

[1]　John Barry,Greening Liberal Democracy:Practice,Theory and Political Economy,In John Barry and Marcel Wissenburg (eds.),*Sustaining Liberal Democracy:Ecological Challenges and Opportunities*,New York:Palgrave Publishers Ltd Press,2001,p.70.

当代西方生态民主的兴起及其对传统民主的超越

也许是出于获得自由主义价值及自由民主制度认可的需要,巴瑞又矛盾地做出预防原则中立性的判断。他指出,预防原则的中立性首先体现在其内容规定上,即关于排除什么而非确立什么的原则,"预防原则似乎符合自由主义的'消极'或防御逻辑(这与中立要求有关),因为该原则是关于排除某些形式的决定和环境用途,而不是规定某一套东西"①。其次,预防原则的中立性还体现在其不排斥发展也不支持环保的立场上,"它加强了环境保护的理由和对经济–生态相互作用的调节。预防原则和国家在执行这一原则方面的作用,通常是在环境与发展发生争端的背景下,强调在面临发展建议时必须进行辨别和认真考虑。因此,预防原则本身并不是反发展的,也不是亲保护的,因为只要不违反生态可持续性,发展就永远是可能的"②。

总之,无论理论争议如何,预防原则业已成为许多自由民主国家的环境治理原则,尽管其主要体现的仍然是人类中心主义色彩。至于预防原则是否能按生态政治学者构想的对后代及非人类环境利益进行保护,仍是一个需要继续跟进的实践性课题。

由上可知,在生态民主理论阵营中,绿色自由民主是对自由民主变革性最小的制度设计。在思想根基环节,绿色自由民主继承了自由民主的自由主义传统,从密尔而非洛克思想中挖掘自由主义与绿色诉求的契合性,由此为自由民主绿色化奠定意识形态层面的合法性。由于只对自由民主做了浅层变革处理,相较于自由民主原则而言,绿色自由民主模式中的环境诉求处于相对弱势的地位。自由民主绿色实践对环境诉求进行了无害化甚至同化处理,生态可持续性价值主张便是典型代表。而生态现代化、多用途原则与预

①② John Barry, Greening Liberal Democracy: Practice, Theory and Political Economy, In John Barry and Marcel Wissenburg (eds.), *Sustaining Liberal Democracy: Ecological Challenges and Opportunities*, New York: Palgrave Publishers Ltd Press, 2001, p.71.

防原则等绿色自由民主的实践方案又无不渗透着浓烈的人类中心主义色彩。也许这是与现实妥协的权宜之计,因为自由民主在未来较长一段时间仍将是占主导地位的民主模式。被绿化了的自由民主虽然缺乏激进色彩,但生态危机应对与环保实际成效为其在生态民主理论阵营中赢得了一定程度的合法性。

二、生态协商民主

出于对代议制民主的失望,20 世纪 80 年代起民主理论家试图通过协商形式恢复民主的真实性与活力。生态政治理论紧跟这一转向,尝试用生态协商民主理论解决自由民主生态危机的应对困境。生态协商民主是生态主义与协商民主结合的产物。作为一种批判性理论,生态协商民主需揭示自由民主与生态主义之间的逻辑冲突与实践困境;作为一种替代性方案,生态协商民主需展示自身更具包容性的绿色诉求;作为一种崭新的尝试,生态协商民主需有效回应关于协商程序与绿色结果、理论与实践之间的一致性及公民形塑等方面的质疑。

(一)协商民主的绿色诉求

生态协商民主架构的理论出发点是对自由民主的生态批判。在生态政治视域下, 自由民主制度生态危机应对现状及潜能都会受到相当程度的批判。其根本原因多聚焦于自由民主的观念架构与制度运作层面,例如:民主主体界定的人类中心主义;短期选举周期对长远公共利益的忽视;经济增长绝对律令裹挟下偏向于商业利益的政治格局;民主决策私人利益的聚合特性;官僚制及其常规治理程序对环境问题的耽误及分解,等等。

从生态民主视角出发,自由民主的主要问题在于对生态主体的排斥、生态利益考量的功利性与生态问题应对的低效性等。相反,生态协商民主理论家普遍认可协商民主包容与不受限制的主旨具备绿色诉求,他们认为,在协商程序奠定民主合法性基础的前提下,其包容性有助于对非人类自然的主体地位形成认可,其平等、自由主体间不受限制的对话有助于承认包括环境在内的公共利益并推动保护实践。

1.确立自然主体地位

从理想规范意义上讲,协商程序为协商民主奠定了深刻的民主合法性基础。如伯纳德·马宁(Bernard Manin)所言:"自由主义理论与民主思想存在着一种共同的观念:合法性来源于个人的既定意志。而有必要从根本上对这一观念做出如下改变:合法性绝非来源于个人意志,而应是源自其形成过程,即协商本身。"①进一步而言,是协商民主的包容性,也即所有主体自由与不受限制的协商程序奠定了其规范意义上的民主合法性基础。本哈比认为,民主社会必须提供的公共物品之一是合法性,通过审查民主合法性的哲学基础,他指出,"在多元民主社会中,合法性来源必须是所有主体对公共问题的公开协商,而且此协商必须是自由与不受限制的"②。由此,就共同关心的问题进行公共协商对民主制度的合法性而言必不可少。

由人类担当协商民主主体,这是大部分协商民主理论家达成的无可商榷的共识。如艾米·古特曼(Amy Gutmann)所言:"政治权威的合法实践需要那些受其约束的人的认同,而自由平等的公民之间进行协商的正当性是最具说服力的,其中任何人必须为有争议问题的暂时解决提供最可辩护的理

---

① Bernard Manin,On Legitimacy and Political Deliberation,*Political Theory*,vol.25,No.3,1987, pp.351–352.

② Seyla Benhabib (ed.),*Democracy and Difference Contesting the Boundaries of the Political*, Princeton:PrincetonUniversity Press,1996,p.68.

由。"①在此基础上,生态协商民主理论家们进一步从不同视角将协商主体推演至了非人类身上。

本哈比从合法性原则视角论证主体扩展的必要性。他认为,作为协商结果的准规范获得认可及合法性的条件是,主体参与机会、质疑协商主题及协商程序权利的平等等。由此,"只要被排除在协商之外的任何一个人或群体能够证明自身受到协商准规范的影响,那么任何原初的规范都不能对协商参与者的身份或参与进行限制。在某些情况下,这将意味着一个民主共同体的公民可能将不得不与居住在其国内或邻国的非公民进行真正的对话,背景是当协商事项会对这些主体产生影响时"②。此种将全部受影响者作为协商主体的广泛包容性恰恰符合了生态协商民主理论关于非人类担当协商主体的构想。

埃克斯利从风险规避视角论证主体扩展至"受风险潜在影响者"的必要性。她指出:"在有关风险决策或决定的制定中,所有受风险潜在影响者都应该有一些有意义的机会参与或被代表地参与其中。此观点主要的道德依据如下——未经个人与群体在自由和知情前提下的事先同意,就不应该使他们遭遇本可规避的风险('可规避的风险'用以排除不涉及或较少涉及人类力量的自然环境灾难)。"③此构想的生态意蕴在于,受风险潜在影响的主体虽会因风险不同而呈现不同的集合,但综合而言,风险决策的机会已扩展至包括自然在内的所有主体。

德莱泽克从协商的交往理性出发阐发主体扩展的必要性。哈贝马斯只

①　Amy Gutmann,Democracy,Philosophy,and Justification,In Seyla Benhabib(ed.),*Democracy and Difference*,Princeton,NJ:Princeton University Press,1996,p.344.

②　Seyla Benhabib（ed.）,*Democracy and Difference Contesting the Boundaries of the Political*,Princeton:PrincetonUniversity Press,1996,p.70.

③　Robyn Eckersley,Deliberative Democracy,Ecological Representation and Risk:Towards a Democracy of the Affected,In Michael Saward（ed.）,*Democratic Innovation:Deliberation,Representation and Association*,London and New York:Routledge Press,2000,p.118.

将人类认定为具有交往理性的主体,而德莱泽克通过"能动性"观念将共同体扩展至自然界。他指出:"我想给出更具合理的建议以挽救哈贝马斯的交往理性。问题的关键是要把交往与交往理性延伸至具有能动性的实体身上,即使他们缺乏具有主观性的自我意识。"①能动性是指主体在追求目标时所具有的工具性的行动能力,相对于自我意识而言,这在降低交往理性标准的同时,也使自然被顺利扩展为交往理性主体。德莱泽克进一步指出,自然的主体地位要通过人与自然交往关系的民主化途径实现。承认自然的能动性将在最低限度上确保对自然实体与其生态过程的尊重。

2.承认自然本位价值

自由民主是对私人利益进行聚合的政治,其遵循"中立"原则的决策结果是私人利益的聚合,而非改变了的私人偏好及就公共利益达成的共识,由此,它不偏向于长期的特别是未纳入商业利益集团视野中的公共利益。有别于自由民主的工具理性,协商民主遵循不受约束的对话,提倡交往理性,倡导主体间的相互作用是"平等的、无约束的与充分的,不受妄想、欺骗、权力和策略的影响"②。而生态协商民主理论家相信,这般运作下的协商可理性地承认自然本位价值并对其进行保护。

冯布兰德与贾米尔·卡认为,协商程序作用下的交往理性会导致对自然本位价值的承认。他们具体指出,"在哈贝马斯那里,协商民主的主旨是为交往理性创造适当的程序条件(如公平、包容、公开对话)。受到这一程序理想的启发,绿色学者相信这种理性的辩论将导致对生态价值的承认,因为对人类整体而言,最理性的决定是尽量减少对地球生命支持系统的压力。因此,

① John S.Dryzek, *Rational Ecology:Environment and Political Economy*, Oxford:Blackwell Press, 1987, p.21.

② John S.Dryzek, Green Reason:Communicative Ethics and the Biosphere, *Environmental Ethics*, vol.2, No.3, 1990, p. 202.

正确的程序条件会产生引发反思和担当道德责任的结果"①。由此,适当的程序会导致交往理性的产生并最终促进对生态价值的承认。

埃克斯利将环境质量界定为公共产品,认为协商民主理想"不扭曲的"与"考虑他者的"交往行为更有助于对包括环境在内的公共产品形成保护,进而会导致对绿色价值的承认。她指出,协商民主"避免了市场中利己主义者间战略谈判或权力交易的自由范式,赞同对公共领域价值和共同目标问题进行不受限制的平等讨论。也就是说,协商民主理想的'不扭曲的'和'考虑他者的'的交往特征被认为比自由民主所特有的'扭曲的'和'战略的'政治交流更有可能导致对公共产品(如环境质量)的审慎保护"②。在生态环节中的结果是公民有意识地考虑共同的价值与未来,包括生态系统的健康和完整。

3.有效应对生态问题

生态协商民主理论家认为,协商民主存在着诸多有利于应对环境问题的优势。从决策信息环节入手,协商有利于为生态危机与环境风险等信息提供阐释与表达机会。如史密斯所言,"从理论上讲,来自多方的声音对协商民主起到了改善信息的作用,其中包括那些对环境变化影响有直接体验的个人和团体的积极参与者的声音。而现实中,自由民主国家的决策者往往远离自身决定的影响。同时,那些对生态系统变化有直接体验者的经验、知识和观点却没有被表达出来"③。由此,协商通过容纳更多主体的声音起到了改善决策信息的作用。

---

①　Eva Lövbrand and Jamil Khan,The Deliberative Turn in Green Political Theory,in E. Bäckstrand,K.Khan,J.Kronsell and A.Lövbrand(eds.),*Environmental Politics and Deliberative Democracy:Examining the Promise of New Modes of Governance*,Cheltenham:Edward Elgar Presss,2010,p.52.

②　Robyn Eckersley,Deliberative Democracy,Ecological Representation and Risk:Towards a Democracy of the Affected,In Michael Saward（ed.）,*Democratic Innovation:Deliberation,Representation and Association*,London and New York:Routledge Press,2000,p.120.

③　Graham Smith,*Deliberative Democracy and the Environment*,London and New York:Routledge Press,2003,p.62.

当代西方生态民主的兴起及其对传统民主的超越

协商推动的参与主体间的相互协调可有效克服集体行动难题。德莱泽克使用博弈论分析的结果是：决策前的协商有助于参与者选择"合作"而非"叛逃"战略，而"合作"战略恰是应对包括环境在内的诸多公共产品供应不足议题的关键。①具体而言，公益性主张便具备了相较于私利主张的更强的说服力；同时，协商参与者更有可能在更好的论证下改变偏好，这有助于达成共识与克服集体行动的难题。

通过对非公益主张及做法的批判及监督，协商可促进对环境公益的倡导。埃克斯利指出，不受限制的对话、包容性和社会学习是协商模式的核心理想与诉求，这些特性可使其较有效地处理复杂多变的生态问题。特别是，"这种模式使普遍利益享有超越个人、部门或既得利益的地位，进而使环境公益的倡导成为一种美德，而不是一种英勇式的反常行为。它要求对主张进行不断的反思、自我纠正和公开测试。……对包括科学主张在内的规范的持续批评和公开测试，能使公民对技术官僚、政策专业人员、政治家及企业领导者的假设、利益和世界观有所了解甚至进行监督"②。由此，公民对公益的倡导及对当权者生态破坏倾向的揭露都有助于生态问题的应对。

协商具备超越政治边界的特性，因此，协商民主有能力对跨政治边界的环境问题做有效处理。埃克斯利认为，自由民主以政治边界作为划分公民及处理问题的界限，而协商民主却是一种不局限于特定政治边界的民主，由此，"由于不局限于某一特定政治群体内的公民和领土，它可以被理解为一种能够处理'流动边界'（fluid boundaries）问题的跨国民主形式"③。这与生态

① John S.Dryzek, *Rational Ecology：Environment and Political Economy*, Oxford：Blackwell Press, 1987, p.211.

② Robyn Eckersley, Deliberative Democracy, Ecological Representation and Risk：Towards a Democracy of the Affected, In Michael Saward（ed.）, *Democratic Innovation：Deliberation, Representation and Association*, London and New York：Routledge Press, 2000, p.122.

③ Ibid., p.123.

民主思想将道德共同体扩展至所有"受风险潜在影响者"的要求相契合。生态民主"重新考虑共同体不再以人口与领土为单位。认为与风险决策的制定应由潜在受影响的相关道德共同体也即'命运共同体'来参与……而这类共同体的边界很少是确定或固定的,具有更多的'暂时空间地带'(spatial-temporal zones)特性,其边缘模糊不清和／或会逐渐消失"①。此类命运共同体环境利益的维护对自由民主政治提出了促进跨区域合作及协调的巨大挑战,而协商民主的边界非固定性使其具备了更有效应对的潜能。

4.内化绿色道德

仅通过包容性与不受约束规则只为协商民主生态效应提供了外在保障,内在保障依赖于参与者的绿色道德。生态协商民主理论家认为,绿色道德发挥着更为根本的保障作用, 而且它也是形成规范层面共识或实践层面共同理解的基础。

协商民主的公众讨论具有内化绿色道德的效应。首先,协商民主的辩论环节可以消除部分不道德与自私的偏好。米勒强调,"无须说那些不道德的偏好,就是狭隘的自我考虑都往往会被公开的辩论过程所消除。为了被视为政治辩论的参与者,我们必须用任何其他参与者可能会接受的措辞来论证,而'这对我有好处'的说法并不在此列"②。埃克斯利认可协商对绿色道德的重要性,认为协商的效果是"致力于通过对话进行教育,通过理性的辩论改变政治观点,而不是简单地把不受挑战的个人愿望进行加总。它比自由民主要

①　Robyn Eckersley,Deliberative Democracy,Ecological Representation and Risk:Towards a Democracy of the Affected,In Michael Saward (ed.),*Democratic Innovation:Deliberation,Representation and Association*,London and New York:Routledge Press,2000,pp.119~120.

②　David Miller,Deliberative Democracy and Social Choice,*Political Studies*,vol.40,Special Issue:Prospects for Democracy,1992,p.61.

求更高;它需要更多的时间、耐心和信息,要求公民要慷慨和更具有公益性"①。由此,有充分理由相信协商民主内化绿色道德的能力,继而可使参与者选择强调人与自然道德关系的公益性观点,并最终制定出绿色规范。

其次,协商中"扩大的思想"可培养公民的包括绿色道德在内的内在品质。史密斯将公民内在品质界定为相互尊重和公正的态度,指出这些态度"允许想象力和同理心的发展。它要求公民认真对待其他观点,并给予它们获得平等道德权威的权利;培养开放的倾向,以根据多元的观点重新审视自身的价值观和偏好;避免不必要的冲突与保持政治对话的公开性,承认进一步变革的可能性"②。而"扩大的思想"是价值多元化现状下培养绿色道德在内的公民内在品质的条件,"扩大的思想要求我们对所不认同论点的力量表示理解与承认。对于某一特定政策上的多数派而言,这要求他们具备敏感性的公民美德,即倾听和重新考虑少数派观点的意愿;而对于少数派而言,这要求他们具备忍耐的美德, 即坚持不懈地使他者相信自身观点真实性与意义的动机"③。基于生态系统对生命支撑性及环境质量的公共产品特性,史密斯相信,扩大的思想终会是培养绿色道德与生态管理实践的基础。

5.克服环境正义难题

协商民主有助于将道德主体扩展至所有受影响者, 便可能产生规避风险并阻止其向无辜者转移的倾向。工业文明的推进及资本主义市场经济的运作, 使现代化发展的利益享有者与社会及环境风险的承担者间产生了越

---

① Robyn Eckersley, Greening Liberal Democracy:The Rights Discourse Revisited, In Brian Doherty and Marius de Geus (eds.), *Democracy and Green Political Thought:Sustainability, Rights and Citizenship*, London and New York:Routledge Press, 1996, p.212.

②③ Graham Smith, *Deliberative Democracy and the Environment*, London and New York:Routledge Press, 2003, p.60.

来越大的分化。具体到生态领域而言,生态风险的分布与承受能力并非平均分配在各主体身上。由此,环境正义问题成为绿色政治和生态民主理论与实践必须应对的挑战。而协商民主所做的"潜在受影响者"的主体界定及绿色道德内化等作用,可有助于环境正义问题的应对。

从主体扩展角度而言,"潜在受影响者"的界定可发挥最大化道德、权利甚至决策主体的效应,由此,"当道德考量的范围扩大到最大限度地包括所有可能受影响的人以及社会和生态共同体时,将生态成本外化给无辜的第三方的可能性就被取消了"①。因为即使遵从自由民主的权利逻辑,针对获得主体资格的受影响者而言,其代表无法再坦然用成本效益分析的功利主义视角将其利益排除在考虑之外;同时,虽无法直接参与,但代表对被代表主体似乎在场的考虑也能起到避免风险肆无忌惮向影响者转移的效用。

(二)生态协商民主的路径

这里的协商民主路径不在与代议民主相平行甚至相对的层面上使用。相反,它是指,在代议制作为主导路径的前提下,用协商的方式对其进行补充与改革,也即在辅助代议制代表模式更好发挥作用的层面上进行使用。生态民主理论家构建的典型路径具体包括公民论坛(citizen forums)、公民投票与倡议及"囊括利益"(encapsulated interests)等。

1.公民论坛

生态政治学者所构想的公民论坛如此运作:以不同层次与规模的生态区域作为公民论坛的版图,在其中通过抽签选取公民参与论坛,由论坛中的

---

① 　Robyn Eckersley,Deliberative Democracy,Ecological Representation and Risk:Towards a Democracy of the Affected,In Michael Saward （ed.）,*Democratic Innovation:Deliberation,Representation and Association*,London and New York:Routledge Press,2000,pp.122-123.

当代西方生态民主的兴起及其对传统民主的超越

公民大会制定相关法律并做出决策,而且用轮换的方式来实现大会换届。此构想的意图之一接近于生态区域主义,认为这样可最大程度地使当地居民对区域生态表示最恰当的关怀与治理。

生态政治学者认为此种抽签与轮换的代表方式存在着区别于代议民主制的诸多优势。具体如,抽签选举公民加入立法机构会增加会议中观点的多样性,破坏政党的战略影响,减少政治阶级对公民的腐蚀性;轮换会缩小长期性战略行动的范围,加强公民因法律由自身制定而来的守法意识。史密斯强调:"由抽签选出的公民组成的集会将可能增加关于非人类世界的经验与观点的多样性,并有可能克服我们一直讨论的关于代表性与协商的紧张关系问题。……重要的是,轮换缩减了长期性战略行动的范围,并强化了公民既制定法律并又受法律严格约束的原则。"①克劳斯·奥菲(Claus Offe)和乌尔里希 K.普劳斯(Ulrich K. Preuss)认为,轮换发挥着在宏观层面改变政治氛围的作用。他们认为在政党政治背景下,政党会对议会发挥战略性影响,而且专业政治阶层的存在及其运用的政治手段等都会对公民生活与经历造成腐蚀性影响。而因脱离了政党选举的作用,靠抽签方式随机产生的代表可摆脱这些腐蚀性影响,并以更有利于公益的方式进行协商与决策。②

对此种方式最大的质疑是,抽签与轮换会破坏传统代表制因选举而来的问责与授权原则。而史密斯从其促进协商的角度出发,认为这样恰恰增加了协商的潜力和能力,有利于体现多元价值。他指出:"出乎意料的是,取消了当代民主理论与实践中的这一核心原则,实际上可能会增加议会的协商潜能,使其展现包括环境在内的多元价值观。立法机关的成员也将不再受到

---

① Graham Smith,*Deliberative Democracy and the Environment*,London and New York:Routledge Press,2003,pp.120–121.

② Claus Offe and Ulrich K. Preuss,Democratic Institutions and Moral Resources,In David Held (ed.),*Political Theory Today*,Cambridge:Polity Press,1991,p.165.

某一特定选区内政党或选民的限制，理论上更愿意进行协商交流(delibera-tive exchanges)，重新考虑他们对环境(和其他)价值观的看法。"①

另一个质疑是公民论坛的功能分区问题。在生态政治理论家那里，公民论坛首要建立在生态区域内，而后区域内的论坛将按功能分别就环境、工业与住房等问题进行协商与决策。在德莱泽克看来，此种按生态区域分区的方法虽然克服了当下国家行政区域不按生态特性分区而生的诸多困难，但也制造了不少新的问题。结果是，除应对生态问题外，公民论坛还需就工业、医疗与住房等问题进行协商与决策。那么功能划分如何进行，各功能的排序、权重如何定位，功能间的关系又将如何协调等诸如此类的问题便产生了。②这确实是需要进一步用制度设计做出回应的问题。

此外，还存在对公民论坛代表在代表身份与协商角色间紧张关系的质疑。公民论坛代表从区域内各功能相关利益人中抽签产生，因此代表首先是相关利益的代言者；但论坛区别于议会的本质又在于要求参与者以协商而非博弈者身份进行商讨与辩论。由此，论坛参与者同时承担着代表特定利益与推动公益的责任，这便是在制度设计环节埋下了参与者角色冲突的根源。如何使特定利益代表者以公允协商者的身份参与协商，这确实是需协商民主理论进一步克服的难题。

2.公民投票与倡议

伊恩·道奇(Ian Budge)、史密斯与乔舒亚·科恩(Joshua Cohen)等都提倡在现有政党制基础上加入公民投票与倡议(referendum and initiative)制度，目标是将代议民主制运作为"以政党为基础的直接民主制"。具体做法如下：通

---

①　Graham Smith, *Deliberative Democracy and the Environment*, London and New York: Routledge Press, 2003, p.122.

②　John S. Dryzek, *Deliberative Democracy and Beyond: Liberals, Critics, Contestations*, Oxford: Oxford University Press, 2000, p.117.

当代西方生态民主的兴起及其对传统民主的超越

过多数党或公民倡议提出交由议会审议的议案,而后在议会协商基础上经全民投票做出最后的立法决定。此种做法优势诸多,例如,克服了绿色直接民主只能在较小规模内实践的局限,满足了在大规模且复杂程度较高的社会中应用直接民主的需求,同时也保留了政党组织选举与运行议会等优势。总体而言,他们认为这样的设计可确保对公共舆论的响应性,同时也加强了协商的意蕴。①这是在代议民主制现有政治制度基本不变的基础上,将比例代表制选举的议会进行相应变革的做法。

科恩认为,在此模式中的政党可发挥动员公民与助益协商作用。他进一步提出由国家对政党提供公共资金支持的构想,认为此做法存在诸多潜在优势。首先,国家对政党进行公共资金资助,从根本上使其摆脱了利益集团的经济支撑及政策左右,可使其回归到纯粹代表特定群体利益的初衷与路径上。也即,公共资助可将政党从"受私人资源支配的地位"中解放出来,从而克服"因物质不平等而导致的协商领域的不平等"问题。②其次,与以单个公民为参与主体的政治协商相区别,协商舞台上的政党可起到凝结与系统表达公民利益的作用,这样便"可以为公共利益观念的形成与表达提供更开放的舞台,而这些观念恰恰为协商民主的政治辩论提供了焦点"③。如果不然,"在因缺乏公共资金支持而缺失了强有力政党的背景下……很难想象,我们还能如何最好地接近协商的观念"④。

史密斯认为,公民投票与倡议方式还使此模式具备了直接民主的优势。他指出:"该模式还具有使所有公民直接参与决策的优势。他们既可以投票,

---

① Graham Smith, *Deliberative Democracy and the Environment*, London and New York: Routledge Press, 2003, p.122.

② Joshua Cohen, Deliberation and Democratic Legitimacy, In Hamlin Alanand and Pettit Philip (eds), *The Good Polity: Normative Analysis of the State*, Oxford: Oxford University Press, 1989, p.31.

③④ Ibid., pp.31-32.

也可以利用倡议途径将问题列入政治议程。同样,市民社会中公民与协会间的协商将在设定辩论议题与反映环境(与非环境)价值范围方面发挥关键性作用。"①

针对此模式的质疑主要集中于直接民主的实践困难层面,生态政治学者也就此给出应对建议。如,质疑者指出,直接民主需确保较充足的参与,而公民参与时间有限的现实会影响投票与倡议的规模。针对此质疑,道奇提倡用电子化辩论与投票方式来克服难题。②再如,针对经济与社会不平等影响公民投票结果的质疑,萨沃德建议成立"倡议与公民投票机构"来确保议程设定上的平等,同时成立"通知与信息机构"为公民做出判断提供所需信息,还提议实行普遍的基本收入计划以缓解物质不平等,并指出这一建议已在绿党中得到广泛支持。③

综合而言,公民投票与倡议模式是直接民主与代议民主的结合,可发挥代表与协商路径的双重优势。但此种结合也使参与者面临着代表本集团利益与公允协商间的冲突;同时国家资助政党的构想从根本上侵蚀了市民社会的发育及活力。因为正如德莱泽克的警告一般,"推行民主化的压力和运动几乎总是来自公民社会的叛乱而不是国家,一个日益强大与对抗性的公民社会是进一步民主化的关键"④。可见,资助解决了政党受私人利益支配的困境,但吊诡的是,它可能会"侵蚀民间社会的话语活力……从而破坏进一步民主化的条件"⑤。

---

① Graham Smith, *Deliberative Democracy and the Environment*, London and New York: Routledge Press, 2003, p.123.

② Ian Budge, *The New Challenge of Direct Democracy*, Cambridge: Polity Press, 1996, p.64.

③ Micheal Saward, *Terms of Democracy*, Cambridge: Polity Press, 1998, p.104.

④⑤ John S.Dryzek, *Deliberative Democracy and Beyond: Liberals, Critics, Contestations*, Oxford: Oxford University Press, 2000, pp.113–114.

3.囊括利益

古丁是囊括利益路径的主要代表。此路径尝试在形成囊括利益的背景下采用协商民主模式,目的在于摆脱权力控制以使参与者对自然利益进行充分与公正的代表。古丁认为,"自然利益可以找到政治代表",方式是将自然利益"整合入有能力施加政治压力的同情者的利益中"[①]。也即通过后者来囊括自然的利益。

古丁的立论基础是"平等保护利益"的自由主义观念及在此基础上的两个修正:利益主体扩展至自然及用新的政治机制对自然利益进行平等保护。"我的论点基于我们所熟悉的平等保护利益的自由主义观念基础上,并以两种方式加以修改。一方面,对这种熟悉的自由价值前提,即关于什么样的利益应该包括在内的观念进行扩展。具体来说,自然物体与人类个体的利益一样,都应受到保护。……另一方面,将众所周知的关于'平等保护利益'的自由主义主张延伸到政治领域,由此应对确保这一目标的新政治机制表示认可。"[②]具体而言,古丁提倡使用囊括利益方式使人类将自然利益内化,并通过人类代表进入协商的方式使自然利益得到政治机制的承认与保护。

(1)囊括利益的合法性与局限性

古丁指出,囊括利益是平等保护自然利益的前提。他首先排斥了直接赋予自然选举权的观点,指出:"多年来我们听到了许多把平等利益考虑主体不断扩展的观点,与其相关的标准化行动方案总是要简单性地延伸选举权。"[③]而直接赋予自然选举权似乎无法逃离对其荒谬性的嘲笑。其次,古丁

---

① Robert Goodin, Enfranchising the Earth and its Alternatives, *Political Studies*, vol.44, No.5, 1996, p.844.

② Ibid., p.836.

③ Ibid., p.840.

认可对自然利益进行代表的方式。他认为如同婴儿、智力障碍者等特殊人群一般，自然利益维护也可使用代表方式。最后，古丁提倡用囊括利益方式对自然利益进行代表。他指出："字面上赋予自然选举权的不可行性，要求我们思考次好的民主方式。……那就是，将一个行动者的利益整合与归纳入其他行动者身上。基本思想是假设 a 的利益完全囊括在 b 中：a 的每一种利益都符合 b 的利益，a 所有的利益都是 b 的利益。那么，假设 b 被赋权而 a 没有是否成问题呢？答案为不是。因为 b（用 b 自己的投票来促进 b 的自身利益）实际上也照顾了 a 的利益。"①古丁认为，历史上奴隶主之于奴隶，丈夫之于妻子，都是所谓的囊括利益名义下的臭名昭著的例子，但父母对孩子利益的囊括并非如此，它是合理性的。因为"我们不反对一个人的利益在政治上由另一个人代表，那就是他的利益被真正与合法地完全纳入了另一个人的利益中"②。父母对子女利益的囊括便是如此。由此，作为次优于直接行使选举权的方案，囊括利益获得了对自然利益进行代表的合法性。

囊括利益方案也遭遇了诸多批评。批评者总体认为，此方案依赖于人类对自然利益的囊括，但并非所有人都会如此作为，而且也不可能囊括自然所有方面的利益，结果便可能是对自然利益的代表性大打折扣。古丁的应对首先是放弃"所有人"都可囊括自然利益的理想设计，将要求降低为"足够数量"的人，"我们能希望的最好的结果是有足够数量的人将自然利益内化，这样便能在政治体制中有足够影响力使自然利益得到应有保护"。③其次，古丁降低了对自然利益囊括度的要求，提倡只对与人类利益重叠部分的自然进

---

① Robert Goodin, Enfranchising the Earth and its Alternatives, *Political Studies*, vol.44, No.5, 1996, pp.841-842.

② Ibid., p.842.

③ Ibid., p.844.

行内化,"首先,自然利益被代表并不意味着人们必然会将自然利益完全内化或完美代表。……更不用说,被代表的自然利益必然局限于它们与人类利益的重叠部分,甚至对自然最具同情的人也会考虑重叠利益"①。古丁认为,上述情况是不可避免的,而且也是目前来说唯一可利用的方式,"除非将自然利益整合入具有同情心的、能施加政治压力的人类身上,否则自然利益无法找到其他的政治代表方式"②。也就是说,由于被代表甚于无人代表,所以期望将重叠利益内化的人类来代表自然利益是目前所能有的最好选择。

(2)囊括利益的实现方式——协商路径

协商是在囊括利益基础上由代表通过协商机制使自然利益得到政治承认与保护的路径。古丁认为,具体可通过两种协商方式实现对自然利益的代表。他指出,"我们的目标是两个方面。我们想要找到某种方式来诱导人们将自然利益内化,同时找到某种方法来诱导政治制度对这些利益做出最大响应"③。

古丁认为第一个目标可借助参与性民主的心理推测作用来实现。具体而言,参与民主可同时推动组织与个人将自然利益整合入政治进程中。他指出,"参与性民主使政治制度对绿色价值观更加敏感,因为需要面对的解释对象越多,在其中存在着已将自然利益内化的人的可能性就越多。选民越多、越多样化,就越有可能出现一些热爱自然的人,因为他们会问,'这一切对自然的影响如何?'如果在参与性民主中,倡导者必须对所有参与者做出应答;如果在参与性民主中,更可能有人从自然的角度来面对问题,那么参与性民主内化自然利益的可能性就越大"④。可见,参与民主中主体间的这种

---

① ② ③　Robert Goodin,Enfranchising the Earth and its Alternatives,*Political Studies*,vol.44,No.5,1996,p.844.

④　Ibid.,p.845.

心理推测作用可在一定程度上使主体将自然利益内化。

古丁认为第二个目标可通过协商的交往路径来实现。协商有助于将他者诉求"预期内化"（anticipatory internalization）。协商首先有利于压制利己主义的行动理由。"在提倡协商民主的人中，一个众所周知的命题是我们采取对立场进行公开捍卫的形式，这可帮我们压制狭隘的利己主义行动理由并强调凸显公共精神的理由。"[①]公开辩论程序使行动者在协商前就会考虑如何证明自身论点的合理问题，此时一些狭隘的主张会因理由不足或不公益而被提前收回。其次，协商有助于在交往前对他者诉求形成一定程度的内化。古丁认可分析哲学家的看法，即人类可将他者想法内化在自己头脑中，这是人际交往不可或缺的沟通机制。"'预期内化'机制是我们理解人际交往的核心。……贯穿分析哲学家的共同主题就是：我们通过思考对方的想法，甚至可能达到在自己头脑中完成对方想法并与之进行交谈的效果。"[②]古丁认为将缺席者想法纳入脑海的做法是一种飞跃，而这正是协商民主能达到的效果。"这是公共领域的协商民主所能做的。它创造了一种情况，在这种情况下，除了你自己之外的利益会进入你的头脑。有时这些其他利益的主体会积极地参与对话，而有时他们会保持沉默。"[③]由此，自然作为无声的缺席者，其利益也会被纳入协商者头脑中，并在推崇公共利益的规范与机制下得到代表。古丁认为陪审团是很好的例证。"对这些陪审团的研究证实了……至少在相当小的群体中，人们会听取并内化对方的意见，也会适当修改自己的观点。"[④]但可惜的是，规模限制是一个大的问题，"当然，推广到政党或整个政府等更大的团体中的可能性是值得怀疑的。心理学实验显示，更大群体中合作程度

---

① Robert Goodin, Enfranchising the Earth and its Alternatives, *Political Studies*, vol.44, No.5, 1996, p.846.

②③ Ibid., p.847.

④ Ibid., p.848.

有所降低的趋势是很明显的;而在实际的政治决策中,随着群体规模的扩大也出现了类似的从协商一致转向多数派决策的趋势,规模上限是 20 人"①。

古丁的囊括利益路径,通过将自然利益内化的代表间进行协商的方式实现了维护自然利益的目的。它将代表与协商方式相结合以推动环境保护的尝试得到学术界诸多认可。同时,此路径对代议制发出的诸多挑战也引人深思,如自然担当民主主体对传统的由人类独为政治主体观念与实践的挑战,协商模式对民主"一人一票"及利益聚合原则的挑战等。但此路径也存在着一些问题,如囊括利益的合法性来源问题,代表对自然利益内化的规范构想的实践困难,等等。同时,作为此模式最经典的成功典范,陪审团经验的推广面临着规模限制问题,这使其在政党或其更宏观层面的应用前景受到了很大限制。

(三)对生态协商民主的质疑及其回应

协商民主理论受到诸多理论与实践层面的质疑,生态协商民主理论在回应质疑基础上还需应对满足上诉生态承诺的挑战。

1.协商程序与绿色结果

协商民主遭遇的最大质疑在于协商程序与绿色结果的不一致性,也就是说,协商程序不一定产生绿色结果。基于对协商性公民认知能力与道德潜能的期盼与信任,生态协商民主理论认为协商民主程序下的交往理性可导致对环境价值的承认及保护。但在许多反对者看来,在许多情况下这只是一种乐观的假设,也就是说,并不是所有绿色思想家都认可特定民主程序与绿色结果之间的关系。古丁精辟地阐释道:"提倡民主是倡导程序主义;而提倡环

---

① Robert Goodin, Enfranchising the Earth and its Alternatives, *Political Studies*, vol.44, No.5, 1996, pp.848–849.

境主义则是要追求实质性的结果。"①威尔逊指出,"如果民主被理解为程序,那么它便需对冲突进行'中立'性的调解并允许'公平'的结果出现,由此,它便无法代表一种实质性的绿色视野"②。在此民主程序与绿色结果没有必然联系的大背景下,协商民主也受到不一定有助于绿色结果的相应质疑。

反对者总体认为协商程序并不必然产生生态良性的结果。因为,协商只是给了绿色人士有更多发言权与参与决策过程的机会,但这并不一定能确保将绿色价值带入最终决策。马塞尔·维森伯格(Marcel Wissenburg)认为,协商民主进程确实可能是解放性的,可能导致更明智的选择,也可能增加政策的合法性,但是没有理由相信它会自动导致可持续发展,因为我们总会将环境公益排列在私人利益之后。因此,维森伯格肯定地说,"更多的民主并不是绿色决策的保证"③。同时,部分生态协商民主的倡导者也认识到了这个问题。例如,史密斯抵制任何预先确定绿色结果的企图。"绿色协商民主的承诺是在政治进程中表达和考虑环境价值的多元性。这并不是说环境价值与协商民主之间有着必然联系。也没有任何保证能够确保协商过程产生的决定必然会体现环境价值观。"④此外,埃克斯利也认为,协商论坛主张价值自由,绿色价值获得的只是与其他价值相同的平等地位,"协商政治本质上是包容的,辩论中每个声音都有机会发表意见,由此,各种方法和观点都会倍增,结果可能是(包括生态方面的)每一项论点与要求都具有同等的分量。但是,必须注意到,被听取不是最重要的,协商政治的包容性并不保证生态理性的决

---

① Robert Goodin, *Green Political Theory*, Cambridge: Polity Press, 1992, p.168.

② Harlan Wilson, Environmental Democracy and the Green State, *Polity*, vol.38, No.2, 2006, p.277.

③ Marcel Wissenburg, *Green Liberalism*, *The Free and the Green Society*, London: UCL Press, 1998, p.223.

④ Graham Smith, *Deliberative Democracy and the Environment*, London and New York: Routledge Press, 2003, p.67.

定会被采用"①。结果是生态政治学者除了发言权外似乎不再有其他保障。

反对者认为,协商也不必然会导致偏好向生态方向转移的结果。他们认为,在符合协商规范的多元价值以自由平等的方式进行自我呈现时,很难确定偏好会朝向绿色价值方向转移。特别是在复杂的实践环节,尤其是在可能对参与者公共意识给予了高估的背景下。米尔斯与弗雷泽等生态协商理论家也认识到了此问题,"我们不怀疑在某些情况下偏好可以通过面对面的对话来改变;但是,并无法确定这样的改变会扩展到什么程度及能持续多久。基本的假设似乎是,在聚合系统中,人们在投票时不会放弃主观偏好,但在协商过程中有可能会这样做。我们认为公众主观偏好冲突的可能性仍然会存在,而且无法如协商理论家认为的那样必然产生一致共识"②。

反对者指出,协商甚至会产生不利于生态的后果。他们认为,协商民主的包容性扩展了主体范围,但由此而来,交往水平与能力较低的参与者也被囊括了进来,结果可能是做出影响生态问题应对甚至对生态不利的决策。米尔斯与弗雷泽进一步指出:"哈贝马斯特别将交往理性限制在具有交往能力的人身上。德莱泽克与埃克斯利提供了一个更宽泛的交往观念,这似乎有助于扩大道德共同体,也有助于加大理性的道德权重,也可能有助于促进生态价值观,因为理性交流的圈子扩大了,也因为对协商结果施加了适当的限制。然而,这本身并不能保证不发生破坏自然或危害人类福祉的行为的可能。"③与协商民主对公民认知能力及道德潜能的认可不同,反对者总体上对协商者

---

① Manuel Arias-Maldonado,The Democratization of Sustainability:The Search for A Green Democratic Model,*Environmental Politics*,vol.9,No.4,2000,p.51.

② Mike Mills and Fraser,Ecological Constitutionalism and the Limits of Deliberation and Representation,In Michael Saward（ed.）,*Democratic Innovation Deliberation,Representation and Association*,London and New York:Routledge Press,2000,pp.140-141.

③ Ibid.,p.140.

的绿色意识及能力水平表示质疑，并进而对协商民主的生态问题应对效能表示怀疑。

针对协商民主不一定产生绿色结果的问题，目前较普遍的共识之一不是否定协商本身，而是提倡用法律来弥补协商的不足，具体要求通过法律相关规定使协商结构走向生态转型。米尔斯与弗雷泽认为协商民主的环境风险应对能力有限，需要在自由民主框架内用宪政机制解决协商模式的一些困难，并同时需对协商划定界限以使环境风险的处理免受协商结果随意性的影响。多布森认为，宪法机制可避免代表流程在促进绿色结果运作中产生的复杂性，并同时规避协商隐含的结果随意性。他指出，环境风险存在预测难度高且危害较大等特性，而绿色价值因其公益性又常常与私人利益相冲突并要求后者做出牺牲，再加之协商机制能力的局限，仅仅单独依靠协商方式是无法顺利并有效应对环境问题的。由此，需用宪法机制进行补充并对协商做出限制，这样便可使环境风险处理避免协商过程中隐含着的随意性的影响。①在具体做法上多是将环境权（同时包括实质性与程序性方面的环境权利）与预防原则等写入宪法，以此确保生态利益获取基本的不可商榷的地位；同时用宪法机制对协商民主做出规范，目的主要是弥补协商路径的结果随意性等问题。

2.协商主体的理论预设与实践

协商民主遭遇的第二大质疑，在于其理论构建中的主体包容性与现实运作中的主体有限性间的矛盾。遵循马宁、本哈比、古特曼与埃克斯利等协商理论家的逻辑，协商民主的合法性基础之一在于其包容性，即所有主体、

---

① Andrew Dobson,Representative Democracy and the Environment,In William M.Lafferty and James Meadowcroft(eds.),*Democracy and the Environment:Problems and Principles*,Cheltenham:Edward Elgar Press,1996,pp.133-137.

当代西方生态民主的兴起及其对传统民主的超越

至少是所有受影响主体对共同关心问题展开的自由与不受限制的公开协商。然而在实践中，这一要求的落实是很成问题的。如迈克尔·沃尔泽（Michael Walzer）所言："协商不是演习活动。这里的含义不是说普通的男性与女性没有推理能力，而是说他们中的一亿、一百万甚或十万人在一起无法合理地进行'共同推理'。"①从代议民主逻辑起点及民主政治运作现状出发，这是不难理解的问题，鉴于时间、机构能力及参与者自身素质等因素限制，多于一小部分人的有意义的集体协商都是不可想象的，虽然受决定影响的人更远远大于这个规模。

针对上述对主体规模的质疑，考虑到自然无法自我组织、自我赋权并自我表达的现状，协商民主理论家遵循代议民主的逻辑提出了对自然利益进行代表的对策。杨指出，"民主社会应提供机制，有效地承认与代表受压迫或处境不利群体的声音与观点"②。在自然利益需要人类代理的基本共识下，理论家设计了不同的代理方案。

埃克斯利提出通过托管方式对受潜在风险影响者利益进行代表的方案。她首先将生态民主更精确地界定为"为了受影响者的民主"，"事实上，对环境民主的理解最好不是'受影响者的民主'，而是'为了受影响者的民主'，因为在民主协商中有权获得道德考虑的群体（无论是婴儿、体弱多病的人、尚未出生的人，还是非人类物种），总是比那些实际活着、身体和智力上有能力进行民主协商的（即道德胜任的公民）更广泛"③。在此基础上，埃克斯利分析

---

① Michael Walzer, Deliberation, and What Else?, in Stephen Macedo（ed.）, *Deliberative Politics: Essays on Democracy and Disagreement*, Oxford: Oxford University Press, 1999, p.58.

② Iris Marion Young, *Justice and the Politics of Difference*, Princeton, NJ: Princeton University Press, 1996, p.184.

③ Andrew Dobson, Representative Democracy and the Environment, In William M. Lafferty and James Meadowcroft（eds.）, *Democracy and the Environment: Problems and Principles*, Cheltenham: Edward Elgar Press, 1996, pp.133–137.

了对受影响利益进行代表的必要性，由此，"如果要运作为为了受影响者的民主,民主必须包含代表元素,包括对后代与非人类物种的代表。因此,政治代表问题成为协商民主理论和实践中的一个关键问题"[1]。最后,埃克斯利建议通过政治托管(political trusteeship)方式来进行代表,她指出:"因为非人类无法在公共场合自我代表,由此,协商民主清单上缺少的是某种监护权和托管权,缺少一些公民可借以对非人类利益履行托管责任的制度形式。"[2]

多布森提倡通过环境游说团体对自然利益进行代表。多布森认为对自然利益进行代表的方案是可行的，因为虽然代表不可能从自然那里接收到类似于人类般的指示,也不可能得到自然的授权,但代表们有能力对自然的本质与特性形成尽可能合理的了解。在具体运作中,多布森要求在立法机构中为自然代表保留一定席位;其次,反对从投票者中随机抽样选举代表的做法,认为这样无法确保对自然利益形成代表,具体提倡从已将自然利益内化的环境游说团体成员中选举自然代表。[3]

3.消费者与生态公民

协商民主遭遇的第三人质疑在其公民角色转型环节。协商民主更大的希冀在于协商程序的绿色道德内化效应,即国民从关注自我利益的消费者转型为负责任的生态公民角色。而反对者对此种转型的可能性表示质疑。

许多绿色理论家认为，使国民超越个人利益偏好转而承担公共道德责任的设想存在着实践困难。伊娃·勒夫布兰德等指出:"市场环境主义建立在将

① Ecological Representation and Risk: Towards a Democracy of the Affected, In Michael Saward (ed.), *Democratic Innovation: Deliberation, Representation and Association*, London and New York: Routledge Press, 2000, p.123.

② Robyn Eckersley, Liberal Democracy and the Rights of Nature: The Struggle for Inclusion, *Environmental Politics*, vol.4, No.4, 1995, p.179.

③ Andrew Dobson, Representative Democracy and the Environment, In William M.Lafferty and James Meadowcroft(eds.), *Democracy and the Environment: Problems and Principles*, Cheltenham: Edward Elgar Press, 1996, pp.133–137.

当代西方生态民主的兴起及其对传统民主的超越

个人作为维护自我利益的消费者的观念基础上,消费者要做的是试图最大化自身偏好,而不是就自身偏好的理由给出论证。由此,市场追求的结果是需要的满足,而不是将个人道德判断纳入选择标准。市场遵循经济理性,不需要对话就能做出决定。"①这从市场环境主义控制协商政治的现状出发,揭示了国民多是维护自我利益的消费者身份及其向负责任公民身份转型的困难。

虽然存在市场对增长律令的裹挟及其对政治论坛的俘获,但并非所有的绿色协商学者都拒绝将消费者作为反思和批评的潜在推动者。一些绿色协商学者试图在消费者与公民间架起相通的桥梁。

用公民取代消费者是相对普遍的共识。马克·彭宁顿(Mark Pennington)强调消费者向公民角色转变的必要性,他指出:"建立在哈贝马斯主义'理想言论情境'概念基础上的协商观念,寻求将被动的公民从技术官僚治理和市场经济失范的操纵中解放出来,以创造一种由公民赋权的、更加信息化与更具积极性的政治文化。在此方式下,可以从强调狭义的工具理性观念与将个人作为消费者的观念,转向强调更多社会性赋权的公民权利观念。这可能反过来又有助于发展出适合剖析环境危机的整体敏感性。"②

巴瑞反对对消费的一味指责,提倡谨慎消费观念。首先,巴瑞认为需要改造消费方式,"试图用公民身份取代消费者是绿色分析中的一个共同战略……而如我在其他地方所指出的,消费领域和消费方式可以成为实践生态美德的场所。在面对消费问题时,关键所在并不是因其在规范上(以及生态上)存在可谴责的缺陷而简单地加以责难及抛弃。相反,关键是要努力培

①　Eva Lövbrand and Jamil Khan,The Deliberative Turn in Green Political Theory,in E.Bäckstrand,K. Khan,J. Kronsell and A. Lövbrand(eds.),*Environmental politics and deliberative democracy:Examining the promise of new modes of governance*,Cheltenham:Edward Elgar Presss. 2010,pp.58-59.

②　Mark Pennington,Environmental Markets vs. Environmmental Deliberation:A Hayekian Critique of Green Political Economy,*New Political Economy*,vol.6,No.2,2001,pp.173-174.

养与支持谨慎而不盲目的消费,并在过度消费与没有消费/贫穷的两极间寻求平衡"①。其次,巴瑞认为消费者也是公民,"问题不在于拒绝消费与消费者身份认同而赞同公民。这种简单化的二元论并不能充分体现绿色公民的各种可能性。简单地说,无论是作为消费者、家长/家庭户主或是生产者/工人,其生态美德都是可以利用的。生态美德不完全与传统理解中的可持续性公民的政治实践联系在一起;作为消费者、家长、工人或投资者的个人也可以是一个良好的可持续性公民。同时,消费也可以是一个政治抵抗的场所。事实上,在消费导向的现代社会中,个人或团体可以做的最强大和最激进的政治行为之一就是拒绝消费"②。这种带有伦理与政治动机并在消费领域展开的谨慎消费、选择消费与抵制消费等活动,使消费者不仅具备了公民身份特色,也履行了公民责任。

人类必须对生态危机负责并担负应对责任,这恐怕是民主之后的又一哪怕粉饰门面也必须表示认可的共识。但危机的具体应对之道却预留着丰富的理论与制度空间。在对自由民主生态危机现状及应对潜能表示失望的背景下,生态协商民主理论做出了丰满的生态承诺。除遭受协商民主理论遭遇的各类批评外,生态协商民主也因其生态承诺引发了相关质疑,诸多质疑不乏可圈可点之处,恰可成为生态协商民主理论据以做出理论与实践改进的参考。但对生态协商民主理论做出完全否定的评判着实苛刻也并不客观,正如德莱泽克所言,回应此类批评的最好方法是回归到民主的性质上,即"民主思想的本质是寻求更多的民主"③。由此,符合寻求了更多民主特色的

---

① John Barry, *Resistance is Fertile:from Environmental to Sustainability Citizenship*, Journal of Literature History & Philosophy, 2007, p.38.

② Ibid., pp.38–39.

③ John S.Dryzek, Discursive Democracy vs Liberal Constitutionalism, In Michael Saward (ed.), *Democratic Innovation:Deliberation, Representation and Association*, London and New York:Routledge Press, 2000, p.86.

生态协商民主应位列于民主思想范畴。此外,生态协商民主理论的规范理想价值也不容忽视,它可作为"一种反事实的调节理想;一种正在进行的民主重建的愿望与灵感来源;一种为有序的组织/共同体/社会提供的民主模式或政治协商蓝图"[1]。

三、生态基层民主

生态民主理论应对生态危机的路径选择取决于对生态危机成因的认知。在西方生态基层民主理论视野下,集权是人类社会政治与经济等压迫的重要成因,也是人类支配自然与引发生态危机的主要根源。因此,西方生态基层民主努力使自身区别于集权政治,力求在较小的基层单位通过公民直接参与实行自治。理论构架总体强调权力的去集中化与分权、个人与基层自由、强调尊重自然并与自然和谐相处。生态基层民主存在温和与激进之分,温和立场提倡在代议民主背景下加强基层民主,用更多的直接民主弥补代议民主的缺陷;激进立场倡导从根本上否定中央权力,用完全的基层自治及自治性联盟路径处理包括生态在内的公共事务。西方生态基层民主理论流派是多元的,较典型且理论更具系统性的是生态自治主义(eco-communalism)与社会生态学(social ecology)。生态自治主义体现着更多的生态中心主义色彩,而社会生态学更侧重在自由主义立场下寻求地方自治及自然解放的方略,属于人类中心主义立场。

具体而言,生态自治主义与社会生态学都呈现出生态基层民主的共性。

---

① Robyn Eckersley, Deliberative Democracy, Ecological Representation and Risk: Towards a Democracy of the Affected, In Michael Saward (ed.), *Democratic Innovation: Deliberation, Representation and Association*, London and New York: Routledge Press, 2000, p.123.

首先,二者都主张对抗集权并提倡基层自治。两者都试图绕过或废除现代民主国家,用具备了最大政治与经济自主权的地方自治对其进行补充或代替。其次,二者都在反对人类世界社会集权统治的同时反对着人类对自然世界的统治与支配,社会生态学尤其探索了支配自然的社会根源。再次,二者都将自然描绘为和谐共生而非竞争性的系统,并将其作为人类社会的样本,作为人类社会基层民主建设的灵感来源。最后,在变革路径上,二者在实践层面都主要依赖小规模的生态社区发挥示范作用,在理论上则提倡用生态伦理及示范性社区对抗国家集权,基于其"保持目标与手段一致性"的立场而拒绝利用现有国家的非民主机构。

(一)生态自治主义:以生物区域主义为例

生态自治主义形成于20世纪80年代,是西方绿色运动主要的指导思潮之一。其最大的理论特色在于坚持生态中心主义立场,反对对自然的工具性态度,提倡尊重自然的完整性,并遵循自然特性建立小规模的、自治的且合作型的人类与自然和谐共存的社区。如埃克斯利所言,"根据生态自治理论家的说法,进步的衡量标准一般是我们能够使人类社区适应生态系统的程度(而不是相反),以及人类全面性需求得到满足的程度"[①]。生态自治主义旗帜下聚集了许多流派。其中,生物区域主义理论较为成熟与系统,这里以它作为生态自治主义的代表流派进行分析。

1.生物区域主义的定位

生物区域主义是生态自治主义的主要派别,于20世纪80年代兴起于北美,现今已成为影响整个欧洲生态政治理论与运动的绿色思潮。伯格、达

①　Robyn Eckersley, *Environmentalism and Political Theory:Toward an Ecocentric Approach*, London:University College London Press, 1992, p.160.

当代西方生态民主的兴起及其对传统民主的超越

斯曼是奠基性的理论家，其他主要代表人物如柯克帕特里克·赛尔（Kirk-patrick Sale）、莫里斯·赫尔曼（Morris Herman）、唐·亚历山大布（Don Alexander）、莱恩·托卡尔（Brian Tokar）等。生物区域主义提倡按生物区域对地理空间进行重新划分，并通过一场人类的重新定居运动，建立人口与生态相匹配的生态基层民主政治制度。此模式具体要求以生物特性作为人类社会政治单位的划分标准，并在新的政治单位内实行自治。其总体逻辑框架如下：打破当下对人类定居区域进行的人为行政性划分，主要用生物特性作为区域划分标准；与工业社会将民族国家作为主要政治载体的做法相区别，将生物区及其内部的多个社区作为自治的基本的政治单位，并推崇生物区之间的联盟；与民族国家对待自然的人类中心主义立场不同，自治的社区注重培育人类遵从自然、保护自然与适应自然的责任感及意识，在文化多样性及相互尊重下推进社区治理；最终要实现的是自然与人类社会的和谐而非仅片面追求人类社会的发展。

生物区域绝非仅是一个地理概念，地理与意识相融合是它的准确定位。伯格与达斯曼指出，生物区域"既指地理地带，也指意识的地带，具体是指一个地方与如何在那个地方生活的想法"[①]。在地理层面，生物区域是指一个个具有共同自然特性的地理区域，如一座山川、一条河流、一片森林地带或一些特定植物或动物的聚居区等，此层面的生物区域主义要求按自然特性划分出一个个区域单位，这与人为地对土地进行的行政区域划分的传统形成了截然差别。在意识层面，生物区域是指各区域内定居的人类要感知、认识并尊重区域特性，在以自然为根本的意识下与区域自然和谐共存的意识，总体达到

---

① Peter Berg and Raymond F. Dasmann, Reinhabiting California, in Peter Berg（ed.）, *Reinhabiting a Separate Country: A Bioregional Anthology of Northern California*, San Francisco: Planet Drum Foundation Press, 1978, p.218.

人类社区与自然世界相融合的目的。吉姆·多奇(Jim Dodge)对生物区域主义进行了三重维度的界定：对自然系统重要性的承认与尊重，无政府主义取向，精神甚或宗教意蕴①。其中，承认并尊重自然，重视精神或宗教意蕴便是直接的文化层面的要求。

2.生态区域自治路径

(1)规模适度的生态区域

生态区域自治路径的第一大关键在于建立适度规模的生态区域及较小规模的社区。生态区域理论家认为，应对生态危机的关键不在于道德说教而在于规模。赛尔指出，生态危机有效应对的关键"不是道德问题，而是规模问题。没有一种非常成功的方法来教导或强迫道德观，或确保对任何事物的正确的道德反应。只有当人们被说服去具体地看待问题，并理解自己与问题的直接联系时，人们才能运用'正确的行为'并以负责任的方式行事——而这只能在有限的规模内完成"②。在适当规模下，人们可直接体会到自身与环境的关联，"政府和社会的力量仍然是可识别和可理解的，与其他人的关系仍然是密切的，个人行动的影响是可见的；抽象概念和无形的东西让位于此时此刻看得见和感觉得到的真实的和已知的事务。此时，人们便会做环境上'正确'的事情，理由并不是它被认为是道德的，而是因为这是看得见的且是被真正认为需要做的事情"③。同时，只有在适当规模中，人的能力才能得到适当施展，"这不可能在全球范围内进行，也不可能在大陆范围内进行，甚至不能在国家范围内进行，因为人类是一种微小且能力有限的动物，对世界的

---

① Jim Dodge, Living by Life: Some Bioregional Theory and Practice, *CoEvolution Quarterly*, No. 32, 1981, pp.6–12.

②③ Kirkpatrick Sale, *Dwellers in the Land: The Bioregional Vision*, San Francisco: Sierra Club Books Press, 1985, p.53.

看法很有限,对如何在世界范围内采取行动的理解也很有限"①。这从主客观上给出了较为充分的建立适度规模生态区域的理由。

生物区域主义者认为这种适度的规模便是生物区域。赛尔指出:"如果存在某种规模,在其中生态意识可以得到发展、公民会认为自己是造成环境影响的原因,那这种规模只能是区域。……因为如果人们直接看到正在发生的事情,就不会污染和破坏他们赖以生存的自然系统;如果人们认为这些资源是宝贵的、被需要的和至关重要的,就不会以只顾及当下需要的姿态对这些资源进行使用;如果认为一种物种对于生态系统的顺利运作是重要的,就不会再杀死他们所能看到的此物种的个体。"②而生物区域是恰好的规模,因为它没有小到无力也不会大到笨重,在其中人类潜力正好能够与生态现实性匹配,在其中,"人的潜能会被释放出来,人类的理解会被放大,人类的成就会成倍增长"③。

社区是生物区域最基本的细胞,也是区域中最基层的自治单位。关于社区自治合理性的证明,首先的理由在于社区规模较小,并由此衍生出居民相互了解、决策正确率高及执行性强等支持性论证。理论家一般将社区理想人口的规模定位为5000~10000人。"决策及政治和经济控制的主要地点应该是社区,较小的规模大约是1000人左右,但更多的情况下,社区规模人口大约为5000~10000人,后者通常被视为基本的政治单位。"④理论家们认为只有在这样相对有限的规模下,社区自治的其他的合理性才能生发出来。"在这里,人们相互认识,并了解所共享的环境的特性;在这里,至少最基本的关

---

① Kirkpatrick Sale, *Dwellers in the Land:The Bioregional Vision*, San Francisco: Sierra Club Books Press, 1985, p.53.

② Ibid., p.54.

③ Ibid., p.55.

④ Ibid., pp.93–94.

于解决问题的信息是已知的或容易获得的,这些都是治理的起点。正如无数世代所证明的那样,在这一级做出正确决定的概率相对较高,其被有效执行的合理性也较高;即使决定被误导或执行不当,对社会或生态圈的损害也可能是微不足道的。"①

(2)遵从区域自然特性

生态区域自治路径的第二大关键在于遵从区域自然特性并对区域生态进行积极保护。生物区域内的社区是小规模的、生态负责的及人与自然和谐共处的自治性单位。此种社区更具生态中心主义色彩,在人与自然之间,要求社区更多地以自然为根本。埃克斯利指出:"生物区域主义主要是强调保护和在必要时恢复当地生态系统的多样性特征。"②赛尔也表达了类似的思想,认为生态社区的人类需要尊重并依顺着自然生活,"我们必须了解我们周围的土地,掌握它的全部知识和潜在可能性,依顺着而不是违逆它去生活。我们必须明白,生活在土地上意味着要遵循其方式与节奏生活"③。

将人类生活的合适规模定位为生物区域及其社区,这就要求人类社区适应当地生物区域特性并与之融合。皮特与雷蒙认为,此目标宏观上可通过"重新定居"(reinhabitation)的路径实现。他们对"重新定居"观念的具体阐释如下:"重新定居要求居住于在过去开发中受到破坏与损伤的区域,要求对区域内及区域特定的生态关系及运作形成了解,在此基础上使自己成为一个地道的在区域内生活的当地人。它意味着要对能够发挥以下作用的活动

---

① Kirkpatrick Sale, *Dwellers in the Land: The Bioregional Vision*, San Francisco: Sierra Club Books Press, 1985, pp.94–95.

② Robyn Eckersley, *Environmentalism and Political Theory: Toward an Ecocentric Approach*, London: University College London Press, 1992, p.168.

③ Kirkpatrick Sale, *Dwellers in the Land: The Bioregional Vision*, San Francisco: Sierra Club Books Press, 1985, p.56.

与变革性的社会行为形成理解,这些作用包括:丰富当地的生命、恢复生命支撑系统,并为其中的存在物建立一种生态和社会上可持续的生存模式。简单地说,它涉及在一个区域中并与这个区域一同变得充满活力,涉及成为一个生物区域的成员并停止做它的开发者。"①在上述观念中,定居选址的不挑剔性体现了对区域生态的债务意识,定居后了解区域、融入区域并用行动保护区域的一系列安排体现了对区域生态的责任感,行动后人与区域相融合的要求则为区域生态安全提供了最终保障。可见,这种重新定居意识是一种一切要以区域为主的意识,是对人类开发及破坏自然立场的纠正,是完全的生态中心主义思想的体现。

(3)社区自治

生态区域自治路径的第三大关键在于进行社区自治。与传统政治相区别,生物区域政治的特征是分散、离心力与权力向社区扩散。关于实行社区自治的原因,生物区域主义者给出了充分的论证。托卡尔从生态学原则中寻找合法性,指出应将生态学作为生物区域主义的指导,而生态学所揭示的多样性、相互依存、自由、平等与合作等自然特性恰可为社区自治所用。②赛尔从自然秩序及人类社会历史中寻找合法性,认为社区自治是遵从自然秩序及人类社会历史规律的举措。首先,自然中不存在统治及控制的现象。"自然界中不存在任何集中控制,也不存在物种间的统治,这种景象是最引人注目的,在那里,不存在任何被认为是人类治理中不可避免的规则与统治模式。……没有一个物种统治所有(或任何)其他物种的现象,甚至没有一个物种

---

① Peter Berg and Raymond F. Dasmann, Reinhabiting California, in Peter Berg(ed.), *Reinhabiting a Separate Country:A Bioregional Anthology of Northern California*, San Francisco:Planet Drum Foundation Press, 1978, pp.217–218.

② Brian Tokar, *The Green Alternative:Creating an Ecological Future*, San Pedro:R.& E.Miles Press, 1992, pp.1–6.

尝试这样做,甚至没有一个物种存在这样的本能或意图。"①同时,地方自治也是人类社会的惯常的冲动与事实。"人类模式中也存在着类似的分散主义,一种对分裂主义、独立和地方自治而不是聚集和集中的反复冲动。纵观整个人类历史,甚至在过去的几百年里,人们往往存在着生活在独立的小团体中的倾向。……即使在国家和帝国崛起的时候,他们也没有持久的力量来抵抗人类与生俱来走向分散主义的动力。"②由此,社区自治是顺应自然及人类历史的举措。

社区自治奉行互补而非等级的政治运作形式。在生物区域主义者看来,这是对动物世界及人类传统社区存在的互补法则的沿袭。赛尔指出:"动物世界和传统社会的互补法则的经验教训在生物区域政治中的应用似乎十分明显。等级制度与政治统治不会有立足之地;统治与被统治的制度,甚至是民选总统与选举产生代表的制度都是非生态的。因此,在社区层面,影响人们日常生活的大多数决定都将由那些在这项工作或服务方面有能力和经验的人做出并执行,并以全局性及生态原则为指导。"③其次,互补状态下的公民地位平等,他们能在相互配合中发挥出互补与良性的整体功能。"没有领袖,没有统治委员会,没有寡头政治,只有公民扮演着必要的角色:也许是担任公认的政治职能的社区官员——治安官、司库、调解人、办事员——甚至可能是轮换的一系列协调员、弓箭手或管理人员。但这些人并不是拥有特殊权力的人,只是特殊的职能,是对整个社会制定的政策的补充和指导,通常对该社区负责。如果说确实存在着权力的话,那它只归属于全体公民,而不是任何官员。"④

---

① 　Kirkpatrick Sale, *Dwellers in the Land:The Bioregional Vision*, San Francisco: Sierra Club Books Press, 1985, pp.91-92.

② 　Ibid., pp.93-94.

③④ 　Ibid., p.101.

社区自治是一种所有公民都担当主人、人人都需负责的状态。它首先要求公民具有共同承担责任的公民意识。赛尔指出："这种互补社区要求公民承担很大的责任，因为在没有一个决策者的地方，决策必须由每个人共同承担。每个人都有义务作为一个公众人物行事，对公共事务充满好奇与了解，关心并决定公共政策。"①其次，责任共担并不意味着要求公民具备全能特性。"这并不意味着每个公民都必须是每一个问题的专家，也不意味着没有专家。事实上，在任何复杂的社会里，我们都认为有些人对成本会计、废物管理或土壤修复的了解会比其他人多；这恰恰是一种相互补充的假设。更确切地说，共同责任意味着有关的公民有足够的参与和足够的关心，以决定哪些专家应该信任，及在哪些问题上、哪些时候及信任到什么程度。"②可见，生物区域主义奉行的社区自治是对自然及人类社会互补传统的沿袭，是一种公民集体负责的、没有等级及统治特性的无政府主义的自治模式。

（4）区域联盟

生态区域自治路径的第四大关键在于组建区域联盟。生物区域主义的设计是通过网络与信息交流将各区域联合起来，这与民族国家用正式国家机器作为连接工具的特性形成了截然不同的区别，恰是其自治特色的体现。首先，生物区域间的联盟是必须的。生物区域主义者认为，生物区域间的联盟可将各个区域连接起来，而联盟状态下的社区自治为社会及生态和谐提供着最佳保障。③赛尔指出："具有生物区域意识的社区会发现无数需要针对各种问题进行区域合作及决策的情形，包括水和废物管理、运输、食品生产、上游污染渗入下游饮用水、城市人口迁移到郊区农业区等。这时，孤立主义和

① Kirkpatrick Sale, *Dwellers in the Land: The Bioregional Vision*, San Francisco: Sierra Club Books Press, 1985, p.101.

② Ibid., pp.101–102.

③ Ibid., p.96.

局部的自给自足立场是根本不可能实现的，就像手指试图独立于手和身体一样。所有类型的通讯和信息网络都需要在生物区域的社区中继续使用，并且某些类型的政治协商和决策机构似乎也是必要的。"①其次，生物区域内的社区间是有机结合状态。例如，赛尔的基本假设是，一个生物区域内的各个社区之间存在着"明确的利益认同"并基本上是相对同质的，因为所在区域内的共同的生态特性将大家有机相连。②此外，特定的任务也是重要的联结纽带，也可能将它们结合起来。赛尔指出，"对于某些特定的任务，甚至可能需要它们之间的联盟——但这类任务并不意味着削弱社区的权力或主权，而是扩大了各社区的知识、文化、服务和安全的视野"③。最后，生态区域间的联盟是具有邦联性的。生态区域主义者特别强调这种联盟的邦联而非联邦性质，因为前者保留每个单位的主权，而后者需要主权一定程度的让渡，而主权的保留才与自治主题相符合并使其与民族国家的组成单位形成区别。而且联盟主体仅止于生物区域层面，"生物区域范围内的联盟具有一致性和共同性的逻辑及力量，而超越这些限制的联盟则不然。任何更大的政治形式不仅是多余的，而且极有可能是完全危险的，特别是它可能不再以生态认同或限制为有机基础"④。由此，社区及生物区域范围内的问题需通过社区自治及区域联盟解决，而对于更大范围的诸如全球层面的问题，生物区域主义提倡"通过拯救部分来拯救整体"的路径解决，也即，不再成立更大的联盟，而是先在各个生物区域内解决问题，进而依靠一个个区域成果的汇集与加总达到解决全球问题的目的。

---

① Kirkpatrick Sale, *Dwellers in the Land: The Bioregional Vision*, San Francisco: Sierra Club Books Press, 1985, pp.95–96.

②④ Ibid., p.96.

③ Ibid., p.95.

（5）自给自足的经济

除政治自治外，生物区域自治路径的另一个突出特性是经济的自给自足，这也是其第五大关键特性。自给自足经济的主旨在于保护自然并追求稳定的经济状态。生物区域经济将首先寻求维持而不是耗尽自然世界，适应环境而不是试图开发或操纵环境，不仅保护资源而且保护自然世界的关系和系统；生态区域经济建立的是一种稳定的不以变化为常态的生产和交换手段，且不以持续增长和持续消费为目的。①此种稳定的经济状态的特征如下，"生物区域经济必须是劳动力密集而不是能源密集型，因此它将提供更多的就业机会。为了减少浪费，它必须生产更多耐用品，所以它将强调质量而不是数量。它必须减少空气、水和食物的污染，这样才能改善公众健康。它必须消除增长经济中固有的通货膨胀，从而使收入、支出和整个货币更加稳定。我认为，在生物区域系统中，存在着比通常经济核算中想象的更多的价值，我认为这一点对任何人来说都是显而易见的"②。

生物区域主义者认为自给自足的经济是更健康的经济。生物区域经济政策采取谨慎与协商方式制定，长远而言有利于经济健康。赛尔分析了自给自足的生物区域经济的六大优势，分别是经济稳定、脱离官僚与公司控制、富有、自控货币、避免大规模医疗开支及增强公民意识。具体而言，一个自给自足的生物区域"将在经济上更加稳定，更多地控制投资、生产和销售，从而摆脱遥远的市场力量或政治危机所造成的繁荣和萧条周期的影响；将不会受制于遥远的和无法控制的国家官僚机构或跨国公司，不会任由政客和富豪们胡思乱想或贪婪摆布。没有陷入全球贸易的漩涡，它将摆脱某种程度上

---

① Kirkpatrick Sale, *Dwellers in the Land: The Bioregional Vision*, San Francisco: Sierra Club Books Press, 1985, pp.68–69.

② Ibid., pp.71–72.

总是伴随着依赖的脆弱性；将比一个陷入广泛贸易的地区更富有……这在一定程度上是因为经济的任何部分都不需要为进口买单；将控制自己的货币，因此它可以立即收到有关经济运作的反馈……此外，当地货币可以保持稳定，基本不受通货膨胀的影响；将摆脱巨大的医疗开支；会培养出一种经过发展的社区意识和同志情谊，以及自豪感与韧性"[1]。总体而言，因摆脱了当下全球经济体系及官僚与公司的控制，自给自足有助于经济取得稳定、富有并健康的发展。

3.评价

生物区域主义以生物区域为基础、遵循自然灵感、政治自治与经济自足的理论设计，是突破当今集权控制，试图从基层自治路径解决生态危机的尝试。除本流派理论家外，许多其他生态政治思想家也对其可能发挥的积极生态效果表示认可。埃克斯利便指出，生物区域主义提倡政治边界应以生态地域界限为依据，这样确实有助于发挥良好的生态效应，"政治团体应以生物区域轮廓为基础的想法值得赞扬，特别是在土地和水域管理方面（实际上，许多现有的内部水域管理制度已经沿着分水岭方向发展）"[2]。埃克斯利也对生物区域政治构想可能发挥的教育性作用表示认同。她指出："从教育的角度来看，生物区域主义在强调从生态关系进行角度思考的重要性，在询问一切从何而来、向何处去，学会识别当地动植物物种并成为其'恭敬的邻居'等方面发挥了宝贵的作用。这种方向和理解对发展针对现有决策的批判性评价至关重要。"[3]

除理论建树外，生物区域主义在北美也取得了相当可观的实践性成就。

---

① Kirkpatrick Sale, *Dwellers in the Land: The Bioregional Vision*, San Francisco: Sierra Club Books Press, 1985, p.71–78.

②③ Robyn Eckersley, *Environmentalism and Political Theory: Toward an Ecocentric Approach*, London: University College London Press, 1992, p.169.

当代西方生态民主的兴起及其对传统民主的超越

托卡尔认为北美生物区域主义实践有三个最成功的典型，那就是维拉米特（Willamette）河谷区域、从加利福尼亚中部海岸到俄勒冈的西斯基尤（Siskiy-ou）山一带的地域、哥萨克（Cossack）山脉和高原区域。他自豪地宣称这些地方的公民更多具备了新的生物区域感、能与当地自然和谐共生、并有效地保护着区域的生态环境，其中的哥萨克区域还组建了颇具仪式感的区域年度大会。[1] 全北美范围内组建的北美生物区域大会自 1984 年成立以来也基本常规性地运作着，每两到四年召开一次会议，会议采取直接民主方式对区域资源特色及保护与利用等信息进行交流，并于会后用以指导自身区域建设。[2] 此外，生物区域主义者也将北美绿党政治发展看作其理论的实践性成果。

生物区域主义理论构建的社区自治、人与自然和谐相处的图景令人向往，但批评者对其实现的可能性表示怀疑，认为此理论对政治形式的探讨建立在天真假设而非现实考证的基础上。例如，按生物区域组织人类居住与自治区域的安排。许多学者指出，生物区域主义所追求的让同一个生物区域同时是地理及人群文化统一体的目标是存在困难的。埃克斯利认为，"现实中，生物区域主义面临着居住人群文化边界不一定遵循生态地域界限的问题"[3]。亚历山大对此也有较经典的阐释。他认为，仅仅根据地理特性来定位人类社区的做法是对问题做了过于简单化的处理。这里涉及将地理特性与人类文化两个差异性较大的主体进行恰当组合的问题。他认为，虽然人类居住与活动的模式及形成的文化会受到地理因素的影响，甚至有时是强烈影响（特别

① Brian Tokar, *The Green Alternative: Creating an Ecological Future*, San Pedro: R. & E. Miles Press, 1992, p.27.

② Bioregional Congress, Bioregional Congress: Nurturing a deep sense of place, http:// wp.Bioregionalcongress. net, accessed on 1 September, 2014.

③ Robyn Eckersley, *Environmentalism and Political Theory: Toward an Ecocentric Approach*, London: University College London Press, 1992, p.169.

是在地理决定论那里),然而随着现代运输及通讯的发展,西方社会中公民的归属意识冲破了地理标准、在很大程度上依赖于语言、宗教与社会等功能性因素的作用。①由此,生硬地将由功能因素决定了区域意识的公民归纳入特定生物区域,也即强行用地理标准来决定人类的所属区域,这是一种既不合理也不可行的天真的乌托邦式构想,特别是放之于试图在全人类社会进行推广的背景下。

宏观来看,生物区域建设面临的现实背景是:地理特征千差万别,人类社区数量众多并文化多样,大多数人欠缺生态意识,全球化而非地方经济盛行,民族国家而非小规模自治是主要的政治形式等。由此,在地理、文化、机构及与政治等诸多阻挠性因素的共同作用下,仅依靠小规模自治的政治形式实现激进性生物区域目标的可能性是可想而知的。埃克斯利警告道:"在考虑制度设计问题时,生物区域理论家应该问:在世界上众多和多样的生物区域内的众多和多样的人类社区并不都具有生物区域意识的背景下,什么样的政治形式最能有力地促进生物区域目标?"②这是对生物区域主义可行性的根本发问,也更多隐含着否定性的回答及另寻他法的建议。

除可行性外,生物区域主义的现实功效也备受质疑。一些理论家指出,即使生物区域主义得以建立,其现实功效也需要质疑,尤其在国家及国际政治秩序的建立环节。埃克斯利指出,在从资源保护、人类福利生态学、保护主义(Preservationism)、动物解放到生态中心主义的环境主义思潮谱系中,生物区域主义是生态中心色彩最浓的派系,然而这并不是其发挥出最佳生态保护效能的保障,"一些生物区域理论家提出的政治形式并不是促进生态中心目

---

① Don Alexander, Bioregionalism: Science or Sensibility?, *Environmental Ethics*, vol.12, 1990, p.171.

② Robyn Eckersley, *Environmentalism and Political Theory: Toward an Ecocentric Approach*, London: University College London Press, 1992, p.169.

标实现的唯一政治形式,也不一定是最好的政治形式。……必须铭记的是,许多生物区域著作是诗意的、鼓舞人心的和富有远见的,但其关注点更多倾向于培养生物区域意识和实践,而不是进行详细的政治分析或建立另一种国家或国际政治秩序"①。而且,"将完全的政治自主权让给现有的居住在生物区的地方社区,并不能保证发展必然会是生态良性或合作性的,也不能保证它们会出于适当管理生物区域的目的而与邻近地方社区进行联盟"②。此外,在面对全球生态问题时,生物区域主义的行动力也值得质疑,正如伯格所解释的那样,生物区域主义者很可能与具有国际目标的政治运动结盟,"但他们主要的努力方向是解决他们自己所生活的地方的问题"③。

(二)社会生态学

除生态自治主义之外,社会生态学是生态基层民主的另一主要流派。与生态自治主义存在诸多理论建构者相区别,社会生态学主要由布克钦一人开创并阐释;同时,与生态自治主义强烈的生态中心性不同,社会生态学秉持的是人类中心主义立场。④

1.布克钦的社会生态学

布克钦的社会生态学主要包含三个研究主题。第一,社会生态学关心环境退化的社会根源,是将社会与生态结合在一起进行研究的科学。为何差异性较大的两者可以结合为一门科学的研究对象? 布克钦的理由是,自然包括人类且自然世界与人类社会间存在着相互作用。他指出:"简单地说,生态学

---

① Robyn Eckersley, *Environmentalism and Political Theory:Toward an Ecocentric Approach*, London:University College London Press,1992,p.168.

② Ibid.,p.169.

③ Peter Berg,What is Bioregionalism?,*The Trumpeter*,vol.8,No.1,1991,p.7.

④ Robyn Eckersley, *Environmentalism and Political Theory:Toward an Ecocentric Approach*, London:University College London Press,1992,p.145.

处理的是生物与非生物相互依存关系下自然的动态平衡问题。由于自然也包括人类,所以此科学研究必须包括人类在自然界中的作用。人类是自然界中最独特的物种之一,它从自然世界缓慢而艰苦地发展成了自己独特的社会世界。当两个世界通过高度复杂的进化阶段相互作用时,谈论社会生态学和谈论自然生态已经变得同样重要。"[①]也就是说,在布克钦看来即使是生态学,除处理自然问题外,也要考虑作为自然组成要素的人在其中的角色及作用,而从自然中产生并日益具备了独特性质的人类社会也与自然世界紧密地相互作用,所以两者已经成为无法单独谈论或研究的课题。

第二,社会生态学旨在揭示人类与自然的分裂性并提供治愈路径。布克钦指出,"社会生态学不仅仅是对人类和自然之间分裂的批判,它也提出了治愈它们的需要。事实上,它提出了从根本上超越它们的必要性。……社会生态学科学涉及在社区或'生态系统'中处理社会与自然的关系。也就是说,社会生态学是将它们作为整体来看,也关注它们相互依存的关系,试图揭示出一种使自然或社会的社区具备可理解性的相互关系的形式和模式"[②]。由此,他试图以整体性及相互依存性弥合自然与社会的分裂,并尝试建立一种新的可使自然与社会融洽相处的模式。

第三,社会生态学旨在通过消除等级制来实现自然与社会的和谐相处。布克钦认为,人与自然分裂的社会根源是人类社会等级制,"等级制度威胁着当今社会生活的存在……威胁到有机自然的完整性,'无法说话'和'看不见'的自然已给予严酷反击"[③]。并且,社会生态学也不认同传统的关于等级制为自然及社会提供稳定与秩序的作用,"它决定性地挑战了等级制度作为两个

---

①　Murray Bookchin, *The Ecology of Freedom: The Emergence and Dissolution of Hierarchy*, Palo Alto, California: Cheshire Books, Inc. Press, 1982, p.22.

②　Ibid., pp.22–23.

③　Ibid., p.37.

领域的稳定或秩序原则的地位"①。也就是说,传统认为,等级制在自然及社会中存在的合法性在于其提供的稳定或秩序,但布克钦认为它完全没有发挥这样的功效,反而威胁着社会的存在并破坏着自然及双方本有的整体性与关联性。因此,社会生态学认为消除等级制是实现人与自然和谐相处所必需的路径。

2.社会等级制是支配自然的根源

布克钦坚持认为社会等级制是支配自然的根源,即人对人的统治是人类支配自然的根源,而不是相反(马克思主义认为支配自然是人对人统治的根源)。这一思想在其巨著《自由的生态:等级的产生和解体》(The Ecology of Freedom:The Emergence and Dissolution of Hierarchy)中得到了全面表达。在该书中,布克钦梳理了从旧石器时代到现代人类社会期间的社会等级及统治形式的演变。他认为最早的统治出现在有文字记载前的人类社会,因为当时已存在以年龄、性别、准宗教与准政治为基础的社会等级制。

对自然的支配是社会等级制向自然进攻的结果。具体而言,从人对人的统治转化为人对自然的支配大致经过了两个环节。首先,从支配事实到对被支配观念的接受与深化,其结果是等级制奴役了个人。在社会等级制的作用下,人类逐渐认为这种被支配的事实是合理的并予以接受,从而生发出了所谓的"规则认知"(epistemologies of rule),即需要对命令与规则进行服从的意识。根据布克钦的说法,"一个完全被等级、命令和服从所玷污的世界,在用命令与服从教导我们如何看待自己的过程中表达了它的权威感:被操纵的对象,被使用的东西"②。其结果便是将人对人奴役的合法化。其次,受到支配

---

① Murray Bookchin, *The Ecology of Freedom:The Emergence and Dissolution of Hierarchy*, Palo Alto, California:Cheshire Books, Inc. Press, 1982, p.37.

② Ibid., p.350.

与服从观念及事实影响的个人开始用同样的视角与自然分离,其结果是人类对自然的支配。"从这种自我想象中,我们把我们形象化现实的方式扩展到了我们对'外部'自然的想象中。我们调动了人性,开始了一项伟大的社会事业,将自己与'外部'自然'脱钩'。"①结果是人与自然关系的去整体化及自然的被支配,"我们把自己的本性和'外在'的自然变得越来越矿化和无机。我们危险地简化了自然界、社会和个性,以至于复杂的生命形式的完整性、社会形式的复杂性和多方面人格的理想都受到了完全的质疑"②。也就是说,人类把彼此之间存在着的压制或操纵的感觉运用到了自然身上,而且赋予自身以强势的操纵者地位,自然却永远被动地处于被操纵的角色。由此,从史前社会到阶级社会再到国家的历程,是人类社会等级制日益巩固的过程,是人对人统治日益加深的过程,也是人与非人类世界统一关系不断遭受破坏、人对自然支配地位逐步形成与加深的过程。

由此可见,社会生态学与马克思主义在自然支配观念上存在着差异。例如,在对自然支配必要性的看法方面,马克思主义认为对自然的支配是人类在充满敌意的自然中生存的必需,同时在人类对自然掌控度增加的背景下产生了阶级社会与社会等级制。而生态社会学的观点则完全相反,布克钦认为自然支配不是产生社会等级制的基础,相反后者是前者的基础,因为在自然支配出现以前,社会等级制早已存在。

3.等级制的消亡路径

基于社会统治是自然支配根源的论证,布克钦进一步指出消除自然支配的根基性环节在于社会统治的消灭。他指出,"对自然的统治根源上不是出现在'控制'自然或自然力量的任何努力中,是社会制度化的各种模式而

①② Murray Bookchin, *The Ecology of Freedom: The Emergence and Dissolution of Hierarchy*, Palo Alto, California: Cheshire Books, Inc. Press, 1982, p.350.

当代西方生态民主的兴起及其对传统民主的超越

非人类劳动的组织模式(对马克思来说至关重要)导致了统治。因此,统治的消除只能通过解决起源于等级和地位的问题,而不是简单地从解决对自然的阶级和技术控制来实现"①。由此,消除自然支配要从社会内部消灭统治入手。而社会等级制的消亡需从重新正确认识自然开始,并进一步用从自然中获取的灵感将社会改造为脱离了等级制的无政府主义状态,进而在生态意识下带来人与自然关系的变化及人与自然社会的和谐。也就是说等级制社会的消亡需要自然世界提供规范及样本,而等级制消亡了的无政府主义是自然得以解放的依赖。

(1)认识自然的历史性与道德性

首先,等级制的消亡依赖于用历史性的变化的视角看待自然,摒弃以往将自然看作一成不变的既定世界的看法。"将历史感带入自然的必要性与将历史感带入社会的必要性一样迫切。生态系统绝不是偶然发生的随机的动植物群落。它本身就存在着潜力、方向、意义与自我实现性等。把生态系统看作既定的(科学主义在理论中立观察者身上灌输的坏习惯),就像把人类社会看作是既定的一样是非历史的和肤浅的。这两个世界都有一段历史,这给它们间的内在关系和发展方向赋予了可理解性与秩序。"②布克钦所提倡的历史地看待自然的观念意义重大,他用此打通了曾被阻断的自然与人类社会相连的关节,如他所言,"从一开始,人类历史很大程度上就是自然历史和社会历史——传统的亲属关系结构和性别分工清楚地表明了这一点"③。此外,布克钦用自然与人类社会同样具有历史性的观念将二者相连,为在历史进

---

① Murray Bookchin, Thinking Ecologically: A Dialectical Approach, *Our Generation*, vol.18, No. 1, 1987, pp.7–8.

②③ Murray Bookchin, *The Ecology of Freedom: The Emergence and Dissolution of Hierarchy*, Palo Alto, California: Cheshire Books, Inc. Press, 1982, p.34.

程中研究两者互动、并最终在未来通过两者互动创造人与自然一体的生态社会奠定了理论上的合法性基础。

其次,布克钦同时反对将自然作为无机的、无关道德的和随意而为领域的观点,提倡将自然看作是存在着价值观且与道德相关的领域。他认为自然与道德的相关性是自古希腊起就被发现了的,且至今还存在着痕迹。他指出,"从遥远的希腊时代到早期文艺复兴时期,自然主要被看作是道德取向的源泉,人类思想通过这一途径发现了自然的规范意义和一致性。非人类自然不是外在于人性和社会的。……正义与不正义的观念渗透在希腊自然哲学家的宇宙观之中。它们还体现在许多变体的术语中,尤其诸如'吸引'和'排斥'这般的词汇"①。因此,作为道德领域的自然中存在着价值观念,这些价值观念包括互惠共生、自由、主体性以及互相统一,"互惠共生、自由和主体性并不是严格意义上的人的价值观或关注。无论是如何萌芽的,它们似乎出现在更大的宇宙和有机过程中,不需要亚里士多德神(Aristotelian God)来激励他们,也不需要黑格尔精神来振兴他们"②。

(2)用自然特性改造人类社会

布克钦认可互惠共生、自由和主体性这些自然特性对改造社会的实际效用。具体而言,首先,这些价值观消除了人类社会与自然在伦理上的二分,为人类与自然创造共同的伦理基础。布克钦认为二分法对自然与人类双方都带来了伤害,"我们不再需要笛卡尔式的——最近的一种新康德式的——二元论,它让自然缄默,让心灵远离周围更大的现象世界。为了残害社区、阻止自发——这个让自我组织现实走向更复杂和更理性的核心、剥夺自

---

① Murray Bookchin, *The Ecology of Freedom: The Emergence and Dissolution of Hierarchy*, Palo Alto, California: Cheshire Books, Inc. Press, 1982, p.363.

② Ibid., p.365.

由——这些二分下的行动将忽视自然，剥夺自然在进化过程中留给我们的遗产,并消解我们在所生活世界中的合法性和功能"①。这些共同的价值观有力地回应了二元论,在共同伦理基础上将自然与人类社会连接为一个整体。其次,在这些价值观指导与作用下的社区将脱离等级制的影响。"社会生态学把互惠共生、自由和主体性的统一作为一个合作社会的需要,基于这些要素的统一,社区将不受支配、并以反思和理性为指导,而通过这些社会生态学将消除在源头上损害自然主义伦理的污点。"②最后,这些价值观可发挥生态伦理的作用,有助于没有等级制存在的生态社会的建立。布克钦提倡用自然系统的无等级特性改造人类社会。布克钦指出,自然界中并不存在人类世界的观念及制度层面的等级制,例如,动物中没有谁有成为"王者"以奴役他者或避免成为"卑微者"以免遭践踏的意识,咆哮之类看似"王者"的行为只是对外界刺激的本能反应,而且即使个别灵长类动物及个别部落成员表现出类似等级性的行为,这些也并不构成等级制的基础。"许多动物表面上的等级特征更像是链上的变化,而不是我们在人类社会和机构中发现的那种有组织的分层。正如我们所看到的,即使西北印第安人中所谓的阶级社会,也是个人之间是链状的联系，而不是早期的欧美入侵者天真地从他们自己的社会世界投射到印度人身上的阶层之间的联系。如果行为不构成制度,再如果事件不构成历史,那么个体行为特征便不构成阶层或阶级。"③

(3)依靠生态意识变革人类社会

布克钦认为,"将自然生态系统的无等级性质转化到社会中"④是合法与可取的。至于基本路径问题,布克钦指向了意识层面的生态变革。他认为通

---

①② Murray Bookchin, *The Ecology of Freedom：The Emergence and Dissolution of Hierarchy*, Palo Alto, California：Cheshire Books, Inc. Press, 1982, p.365.

③ Ibid., pp.29-30.

④ Ibid., p.36.

过对自然历史性、道德性的认识，及对自然中互惠共生、自由和主体性等特性的把握，思想得以解放的人们便会自觉行动起来变革人类社会的等级制度(因为布克钦认为一旦认识到这样的问题，人类就会自觉向自我决定方向进化)，直至其具备等于同自然的上述特性，那时等级性便会完全消失。埃克斯利指出，"这种思想的单向映射直接来自布克钦的自然组织哲学，根据这种哲学，人类是'自然地变得自觉的'，并能够辨别进化的主旨。简而言之，布克钦认为，一旦我们意识到自然界没有等级制度，社会等级就会受到破坏"①。

（4）采用自由市政的政治战略

将自然系统的无等级特性转化到社会中，除意识层面的变革路径外，布克钦提倡一种社会与生态重建的政治战略实践，那就是自由市政自治主义（libertarian municipalism）。国家与社区共同体、等级制与民主之间存在根本性冲突的看法是布克钦制定此激进政治战略的理论出发点，古希腊城邦与新英格兰市政大会的直接民主是此战略的灵感来源与现实典型。具体而言，自由市政自治主义提倡将市民大会作为公民直接参与的激进的基层民主单位，提倡由居民在市民大会中通过直接的面对面交流来处理城市事务。与等级制下控制与支配的交流与往来形式不同，这是公民间平等相处并共同直接控制公共事务的民主形式。与等级制下公民被奴役与奴役自然的不自由状态相反，这里的公民是用生态伦理及无政府主义重新自我武装的公民。因此，与等级之下奴役人类及自然的状态也有所不同，这里的自治是保证社会、人类与自然互助共生、和谐相处的基层民主形式。与生态区域主义者反对更大的超越生物区域联盟的思想不同，布克钦在肯定城市作为基层民主单位作用的同时，提倡城市间召开邻里大会，认为这是对共同体中公民进行人

----

① Robyn Eckersley, *Environmentalism and Political Theory：Toward an Ecocentric Approach*，London：University College London Press，1992，p.149.

道主义、合作与公共服务等价值观教育的有益途径,而且认为市政间的邦联是用以对抗和削弱国家的重要反体制性形式。布克钦的基层民主理论包含了一种激进的、重建性的和与众不同的政治战略,也是面临着集权背景带来的诸多挑战的、需要配备更多战斗力而非仅依靠丰富想象力就能得以实现的战略。①

4.生态社会的特征

生态社会包含以下两个主要特征:第一,生态社会就是等级制消亡后的无政府主义社会,也是自由的社会。布克钦认为等级制消亡后的生态社会是互惠共生、自组织、自由的及尊重自主性的社会,这些特性将同时存在于自然与人类社会当中。"互惠共生、自组织、自由和主体性等特性,是由社会生态学将多样性、自发性和非等级关系等原则进行统一的结果,因此它们本身就是目的。"②布克钦认为,这些特性除赋予人类生态责任外也使人类具备了生态上的合法性。"它们赋予我们自我反思的为自然发声的生态责任,此外,它们真地定义了我们。大自然对我们来说并不是'存在'着供我们使用的;它只是使我们和我们的独特性在生态上是合法的。就像'存在'的概念一样,社会生态学原理也无需对这些进行解释,只需要验证。它们是本体论伦理的要素,而不是可以根据个人需要而改变的游戏规则。"③这些特性除了为人类规定责任外,也为人类找到了自己在自然界存在的合法性,也即人是生活在自然中的个体,与自然一同具备自组织的与自由等特性,同时需要与自然一起互惠共生。

第二,等级制消亡后的生态社会是同时重视自我与差异的社会。布克钦

---

① Murray Bookchin,*The Ecology of Freedom:The Emergence and Dissolution of Hierarchy*,Palo Alto, California:Cheshire Books,Inc. Press,1982,pp.333-340.

②③ Ibid.,p.365.

指出,所谓的"文明"社会是蔑视自我内在性并排斥差异的社会,它为人类建立的是一种含蓄的自我毁灭的前景。他分析道:"'文明'给我们留下了将差异视为'对手'与'挑战'、将有机的'内在性'(inwardness)视为自我认同的永久性'战争'。……我们被自然永远与我们人类相对立的错误认识所困,因此我们将人类本身重新定义为冲突即和平的条件,控制是觉悟的条件,支配是自由的条件,反对是和解的条件。"①布克钦认为改变对差异性及内在性的看法,会彻底颠覆以前的文明观,树立起完全不同的生态性的哲学与社会观念。"一种完全不同的哲学和社会观念可以从生命的差异性和内在性观念中解读出来——至少在精神上。……我们可以形成一种由多样性滋养的互补伦理,而不是保护个人内在不受差异性的威胁与侵入;生命的内在性可以被看作是对平衡的表达,而不仅仅是对熵的抵抗和所有活动的终结。熵本身可以被看作是一个更大的宇宙新陈代谢的特征,生命是它的合成维度;最后,自我可以被看作是融合、社区、支持及分享的结果,而不会失去个人身份和个人自发性。"②

总之,等级制消亡后的生态社会是一个自由意志的、无国家的社会,其社会遵循布克钦所认为生态系统的以下特征,即多样性、自发性和互补关系的统一的形象,不受所有等级和支配的影响。这在政治上的要求是转化为"没有老人统治、父权制、阶级关系、各种精英,最终没有国家,特别是没有社会上寄生性最强的国家资本主义"③的社会。

5.评价与争论

布克钦开创的社会生态学探索了走向生态无政府主义的社会路径,其

---

①　Murray Bookchin, *The Ecology of Freedom: The Emergence and Dissolution of Hierarchy*, Palo Alto, California: Cheshire Books, Inc. Press, 1982, p.365.

②　Ibid., pp.365–366.

③　Ibid., p.353.

当代西方生态民主的兴起及其对传统民主的超越

诸多观点对生态民主理论与实践发挥着独特的启示作用。社会生态学的一个基本任务是寻求生态危机的社会根源，这与传统的从自然资源使用方式及自然支配技术等环节寻找根源的路径形成了反差，有助于揭示社会等级制与自然支配的关系，对人类更深刻、更全面探究生态危机根源及后续的对症解决拓展了思路。同时，社会生态学关于社会等级制既是一种物质力量又是意识形态的观点，提醒人类自由不仅要远离外界控制，更要在意识中排除支配与控制的观念；布克钦关于支配自然的非必然性和自由不依赖于控制自然等观点，与马克思主义相关理念形成了巨大反差，引发了思想界对相关命题更深刻的探讨等。

作为一种独树一帜的开创性理论，社会生态学也引发了大量的质疑与争论，这些争论主要集中在以下四个方面。

（1）社会等级制是否必然导致统治？

布克钦认为，社会等级制导致了人对人及人对自然的统治。而埃克斯利对此表达了质疑，她认为不能仅凭无数社会统治归因于社会等级制的例子就得出后者是前者充要条件的结论，事实上，后者充其量是前提的必要而非充分条件。埃克斯利指出，"社会等级制度在每一种情况下都会产生社会统治并不能表明什么——除非是说在确实存在社会统治的情况下总是存在社会等级制度，同时在没有社会等级制度的社会中永远不会出现社会统治"①。埃克斯利似乎认为，社会等级制与技术的结合才是产生统治的充要条件。"我们有可能把布克钦解释为：历史只表明，等级社会创造了控制非人类世界的心理条件，但实际中对非人类世界的控制取决于社会拥有必要的技术。在这种情况下，社会等级制度仅仅是一种支配非人类世界的必要的而非充

---

① Robyn Eckersley, *Environmentalism and Political Theory: Toward an Ecocentric Approach*, London: University College London Press, 1992, p.150.

分的心理条件，如同它仅仅是社会支配的一种必要的而非充分的心理条件一样。"①不难发现,埃克斯利此处关于社会等级制是支配的非充要条件的论断是有力的,但她认为社会等级制只是提供了支配的心理条件,这一结论难免有失偏颇,因为社会等级制是包括政治、经济等制度形式及其附属的物质条件的,所以仅将其作用定位为心理环节便忽视了等级制的物质属性。

(2)社会等级制是否只有消极作用?

质疑者认为,即使是承认社会等级制必然导致统治的背景下,也需对社会等级制的积极作用进行考虑,并对其潜在不利影响与积极作用进行权衡,而不是采取一味的反对立场。埃克斯利指出,按布克钦的论点,社会等级制度必然会抑制人类和非人类世界的自由发展,因此只有在无等级的社会中,自我决定的活动才有可能。但这是对社会等级制度负面影响的夸大,也是对其积极作用的完全忽视。埃克斯利指出,社会等级制度也可以有助于自我决定,她认为甚至布克钦本人也曾经对此表示承认。埃克斯利指出,关于社会精英阶层或等级制作用看法,布克钦至少认同它们在有机社会中可能发挥的积极作用,因为他这样论述,"一种等级制度(ranking system)的出现,使个阶层享有特权,特别是年轻人凌驾于老年人之上,这本身就是一种补偿形式,它更多地反映了有机社会的平等特征,而不是后来社会的专制特征"②。

不论布克钦对社会等级制消极作用的分析是否恰当,埃克斯利的批判本身也存在着概念混淆的嫌疑。她引用布克钦的原话是要证明其对等级制积极作用的认可,但原话中的关键词是等级安排而非等级制,在布克钦那里,

---

① Robyn Eckersley, *Environmentalism and Political Theory: Toward an Ecocentric Approach*, London: University College London Press, 1992, p.151.

② Murray Bookchin, *The Ecology of Freedom: The Emergence and Dissolution of Hierarchy*, Palo Alto, California: Cheshire Books, Inc. Press, 1982, pp.6-7.

等级安排是指男女、老少等差异性群体,而等级制却是进一步在此差异基础上的政治、经济等制度的差异性安排及支配与服从意识。所以,布克钦认可的是等级安排而非等级制的积极作用。至于等级制本身的积极作用,人类历史在等级制度下的发展及文明成果的积淀便是现实的证明。当然在布克钦那里,等级制的积极作用、甚至"文明"本身的积极角色都是值得怀疑的。

(3)社会等级制是否必然导致生态危机?

布克钦认为社会等级制度与对非人类世界的统治间存在必然联系,前者是后者的根源,后者的解决需要消除前者。埃克斯利则认为这种必然联系并不存在,"第一,存在许多与非人类世界相对和谐的等级社会的历史例子(例如,本尼迪克特的社区主义、封建主义、许多识字前的社会);第二,存在理论上的可能性,即一个平等、无等级的社会仍然主宰着非人类世界。至于后者,马克思未来的共产主义社会就是一个明显的例子,如果它成为现实的话"[1]。也就是说,埃克斯利认为等级制与自然支配并非紧密相连,存在着二者只存其一的社会。正如福克斯所指出的那样,布克钦仅将社会内部组织关系定位为等级制的观念是片面的,"布克钦的社会生态观没有真正理解人类社会内部组织间关系的多样性,而它们对待自然的方式可以和任何其他进化过程的结果一样是多种多样的"[2]。在福克斯看来,多样的而非仅是等级性的社会组织关系会生发出多样性的而非仅是支配自然的结果。

(4)社区民主是否必然是无政府主义的?

布克钦把消除社会所有等级制度和在社区一级建立直接民主作为战略优先事项,社会解放需要地方民主的复兴与经济政治集权体制的崩溃,并且

---

[1] Robyn Eckersley, *Environmentalism and Political Theory:Toward an Ecocentric Approach*, London:University College London Press,1992,p.151.

[2] Warwick Fox, The Deep Ecology-Ecofeminism Debate and its Parallels, *Environmental Ethics*, vol.11,No.1,1989,p.15.

后者是实现前者的前提,进而在新产生无政府主义的社会状态中,普遍的非等级敏感性能够延伸到非人类世界并使生态问题得到有效解决。

埃克斯利认为布克钦忽略了现有经济政治集权的力量,仅凭道德力挑战强大集权并实现无政府主义社会的构想近乎天方夜谭。同时,现有等级制下的集权恰是社会生态学解决社会经济不公平与压迫的有力手段,而社会经济问题的解决也是生态社会的需要。埃克斯利以议会力量为例进行说明,她指出,"由民主选举产生的议会直截了当地决定走向权力下放、以太阳能和风能为主的地方经济,这将导致大规模的、中央集权的官僚机构与公司经济及政治力量的崩溃。它还将改变机构的规模和性质,使它们更易于参与民主"[1]。所以,"社会解放和'生态解放'与国家的继续存在并不矛盾,相反,两者都可以由国家来促进。事实上,生态危机的紧迫性使我们无法'跨越'(march through)且需要改革现有的自由议会民主体制(在现有情况下尽管存在许多限制),并利用国家的资源(法律、财政和外交)来促进国家和国际行动,遏制生态退化,促进世界富国和穷国之间的资源再分配"[2]。

但是,归根结底,生态无政府主义面临的最大困境是,在现有集权背景下如何民主地生存? 全面无政府主义的民主又该怎样去实现? 利用现有的集权模式推进基层民主是诸多生态民主学者建议的权宜之计,但这在无政府主义那里显然是行不通的,因为这违背了他们"目的与手段"相一致的宗旨,于是,在生态无政府主义那里,一个巨大的"戈尔迪乌姆之结"依然紧锁。

---

[1]　Robyn Eckersley, *Environmentalism and Political Theory: Toward an Ecocentric Approach*, London: University College London Press, 1992, pp.153–154.

[2]　Ibid., p.154.

结　语

　　我们生而为人,但又无时不在自然之中。生在自然中的人类保有着怎样的自然观? 这是一个时代特性的使然,也是其精神面貌的映现。我们生而为人,但又无时不在自然的关照之中。生在自然关照中的人类保有着怎样的自然观? 这是人类德行的昭示,也是对其智识的考验。从西方历史路径梳理,原始社会中的自然被当作"盖亚"(Gaia)①,她是母性的、有生命的和行为具备目的性的存在,是创造、毁灭、混乱及秩序的来源,是需要崇拜、敬畏与保护的天神;古希腊时代,自然被当作哲学命题加以研究,哲学家开始了理性思维下认识自然本质与规律的思想旅程;中世纪的自然重回神秘,被当作是上帝所造之物,是供人类恣意享用的工具性存在;近代以来,自然是因启蒙而获得自信

---

　　①　盖亚(Gaia)是古希腊神话中的大地之神与众神之母。盖亚被当作混沌中诞生的第一位原始神,也被认为是于混沌中创造光明并创造生命的显赫之神。20 世纪 60 年代末,英国大气学家詹姆斯·拉伍洛克(James Lovelock)提出了盖亚假说(Gaia hypothesis),意指地球生命体和非生命体之间不是无关联的状态,相反它们之间存在的紧密的相互作用使其共属于一个复杂的系统。之后,盖亚假说被西方生态主义理论及环保运动作为重要的基础。特别是生态中心主义者,他们将地球阐释为盖亚般的有生命和自身目的性的存在,提倡人类用尊重和爱戴的态度与自然相处,并有效保护自然。

的人类用"科学精神"进行"去魅"①的对象,是科技革命大刀阔斧作用并主宰的奴隶;20世纪以来,自然是不断发出危机生存警报并实施"报复性"行动的"威胁者",是人类必须重新定位其角色及与其相处之道的对象。如今,自然已衣衫褴褛、步履蹒跚,始作俑者的人类是否该自惭形秽地重新思考与自然的相处之道?是什么让我们如此急功近利?是什么让我们这般贪得无厌?又是什么让我们狂妄自大并如此不择手段?我们是否盲目到了自毁生存根基而又不肯回头的地步?

在不满自由民主生态危机应对现状的背景下,在对民主制度的根基性固守中,在对人与自然关系的重新思考中,西方生态民主理论尝试将生态与民主议题相关联,将两者整合为一种平等对待生态、尊重生态性权利及民主处理生态议题的理论体系。这意味着将生态与民主这两种强大的、并不呈融合姿态的议题进行整合,是一种努力将生态主义政治思想引入主流民主理论的努力。在现有的开放性的聚集着不同流派、不同思想观念的生态民主理论大营中,经过浩繁的甄别与梳理工作,可将生态民主理论大致做以下三类归纳:生态中心主义视角的生态民主理论是要更激进地为生态谋求民主主体地位;人类中心主义视角的生态民主理论是为人类拓展生态性或环境类民主权利的尝试;实用主义立场下的生态民主理论是要探索用民主而非权威方式应对生态危机的路径。三者间存在着是生态中心还是人类中心的立场隔阂、存在着是激进还是温和的基调区分、更存在着坚守理想还是屈从实

---

① 1919年,德国社会学家马克斯·韦伯(Max Weber)在德国慕尼黑大学为学生们做了题为"以学术为业"的讲演,第一次使用了"去魅"(deenchanted)这个词。韦伯指出:"只要人们想知道,他任何时候都能够知道,从原则上说,再也没有什么神秘莫测、无法计算的力量在起作用,人们可以通过计算掌握一切,而这就意味着为世界去魅。人们不必再像相信这种神秘力量存在的野蛮人一样,为了控制或祈求神灵而求助于魔法。技术和计算在发挥着这样的功效,而这比任何其他事情更明确地意味着理智化。"

际的现实差异。同时无论是哪种理论建构都面临着来自更多视角与立场的质疑。以理论的可推敲性及实践性为判断标准,人类中心的、温和的与较多屈从自由民主现实的理论建构的可推敲性相对较高,实践性也较强。如权利内容延伸层面的生态民主,其所做的关于环境权利与义务的理论设计已成为诸多国家采纳的绿色实践;再如模式拓展层面的绿色自由民主,其生态现代化与预防原则等设计也已在许多国家得到应用。与此相反,生态中心的、激进的及较多理想色彩的理论构建似乎遭受着更多质疑,实践性也欠佳。如拓展生态为民主主体的生态民主与作为模式的无政府主义层面的生态民主等,它们目前都停留在理论争论与完善或以小规模试验开展零星实践的阶段。

生态民主理论的上述梳理,对"什么是生态民主?"与"生态民主对传统民主有哪些超越之处?"等提问做出了回答。一般认为生态民主是用民主路径应对生态问题,而这是只将生态民主简单认定为问题应对模式的界定。本书认为,除现实模式之外,生态民主还包括理论与价值层面的内涵,即生态民主是将生态扩展为民主主体的民主,是承认人类生态性权利的民主,同时也是用民主模式应对生态问题的民主。内涵的全面界定也恰当展示了生态民主在民主主体、民主权利与民主模式等层面对传统民主所做的超越,具体而言,将生态扩展为民主主体是对传统民主中只将人类认定为资格主体的超越;承认人类生态性的权利是在经济、政治与社会权利外对传统民主认定的人类民主权利内容的拓展;将生态民主界定为应对生态问题的多种民主模式,是对传统民主生态问题应对路径的扩展与创新。综合而言,应从理论、价值与现实层面对生态民主的内涵进行多重定位,也需多方位地分析与评估其对传统民主的超越之处。

西方生态民主理论或许仍将纷呈复杂,也必然还会遭受更大的质疑,但转念而想,这也许恰是其理论繁荣的表现,也恰是其推动人类传统思想的结果。作为一种同时紧抓人类民主与生态命脉的理论思索与构建,这是一种对自毁生存根基的狂妄自大、急功近利及贪得无厌路径的警醒与否定,是重新负责任地用平等理念思考人与自然关系的尝试,是重新有担当地用民主方式尊重并保护自然的尝试。西方生态民主的理论仍需质疑与甄别,但其发挥的启迪人类智慧、激励人类前行的作用毋庸置疑也无法磨灭。

参考文献

一、中文文献

（一）中文著作

1.曹荣湘:《生态治理》,中央编译出版社,2015 年。

2.郇庆治:《当代西方生态资本主义理论》,北京大学出版社,2015 年。

3.郇庆治主编:《环境政治学:理论与实践》,山东大学出版社,2007 年。

4.郇庆治主编:《重建生态文明的根基——生态社会主义研究》,北京大学出版社,2010 年。

5.金建方:《生态主义主张》,东方出版社,2018 年。

6.金纬亘:《西方生态主义基本政治理念》,江西人民出版社,2011 年。

7.王雨辰:《生态批判与绿色乌托邦》,北京师范大学出版社,2021 年。

8.余谋昌:《环境哲学:生态文明的理论基础》,中国环境科学出版社,2010 年。

(二)中文论文

1.高建中:《生态思维与生态民主》,《北京林业大学学报(社会科学版)》,2010年第3期。

2.高桐杰:《生态民主主义思想述评》,《理论导刊》,2013年第7期。

3.高桐杰:《生态民主主义思想研究》,《商业时代》,2013年第6期。

4.郝炜:《西方生态民主主义中的三种论证策略及其限度》,《云南行政学院学报》,2015年第3期。

5. 郇庆治:《绿色变革视角下的环境公民理论》,《鄱阳湖学刊》,2015年第3期。

6.郇庆治:《生态民主》,《绿色中国》,2019年第13期。

7.郇庆治:《西方环境公民权理论与绿色变革》,《文史哲》,2007年第1期。

8.金纬亘:《超越"选举":西方生态主义基层民主理念及其价值取向——兼论卢梭的"主权不可分论"》,《江西财经大学学报》,2010年第9期。

9. 金纬亘:《代议民主与直接民主相结合的新民主诉求——西方生态主义基层民主观探析》,《社会科学家》,2006年第5期。

10.孔凡义、况梦凡:《生态政治及其协商民主转向——对话马修·汉弗莱教授》,《国外理论动态》,2016年第6期。

11.刘娟、任亮:《协商民主视角下生态治理的制度框架与路径探析》,《山西师大学报(社会科学版)》,2017年第5期。

12. 刘子晴:《当代西方生态民主主义思想的流派分析》,《湖湘论坛》,2015年第9期。

13.鲁冰:《艾克斯利生态民主思想探析》,《云南行政学院学报》,2013年第7期。

14. 沈承诚:《西方生态问题政治化及生态民主的学理分析》,《江汉论坛》,2014 年第 9 期。

15.孙越、王晨:《生态政治视角下生态民主的重建问题研究》,《贵州社会科学》,2016 年第 9 期。

16. 佟德志:《当代西方生态民主的主体扩展及其逻辑》,《社会科学研究》,2019 年第 1 期。

17.余科杰:《"绿色政治"与苏联解体》,《当代世界社会主义问题》,2005 年第 3 期。

(三)外文译著

1.[英]安德鲁·多布森:《绿色政治思想》,郇庆治译,山东大学出版社,2005 年。

2.[美]彼得·S.温茨:《环境正义论》,朱丹琼、宋玉波译,上海人民出版社,2007 年。

3.[美]彼得·S.温茨:《现代环境伦理》,宋玉波、朱丹琼译,上海人民出版社,2007 年。

4.[美]丹尼尔·A.科尔曼:《生态政治:建设一个绿色社会》,梅俊杰译,上海世界出版集团,2006 年。

5.[美]丹尼斯·米都斯等:《增长的极限》,李宝恒译,吉林人民出版社,2005 年。

6.[德]斐迪南·穆勒－罗密尔、托马斯·波克特克主编:《欧洲执政绿党》,郇庆治译,山东大学出版社,2005 年。

7.[澳]罗宾·艾克斯利:《绿色国家:重思民主与主权》,郇庆治译,山东大学出版社,2012 年。

8.[美]罗伊·莫里森:《生态民主》,刘仁胜、张甲秀、李艳君译,中国环境出版社,2016年。

9.[德]马丁·耶内克、克劳斯·雅各布主编:《全球视野下的环境管治:生态与政治现代化的新方法》,李惠明、李昕蕾译,山东大学出版社,2014年。

10.[俄]米·谢·戈尔巴乔夫:《戈尔巴乔夫回忆录》,王尊贤等译,社会科学文献出版社,2003年。

11.[美]默里·布克金:《自由生态学:等级制的出现与消解》,郇庆治译,山东大学出版社,2008年。

12.[英]乔纳森·休斯:《生态与历史唯物主义》,张晓琼、侯晓兵译,江苏人民出版社,2011年。

13.[澳]约翰·德莱泽克:《地球政治学:环境话语》,蔺雪春、郭晨星译,山东大学出版社,2008年。

14.[英]约瑟夫·绍尔卡:《法国环境政策的形成》,韩宇等译,中国环境出版社,2012年。

二、英文文献

(一)英文著作

1.Albert Schweitzer, *Out of My Life and Thought: An Autobiography*, Baltimore: The Johns Hopkins University Press, 1998.

2.Aldo Leopold, Susan L. Flader and J. Baird Callicott(eds.), *The River of the Mother of God and Other Essays*, Madison: University of Wisconsin Press, 1991.

3.Seyla Benhabib(ed.), *Democracy and Difference*, Princeton, NJ: Princeton

University Press, 1996.

4.Andrew Dobson(ed.), *Fairness and Futurity: Essays on Environmental Sustainability and Social Justice*, Oxford: Oxford University Press, 1999.

5.Andrew Dobson, *Citizenship and the Environment*, New York: Oxford University Press, 2003.

6.Andrew Dobson, *Green Political Thought*, London and New York: Routledge Press, 1990.

7.Andrew Dobson, *Justice and the Environment: Conceptions of Environmental Sustainability and Dimensions of Social Justice*, Oxford: Oxford University Press, 1998.

8.Andrew Dobson and Paul Lucardie(eds.), *The Politics of Nature: Explorations in Green Political heory*, London and New York: Routledge, 1993.

9.Anna Bramwell, *Ecology in the 20th Century*, New Haven, CT: Yale University Press, 1989.

10.Anne Phillips, *The Politics of Presence*, Oxford: Oxford University Press, 1995.Barbara noske, Humans and Other Animals, London: Pluto Press, 1989.

11.Brian Tokar, *The Green Alternative: Creating an Ecological Future*, San Pedro: R. & E. Miles Press, 1992.

12.Brian Doherty and Marius de Geus(eds.), *Democracy and Green Political Thought: Sustainability, Rights and Citizenship*, London and New York: Routledge Press, 1996.

13.Bruno Latour, *The Politics of Nature: How to Bring the Sciences into Democracy, Cambridge*, MA: Harvard University Press, 2004.

14.Christopher Stone, *Should Trees Have Standings? Towards Legal Rights for*

Nature Objects, Los Altos, CA: William Kaufmann, 1974.

15.Claus Offe and Ulrich K. Preuss, Democratic Institutions and Moral Re sources, in David Held(ed.), *Political Theory Today*, Cambridge: Polity Press, 1991.

16.Crawford Brough Macpherson, *The Theory of Possessive Individualism*, Oxford: Oxford University Press, 1975.

17.David Held, *Models of Democracy*, Cambridge: Polity Press, 1987.

18.Edward Goldsmith, *The Great U-Turn: De-industrializing Society*, Hartland, U.K.: Green Books Press, 1988.

19.Frans de Waal, *Good Natured: The Origins of Right and Wrong in Humans and Other Animals*, Cambridge, MA: Harvard University Press, 1996.

20.James Rachels, *Created from Animals*, Oxford: Oxford University Press, 1990.

21.Frederick Buell, *From Apocalypse to Way of Life: Four Decades of Environmental Crisis in the US*, New York: Routledge Press, 2003.

22.Fred Steward, Citizens of Planet Earth, in G. Andrews(ed.), *Citizenship*, London: Lawrence and Wishart Press, 1991.

23.Freya Mathews(ed.), *Ecology and Democracy*, London: Frank Cass & Co. Ltd. Press, 1996.

24.Graham Smith, *Deliberative Democracy and the Environment*, London and New York: Routledge Press, 2003.

25.Hans Jonas, *The Imperative of Responsibility: in Search of An Ethic for the Technological Age*, Chicago: University of Chicago Press, 1985.

26.Ian Budge, *The New Challenge of Direct Democracy*, Cambridge: Polity Press, 1996.

27.Iris Marion Young, *Justice and the Politics of Difference*, Princeton, NJ: Princeton University Press, 1996.

28.James Arthur and David Wright, *Teaching Citizenship in the Secondary School*, London: David Fulton Publishers, 2001.

29.James Madison, Alexander Hamilton and John Jay, *The Federalist Papers*, Harmondsworth: Penguin Press, 1987.

30.James Radcliffe, *Green Politics: Dictatorship or Democracy?*, London: Macmillan Press Ltd Press, 2000.

31.Jean Decarreaux, *Monks and Civilization*, translated by Charlotte Haldane, London: George Allen & Unwin Press, 1964.

32.John Barry, *Rethinking Green Politics: Nature, Virtue and Progress*, London: Sage Publications Inc. Press, 1999.

33.John Barry and Marcel Wissenburg(eds.), *Sustaining Liberal Democracy: Ecological Challenges and Opportunities*, New York: Palgrave Publishers Ltd. Press, 2001.

34.John Passmore, *Man's Responsibility for Nature*, London: Duckworth Press, 1974.

35.John S. Dryzek, *Deliberative Democracy and Beyond: Liberals, Critics, Contestations*, Oxford: Oxford University Press, 2000.

36.John S. Dryzek, *Rational Ecology: Environment and Political Economy*, Oxford: Blackwell Press, 1987.

37.John Stuart Mill, *Principles of Political Economy*, New York: Longmans, Green & Co. Press, 1848/1900, 1911.

38.Karin B?ckstrand, Jamil Khan, Annica Kronsell and Eva Lövbrand(eds.),

Environmental Politics and Deliberative Democracy：Examining the Promise of New Modes of Governance，Cheltenham：Edward Elgar Publishing，Inc. Press，2009.

39.Kirkpatrick Sale，*Dwellers in the Land：The Bioregional Vision*，San Francisco：Sierra Club Books Press，1985.

40.Lesley A. Jacobs，*Rights and Deprivation*，Oxford：Clarendon Press，1993.

41.Michael Saward（ed.），*Democratic Innovation：Deliberation，representation and association*，London and New York：Routledge Press，2000.

42.Marc Bekoff and Jessica Pierce，*Wild Justice：The Moral Lives of Animals*，Chicago and London：The University of Chicago Press，2009.

43.Marcel Wissenburg（eds.），*Sustaining Liberal Democracy：Ecological Challenges and Opportunities*，New York：Palgrave Publishers Ltd. Press，2001.

44.Marcel Wissenburg and Yoram Levy（eds.），*Liberal Democracy and Environmentalism：The end of environmentalism?*，Routledge，London and New York Press：2004

45.Micheal Saward，*Terms of Democracy*，Cambridge：Polity Press，1998.

46.Murray Bookchin，*The Ecology of Freedom：The Emergence and Dissolution of Hierarchy*，Palo Alto，California：Cheshire Books，Inc. Press，1982.

47.Robert Nisbet，*The Social Philosophers：Community and Conflict in Western Thought*，New York：homas Y. Crowell Company，Inc. Press，1973.

48.Robert Goodin，*Green Political Theory*，Cambridge：Polity Press，1992.

49.Paul Diesing，*Reason in Society：Five Types of Decisions and their Social Conditions*，Urbana，Ill.：University of Illinois Press，1962.

50.Paul Taylor，*Respect for Nature*，Princeton，New Jersey：Princeton University Press，1986.

51.Peter Singer, *Animal Liberation*, New York: HarperCollins Publishers Inc. Press, 1975.

52.Robert L. Heilbroner, *An Inquiry into the Human Prospect*, New York: W. W. norton & Company Press, 1774.

53.Robert L. Heilbroner, *Business Civilization in Decline*, New York: W. W. norton & Company Press, 1977.

54.Robert L. Heilbroner, *The Human Prospect*, London: Calder & Boyars Press, 1975.

55.Robyn Eckersley, *Environmentalism and Political Theory: oward an Eco-centric Approach*, London: University College London Press, 1992.

56.Roderick Nash, *The Rights of Nature: A History of Environmental Ethics*, Madison: University of Wisconsin Press, 1989.

57.Saint Benedict, *The Rule of Saint Benedict*, in Latin and English, ed. and trans. Abbot Justin McCann, Westminster, Md.: Newman Press, 1952.

58.Seyla Benhabib(ed.), *Democracy and Difference Contesting the Boundaries of the Political*, Princeton: PrincetonUniversity Press, 1996.

59.Steve Goodall(ed.), *Developing Environmental Education in the Curriculum*, London: David Fulton Publishers Press, 1994.

60.Ted Benton, *Nature Relations: Ecology, Animal Rights and Social Justice*, London: Verso Press, 1993.

61.Theodore Roszak, *Person/Planet: The Creative Disintegration of Industrial Society*, London: Victor Gollanz Press, 1979.

62.Tim Hayward, *Ecological Thought: an Introduction*, Cambridge: Polity Press, 1995.

63.Tim Hayward, *Constitutional Environmental Rights*, Oxford: Oxford University Press, 2005.

64.Tom Regan, *The Case for Animal Rights*, Berkeley, CA: University of California Press, 1983.

65.Warwick Fox, *Toward a Transpersonal Ecology: Developing New Foundations for Environmentalism*, Boston: Shambhala Press, 1990.

66.William Ophuls, *Ecology and the Politics of Scarcity*, San Francisco: W. H. Freeman and Company Press, 1977.

67.William Ophuls and A. Stephen Boyan, Jr., *Ecology and the Politics of Scarcity Revisited: The Unraveling of the American Dream*, New York: W. H. Freeman Press, 1992.

(二)英文论文

1.Alex Demirovic, Ecological Crisis and the Future of Democracy, *Capitalism, Nature, Socialism*, vol.1, No.2, (1988).

2.Andrew Dobson, Democracy and Nature: Speaking and Listening, *Political Studies*, vol.58, No.4, (2010).

3.Andrew Dobson, Ecological Citizenship: a Disruptive Influence? In Chris Pierson and Simon Tormey (eds.), Politics at the Edge: The PSA Yearbook 1999, London: Macmillan Press Ltd.Press, 2000.

4.Anneleen Kenis, Ecological citizenship and democracy: Communitarian versus agonistic perspectives, *Environmental Politics*, vol.25, No.6, (2016).

5.Ashish Kothari, India 2100: Towards Radical Ecological Democracy, *Futures*, vol.56, (2014).

6.Avner de-Shalit, Is Liberalsm Environment-Friendly?, *Social Theory and Practice*, vol.21, No.2, Special Issue: The Environmental Challenge to Social and Political Philosophy, (Summer 1995).

7.Bernard Manin, On Legitimacy and Political Deliberation, *Political Theory*, vol.25, No.3, (1987).

8.Bronwyn M. Haward, The Greening of Participatory Democracy: A Reconsideration of Theory, *Environmental Politics*, vol.4, No.4, (1995).

9.Bruce Jennings, Liberal Democracy and the Problem of Scarcity, International Political Science Review, vol.4, No.3, (1983).

10.Carl Cohen, The Case for the use of Animals in Biomedical Research, *The New England Journal of Medial*, vol.135, (1986).

11.Cary Coglianese, Implications of Liberal Neutrality for Environmental Policy, *Environmental Ethics*, vol.20, No.1, (1998).

12.Catriona Sandilands, From Natural Identity to Radical Democracy, *Environmental Ethics*, vol.17, No.1, (1995).

13.David Miller, Deliberative Democracy and Social Choice, *Political Studies*, vol.40, Special Issue: Prospects for Democracy, (1992).

14.Dinah Shelton, Human Rights, Environmental Rights, and the Right to Environment, *Stanford Journal of International Law*, vol.28, No.1, (1991).

15.David Pepper, Sustainable Development and Ecological Modernization: A Radical Homocentric Perspective, *Sustainable development*, vol.6, No.1, (1998).

16.David Sarokin, Jay Schulkin, Environmentalism and the Right-to-know: Expanding the Practice of Democracy, *Ecological Economics*, vol.4, No.3, (1991).

17.Don Alexander, Bioregionalism: Science or Sensibility?, *Environmental*

Ethics, vol.12, (1990).

18.Erik Hysing, Representative Democracy, Empowered Experts, and Citizen Participation: Visions of Green Governing, *Environmental Politics*, vol.22, N o.6, (2013).

19.Eva Lövbrand and Jamil Khan, The Deliberative Turn in Green Political Theory, In Karin Bäckstrand, Jamil Khan, Annica Kronsell and Eva L övbrand (eds.), *Environmental Politics and Deliberative Democracy: Examining the Promise of New Modes of Governance*, Cheltenham: Edward Elgar Publishing, Inc. Press, 2009.

20.Garrett Hardin, The Tragedy of the Commons, Science, New Series, vol. 162, No.3859, (December 1968).

21.Gilbert F. LaFreniere, World Views and Environmental Ethics, *Environmental Review*, vol.9, (1985).

22.Gregg Mitman, Where Ecology, Nature, and Politics Meet: Reclaiming the Death of Nature, Isis, vol.97, No.3, (September 2006).

23.Gus diZerega, Deep Ecology and Liberalsm: The Greener Implications of Evolutionary Liberal Theory, *The Review of Politics*, vol.58, No.4, (Autumn 1996).

24.Harlan Wilson, Environmental Democracy and the Green State, *Polity*, vol. 38, No.2, (2006).

25.Hugh Ward, Liberal Democracy and Sustainability, *Environmental Politics*, vol.17, No.3, (2008).

26.Iris Marion Young, Mothers, Citizenship, and Independence: A Critique of Pure Family Values, *Ethics*, vol.105, No.3, (April 1995).

27.Jacobus A. Doeleman, Democracy and Environment, *International Journal of Social Economics*, vol.24 Iss 1/2/3, (1997).

28.Jae-Jae Spoon1, Sara B. Hobolt, Catherine E. de Vries, Going green: Explaining Issue Competition on the Environment, *European Journal of Political Research*, vol.53, No.2, (2014).

29.James K. Wong, A Dilemma of Green Democracy, *Political Studies*, vol. 64, Suppl 1, (2016).

30.James W. Nickel, The Human Right to a Safe Environment: Philosophical Perspective on Its Scope and Justification, *Yale Journal of International Law*, vol. 18, (1993).

31.Jamie Elizabeth Jacobs, Community Participation, the Environment, and Democracy: Brazil in Comparative Perspective, *Latin American Politics and Society*, vol.44, No.4, (2002).

32.J. B. Ruhl, An Environmental Rights Amendment: Good Message, Bad Idea, *Natural Resources and Environment*, vol.11, No.3, (1992).

33.Jedediah Purdy, The Politics of Nature: Climate Change, Environmental Law, and Democracy, *The Yale Law Journal*, vol.119, No.6, (April 2010).

34.Jim Dodge, Living by Life: Some Bioregional Theory and Practice, *CoEvolution Quarterly*, No.32, (1981).

35.John Moss, Series Editor's Preface, in James Arthur, Ian Davies, Andrew Wrenn, Terry Haydn and David Kerr(eds.), *Citizenship Through Secondary History*, London: Routledge Press, (2001).

36.John Rodman, The Liberation of Nature?, *Inquiry*, vol.20, (1970).

37.John S. Dryzek, Discursive Democracy vs Liberal Constitutionalism, In Michael Saward(ed.), *Democratic Innovation: Deliberation, representation and as-*

sociation, London and New York: Routledge Press, (2000).

38.John S. Dryzek, Ecology and discursive democracy: Beyond liberal capitalism and the administrative state, *Capitalism Nature Socialism*, vol.3, No.2, (1992).

39.John S. Dryzek, Green Reason: Communicative Ethics and the Biosphere, *Environmental Ethics*, vol.12, (1990).

40.John S. Dryzek, Legitimacy and Economy in Deliberative Democracy, *Political Theory*, vol.29, No.5, (2001).

41.John S. Dryzek, Political and Ecological Communication, In John S. Dryzek and David Schlosberg (eds.), *Debating the Earth: The Environmental Politics Reader*, Oxford: Oxford University Press, (1998).

42.John S. Dryzek and Jonathan Pickering, Deliberation as a Catalyst for Reflexive Environmental Governance, *Ecological Economics*, vol.131, (2017).

43.Joseph L.Sax, The Search for Environmental Rights, *Journal of Land Use and Environmental Law*, vol.6, 1990.

44.Keith M. Woodhouse, The Politics of Ecology: Environmentalism and Liberalsm in the 1960s, *Journal for the Study of Radicalism*, vol.2, No.2, (2008).

45.Kerry H. Whiteside, The Impasses of Ecological Representation, *Environmental Values*, vol.22, No.3, (2013).

46.Kristian Ekeli, Giving a Voice to Posterity: Deliberative Democracy and Representation of Future People, *Journal of Agricultural and Environmental Ethics*, vol.18, No.5, (2005).

47.Laura Policardo, Is Democracy Good for the Environment Quasi-Experimental Evi-dence from Regime Transitions, *Environmental & Resource Economics*, vol.64, No.2, (June 2016).

48.Lennart J. Lundqvist, A Green Fist in a Velvet Glove: The Ecological State and Sustainable Development, *Environmental Values*, vol.10, N o.4,（November 2001）.

49.Lucy Sargisson, Democracy of All Nature: aking a Utopian Approach, *Politics*, vol.33, No.2,（2013）.

50.Manuel Arias-Maldonado, The Democratisation of Sustainability: The Search for A Green Democratic Model, *Environmental Politics*, vol.9, No.4,（2000）.

51.Manus I. Midlarsky, Democracy and the Environment: An Empirical Assessment, *Journal of Peace Research*, vol.35, No.3,（1998）.

52.Manus I. Midlarsky, Environmental Influences on Democracy: Aridity, Warfare, and a Reversal of the Causal Arrow, *The Journal of Conflict Resolution*, vol.39, No.2（June 1995）.

53.Margrethe Winslow, Is Democracy Good for the Environment?, *Journal of Environmental Planning and Management*, vol.48, No.5,（September 2005）.

54.Martin Sjöstedt and Sverker C. Jagers, Democracy and the Environment Revisited: The Case of African Fisheries, *Marine Policy*, vol.43,（2014）.

55.Mark Pennington, Environmental Markets vs. Environmmental Deliberation: A Hayekian Critique of Green Political Economy, *New Political Economy*, vol. 6, No.2,（2001）.

56.Mathews Freya, Democracy and the Ecological Crisis, *Legal Service Bulletin*, vol.16, No.4,（August 1991）.

57.Matthew T. Riley, The Democratic Roots of Our Ecologic Crisis: The Demo cratic Roots of Our Ecologic Cricis: Lynn White, Biodemocracy, and the Earth Charter, *Zygon*, vol.49, No.4（December 2014）.

58.Max Kaase, A New Government —A New Democracy?——The Red—Green Coalition in Germany, *Japanese Journal of Political Science*, vol.1, No.1, (2000).

59.Michael Saward, Must Democrats Be Environmentalists?, In Brian Doherty and Marius de Geus(eds.), *Democracy and Green Political Thought: Sustainability, Rights and Citizenship*, London and New York: Routledge Press, (1996).

60.Mikael Klintman, Participation in Green Consumer Policies: Deliberative Democracy under Wrong Conditions?, *Journal of Consumer Policy*, vol.32, No.1, (2009).

61.Mike Mills and Fraser, Ecological Constitutionalism and the Limits of Deliberation and Representation, In Michael Saward(ed.), *Democratic Innovation Deliberation, Representation and Association*, London and New York: Routledge Press, (2000).

62.Milan L. Hauner, A German Racial Revolution?, *Journal of Contemporary History*, vol.19, No 4, (1984).

63.Murray Bookchin, Thinking Ecologically: A Dialectical Approach, *Our Generation*, vol.18, No.1, (1987).

64.Paul Shepard, Animal Rights and Human Rites, *north American Review*, vol.257, No.4, (1974).

65.Peter Berg, What is Bioregionalism?, *The Trumpeter*, vol.8, (1991).

66.Robert Goodin, Enfranchising the Earth and its Alternatives, *Political Studies*, vol.44, No.5, (1996).

67.Robert L. Heilbroner, Growth and Survival, *Foreign Affairs*, vol.51, No.1, (1972).

68.Robyn Eckersley, Deliberative Democracy, Ecological Representation and

Risk: Towards a Democracy of the Affected, In Michael Saward (ed.), *Democratic Innovation: Deliberation, Representation and Association*, London and New York: Routledge Press, (2000).

69. Robyn Eckersley, Greening Liberal Democracy: The Rights Discourse Revisited, In Brian Doherty and Marius de Geus (eds.), *Democracy and Green Political Thought: Sustainability, Rights and Citizenship*, London and New York: Routledge Press, (1996).

70. Robyn Eckersley, Liberal Democracy and the Rights of Nature: The Struggle for Inclusion, *Environmental Politics*, vol.4, No.4, (1995).

71. Rodger A. Payne, Freedom and the Environment, *Journal of Democracy*, vol.6, No.3, (1995).

72. Ross E. Mitchell, Building an Empirical Case for Ecological Democracy, *Nature and Culture*, vol.1, No.2, (2006).

73. Ryan Gunderson, Habermas in Environmental Thought: Anthropocentric Kantian or Forefather of Ecological Democracy Sociological Inquiry, vol.84, No.4, (November 2014).

74. Shalendra D. Sharma, Democracy, Good Governance, and Economic Development, *Taiwan Journal of Democracy*, vol.3, No.1, (2007).

75. Stefan Wurster, Comparing Ecological Sustainability in Autocracies and Democracies, *Contemporary Politics*, vol.19, No.1, (2013).

76. Steven M. Albrecht, Forging New Directions in Science and Environmental Politics and Policy: How Can Co-operation, Deliberation and Decision be Brought Together?, *Environment, Development and Sustainability*, vol.3, No.4, (2001).

77. Ted Benton, Natural Relations: Animal Rights and Social Relations, In An-

drew Dobson and Paul Lucardie(eds.), *The Politics of Nature:Explorations in Green Political Theory*, London and New York:Routledge Press, (1993).

78.Terence Ball, Democracy, In Andrew Dobson and Robyn Eckersley(eds.), *Political Theory and the Ecological Challenge*, Cambridge:Cambridge University Press, (2006).

79.Terence Ball, Green Democracy:Problems and Prospects, *American Political Science Association*, vol.Annual Meeting, (2005).

80.Tim Hayward, Constitutional Environmental Rights:a Case for Political Analysis, *Political Studies*, vol.48, No.3, (2000).

81.Tim Hayward, Ecological Citizenship:a Rejoinder, *Environmental Politics*, vol.15, No.3, (2006).

82.Val Plumwood, Has Democracy Failed Ecology? An Ecofeminist Perspective, *Environmental Politics*, vol.4, No.4, (1995).

83.Will Kymlicka and Wayne norman, Return of the Citizen, *Ethics*, vol.104, No.2, (1994).

84.William Ophuls, *Leviathan or Oblivion?*, In Herman E. Daly(ed.), *Toward a Steady State Economy*, San Francisco:W. H. Freeman and Company Press, (1973).

后　记

本书成稿于对本人博士论文的修改。毕业三年,在天津师大求学与博士论文写作的经历仍让人感念深切、心怀激荡。博士论文完成时正值五月初夏,彼时师大的夜,灯火阑珊、清爽沉静。似乎一位贴心的挚友,唤得出你所有的心思。这里是鏖战的天地:是一整天伏案写作、抬头忽觉窗外已华灯初上的酣畅淋漓,是思想磕绊不断、几番绞尽脑汁却仍无所解、无所果之下的懊恼与自我怀疑,是茅塞顿开、顿感柳暗花明的痛快与欢喜。毕业之际,师大让人心思眷恋与感怀:顿觉学生生涯即将画上句点。打早的课堂记忆便是明朗的教室、琅琅的书声、兢兢业业的老师和一席恰少年的同窗。恍惚间几十年岁月,间间隔隔,竟然到了与课堂上求知求学的自我挥手告别的时刻。细思量,每一个母校、每一段学习生活、每一处的所感所获,都是自己最愿意回望、留恋与骄傲的风景。师大也是无论多么不舍却终要认真道别的母校:怀念各位德高望重、博学多识的师长及其教诲;不舍志趣相投、关爱互助的同窗与好友;感怀"勤奋严谨、自树树人"的精神及激励。

感谢业师佟德志教授。老师注重教授读书治学的方法,得益于恩师的点拨与激励,我从博一开始便注重搜集与研读前沿性的第一手中、英文资料,

282

并进行系统性地梳理与总结;老师同时注重思想的提点与启发,聆听之下收获的是思想的贯通与思维的开阔。博士论文从选题到成文的各个阶段都渗透着老师的心血,老师的引导与答疑解惑,一次次引导我走出思维与行文的磕磕绊绊。感谢老师时常的督学与激励,让我对自己提出继续前进与进步的要求。自知离老师期望尚远,不免汗颜。

感谢徐大同先生。自本科学习政治学专业以来,便学习先生之著作与文章。博士阶段有机会聆听先生教诲,实感荣幸。先生满腔爱国热忱并笔耕不辍,对学生更是以"教学问,教做学问,教做人"原则进行谆谆教导与身体力行,这些无不感动和激励着一个个政行学人。如今先生已逝,秉承先生教诲、潜心学术、爱国报国,必鞭策着一个个政行学人不忘初心、砥砺前行。感谢高建教授、马德普教授、常士闾教授、刘训练教授、高景柱教授等各位老师的教导与帮助,各位老师的精湛授课与教诲,给了我一次次的思想引领与震撼,并加深着我对本学科的热爱。各位老师在论文写作各环节给予的指导意见更是为我打开了一扇扇智慧之窗。感谢高建教授、南开大学的孙晓春教授、东北师范大学的杨弘教授对论文的评审意见,感谢论文答辩过程中高景柱教授、常士闾教授、庞金友教授、陈同顺教授及孙晓春教授给出的精彩点评及宝贵意见。感谢王保平、傅文忠、刘楠、张涛、曹亮亮、魏娟玲、韩广召、高俊龙与张家丹等诸位同窗好友,大家用同学的真挚及友情温暖着我,我们一路相互扶持着共同进步,愿我们之间的友情长青长存。

感谢我的家人。长辈的支持与鼓励始终是我最坚实的依靠,让我可以放心地一次次启航扬帆;感谢我的爱人郝炜、我的儿子郝亦凡小朋友,他们的包容与关爱给我心底注入了最深的温暖与不竭的动力。

成稿之际,静心回望,感慨良多。书稿的写作是一场波澜激荡的思想旅行,也是一次滋味纷杂的心灵历程。思维流畅时,有天地茫茫的旷达与兴奋;

当代西方生态民主的兴起及其对传统民主的超越

磕绊踟蹰时，又生独怆然而涕下的苍凉；及岸时分，虽然跌撞摔打之疲惫犹在，但油然而生的是多一份的自信与豪迈。只知学海无涯，为学之路漫漫，愿努力攀爬下仍有幸收获登顶之愉悦与次第开来之辽阔视野。成稿之际，自我劝勉要怀赤子之心、敏感好学；祝福师长、同窗、家人、朋友守得静好岁月，明月清风。

郭瑞雁

2022 年 4 月

政治文化与政治文明书系书目

- **多元文化与国家建设系列（执行主编：常士闿）**

1. 常士闿、高春芽、吕建明主编：《多元文化与国家建设》

2. 张鑫著：《混和选举制度对政党体系之影响：基于德国和日本的比较研究》

3. 王坚著：《美国印第安人政策史论》

4. 常士闿著：《合族之道的反思——当代多民族国家政治整合研究》

5. 常士闿著：《族际合作治理：多民族发展中国家政治整合研究》

6. 王向贤著：《为父之道：父职的社会构建》

7. 崔金海著：《中韩跨国婚姻家庭关系建构及发展的扎根理论研究》

- **行政文化与政府治理系列（执行主编：吴春华）**

8. 史瑞杰等著：《当代中国政府正义问题研究》

9. 曹海军、李筠著：《社会管理的理论与实践》

10. 韩志明著：《让权利运用起来——公民问责的理论与实践研究》

11. 温志强、郝雅立著：《快速城镇化背景下的群体性突发事件预警与
阻断机制研究》

12. 曹海军著：《国外城市治理理论研究》

13. 宋林霖著：《中国公共政策制定的时间成本管理研究》

14. 宋林霖著：《中国共产党执政能力建设研究》

15. 孙宏伟著：《英国地方自治体制研究》

16. 宋林霖、朱光磊主编：《贵州贵安新区行政审批制度改革创新研究》

17. 袁小波著：《老龄社会的照料危机——成年子女照料者的角色经历与
社会支持研究》

18. 刘琳著：《空间资本、居住隔离与外来人口的社会融合——以上海市为例》

19. 于莉著：《城乡农民的身份转型与社会流动研究》

- **政治思想与政治理论译丛（执行主编：刘训练）**

20. 郭台辉、余慧元编译：《历史中的公民概念》

21. ［英］加里·布朗宁等著，黎汉基、黄佩璇译：《对话当代政治理论家》

- **政治思想与比较政治文化系列（执行主编：高建）**

22. 刘学斌著：《应为何臣　臣应何为——春秋战国时期的臣道思想》

23. 王乐理著：《美德与国家——西方传统政治思想专题研究》

24. 张师伟著：《中国传统政治哲学的逻辑演绎》（上下）

25. 刘学斌著：《中国传统政治思想中的公共观念研究》

- **民主的理论与实践系列（执行主编：佟德志）**

26. 李璐著：《社会转型期城市社区组织管理创新研究》

27. 田改伟著：《党内民主与人民民主》

28. 佟德志著：《民主的否定之否定——近代西方政治思想的历史与逻辑》

29. 郭瑞雁著：《当代西方生态民主的兴起及其对传统民主的超越》

- **政治思潮与政治哲学系列（执行主编：马德普）**

30. 高景柱著：《当代政治哲学视域中的平等理论》

31. 许超著：《在理想与现实之间——正义实现研究》

32. 马德普主编：《当代中国政治思潮（改革开放以来）》

- **社会主义政治文明建设系列（执行主编：余金成）**

33. 余金成著：《马克思主义从原创形态向现代形态的发展——关于中国特色社会主义基础理论的探索》

34. 冯宏良著：《国家意识形态安全与马克思主义大众化——基于社会政治稳定的研究视野》

- **国际政治系列**

35. 杨卫东著：《国际秩序与美国对外战略调整》